近江環人地域再生学座 編
責任編集：森川 稔

地域再生
滋賀の挑戦
エコな暮らし・コミュニティ再生・人材育成

新評論

はじめに——地域再生をめぐって

（森川　稔）

地域再生とは何か

「再生」という言葉をよく目にするようになった。「地域再生」や「都市再生」はもとより、「産業再生」、「環境再生」、「コミュニティ再生」、さらには「日本再生」をテーマにしたシンポジウムも開かれている。

わが国は今、明らかに曲がり角の時代を迎えている。増加の一途を辿ってきた人口は、二〇〇七年をピークに減少に転じている（総務省統計局ホームページ「日本の統計」参照）。これまでに経験したことのないスピードで高齢化が進んでおり、二〇五〇年頃には三人に一人が六五歳以上の時代を迎えると予測されている。

経済の高度成長の時代はとっくに終わり、経済のグローバル化のなかで地方経済の疲弊が進んでいることは言うまでもないだろう。低空飛行の経済が続くなかで、量の拡大から質の向上へ、開発から保全・共生へ、新設から使いこなしへ、そしてモノの豊かさから心の豊かさがよりいっそう求められる成熟の時代を迎えていると言える。

「地域再生」は、文字どおり、地域をよみがえらせることを意味している。この言葉はかなり前から使われているように思うが、とくに目につくようになったのは、二〇〇五（平成一七）年四月に国の「地域再生法」が公布・施行されてからであろう。やや長文になるが、地域再生法の第一条に掲げられている「基本理念」のところを紹介しておこう。

地域再生の推進は、地域における創意工夫を生かしつつ、潤いのある豊かな生活環境を創造し、地域の住民が誇りと愛着を持つことのできる住みよい地域社会の実現を図ることを基本とし、地域における地理的及び自然的特性、文化的所産並びに多様な人材の創造力を最大限に活用した事業活動の活性化を図ることにより魅力ある就業の機会を創出するとともに、地域の特性に応じた経済基盤の強化及び快適で魅力ある生活環境の整備を総合的かつ効果的に行うことを旨として、行われなければならない。（傍点筆者）

この基本理念には、国の考える地域再生の取り組みとその目標とするところが、いくつかのキーワードに凝縮されて表現されている。言い換えれば、地方の経済が疲弊するなかで地域の特性や資源を生かして、経済の活性化と快適で魅力ある生活環境の形成を進め、地域住民が誇りと愛着をもてる住みよい地域を自らの創意と工夫により実現していくことである。

こうした地域再生の考え方は、これまでの地域振興策からの転換を意味している。つまり、国の地域政策の指針となってきた全国総合開発計画（第一次計画が一九六二［昭和三七］年に策定）における「新産業都市」や「テクノポリス構想」、「リゾート構想」という国主導による一連の開発と、それに依存してきた地方の地域振興策が失敗していくなかで、政策の転換が模索されているわけである。また、地方自治、住民自治という地方分権の流れとも関連させながら、これまでの大量生産、大量消費、画一的な地域施策からの転換も意味している。

そして、「ボランティア元年」と言われた阪神・淡路大震災や一九九八（平成一〇）年の「特定非営利活動促進法」の制定など、わが国においてボランティア活動や市民活動、コミュニティビジネスが活発になってきたことも、こうした地域再生の動きを支える大きな流れになっていると考えられる。

それでは、「地域再生」とはいったい何であろうか。改めて問い直してみると、簡潔に、分かりやすく説明するのは難しい。とはいえ、地域が有する資源や人材によって、地域自らが豊かになる取り組みであることはまちがいないだろう。こうした、いわば地域発の取り組みは歴史的に見るとこれまでにも何度かあった。

戦後にかぎってむらづくり、地域づくりの動きをふりかえってみると、一九五六年からの新農村建設事業に見られる農業を中心とした地域づくり、そして一九七〇年代後半の「地方の時代」における地域の歴史と文化をふまえた地域づくりの動きを挙げることができる。後者については、全国の市町村で展開され、定住構想を柱とする一九七七年の第三次全国総合開発計画に取り込まれた。この第三次全国総合開発計画の点検作業報告（一九八三年）では「地域産業おこし」が提起され、各地で行われていた「一村一品運動」や「むらづくり運動」と相まって全国的なブームを生み出していった。さらに、一九八八年には「ふるさと創生」事業がスタートし、各自治体が独自の施策を打ち出すことによって、それまでの中央集権による画一的な地域政策からの転換が模索された。

農村における戦後のこうした地域づくりの動きをふりかえると、むらづくりが提起されたのは、農業・農村に対して国際的な圧力が強まったり国の施策の矛盾が大きくなったときで、「その矛盾、圧力を内へ、地域へと押し込んで対応を図っていこうとしたときに強調されたのが、むらづくりであった」[1]との指摘が見られる。

（1）守友裕一「中山間地域におけるむらづくり運動の歴史と展望」『農林水産文献解題No.27――中山間地域問題』（財）農林統計協会、一九九二年三月二五日より引用。

こうしたことから、むらづくりでは「農村住民の発達要求を基礎としたむらづくり運動が望まれている」とし、工場誘致といった外来型の開発方式ではなく、「内発的発展という新しい開発方式」による「地域産業おこし」が提起されている。内発的発展とは、地域の住民自らが創意工夫と努力によって産業を振興させることであり、経済振興だけでなく文化、教育、医療、福祉なども関連したコミュニティづくりも重視されることになる。

これまでの中央主導、全国画一的な施策の限界と、国や地方の財政逼迫が明らかになり、地方分権、地域主権が進む流れのなかで「地域再生」が声高く言われるようになった。本間義人(2)は、そうした地域再生の条件として以下の四つを挙げている(3)。

❶すべての人々の人権が保障された地域につくり直すこと。
❷人々がその地域の仕事で生活しうることを再構築すること。
❸自然と共生しうる地域に再生すること。
❹そこに住む人々自身により再生を図ること。

❶の「人権が保障された地域」とは、誰もが「安全・安心・満足」に生活できるような地域環境にしていくことである。犯罪や災害から安全であること、子どもや高齢者、障がい者を含めて誰もが安心して生活できること、そして快適な環境のもとで満ち足りた生活ができること。こうした基本的な生活条件を維持していくことが、今の日本では必ずしも容易なことではなくなってきている。安全で安心な地域にしていくことが、何よりもまず求められるであろう。

❷の「人々がその地域の仕事で生活しうることを再構築すること」については、とくに「その地域の仕事で」というフレーズが重要となる。「限界集落」という言葉があるように、その場ではもはや仕事を得ることができず、やむを得ず地域を離れ、その結果人口減少と高齢化が進んで地域社会が維持できなくなるということが各地の中山間地域で起きている。もちろん、簡単なことではないが、地域に住む人々自身が中心になって、「その地域の仕事で生活しうる」環境をつくり出していく取り組みが求められる。

地域再生とは、持続可能な社会を地域の力でつくり出していくことである。自然との共生や循環型の地域づくりを進めることだけでなく、各地域が引き継いできた歴史や文化の継承を含めた地域社会の持続性が求められ、その担い手の育成や確保が大きな課題であると言える。

地域再生に関係するいまひとつの大きな動きとして「地元学」の提唱が挙げられる。一九九〇年代に、熊本県水俣市の吉本哲郎氏(4)と宮城県仙台市の結城登美雄氏(5)という二人の人物によって提唱されたものである。地元学とは、地域住民が主体（当事者）となって、生活者の視点と自分たちの足で地域の自然、歴史、文化を調べ、

(2)（一九三五〜）東京都生まれ。早稲田大学卒業後、毎日新聞社編集委員、九州大学大学院教授を経て、二〇〇六年三月まで法政大学教授。専門分野は都市・住宅政策、国土・地域政策。
(3) 本間義人『地域再生の条件』（岩波書店、二〇〇七年）より。
(4)（一九四八〜）水俣市生まれ。宮崎大学農学部卒業後、水俣市役所に入る。二〇〇八年に退職後、地元学ネットワークを主宰し、国内外で、地元に学んで人・自然・経済が元気な町や村をつくる地元学の実践にあたっている。
(5)（一九四五〜）旧満州生まれ。フリーライター、民俗研究家。山形大学人文学部卒業後、広告業界に入る。仙台で広告会社経営に携わったのち、東北各地をフィールドワーク。食の担い手と地域のあり方について考察を深めている。「地元学」の提唱や「食の文化祭」など、さまざまな地域づくり活動を行っている。

地域づくりに生かしていくという取り組みである。暮らしの場である「地元」にしっかりと眼差しを向け、住民が自問自答しながら地域独自の生活文化をつくりあげていくという知的な創造行為である。

こうした地元学は、地域の住民がその地域の当事者になる契機にもなる。地域の人が課題解決の当事者となり、地域外の繁栄に目を奪われて「ないものねだり」をするのではなく、地域に存在する宝ともなりうる「あるもの探し」を行い、内発的な地域づくりや問題解決に取り組んでいくものである。そうした取り組みを通じて、一人ひとりの住民が外部へ依存することから脱却し、自ら行動する住民へと変わっていく。つまり、地域に暮らす一人ひとりの「わたし」が「変わる」ことができれば地域を支える出発点になる、と考えるものである。

地域再生は、まさにこうした考え方と軌を一にするものであろう。内発的な地域づくりを進めるために、地域にかかわる一人ひとりが地域を見つめ直すことから、地域再生ははじまる。

地域再生の三つの視点

本書では、執筆者たちの活動エリアである滋賀県内各地での地域再生の取り組みを紹介していくが、地域再生ということについて次の三つの視点を提示しておきたい。

①地域再生は地域発である

これまで見てきたように、地域再生とは、地域に暮らす人々が主役になって、地域の資源や資産を生かすことにより持続性のある豊かな暮らしの場を再構築していく取り組みと言える。言い換えれば、地域のみんなで地域を元気にしていく取り組みである。もちろん、「風の人」という言い方があるように、外部からの知恵や技や情報を地域の再生に生かしていくこともきわめて重要なことであるが、外部資本によって工場や施設を誘致するといった外来型の開発・発展を目指すのではなく、あくまでも地域に立脚した内発的な発展を目指す取り組みでなければならない。

②地域再生は創造的な取り組みである

「再生」という言葉が意味するように、地域再生はかつて元気があり、栄えていた地域を再び元気にする取り組みである。中山間地域はどこも、林業や地場産業などによってかつては栄えていた。しかし、林業の衰退による人口の流出によって、高齢化と人口の減少が進んでいる。また、商店街の衰退も大きな課題である。大都市や地方都市を問わず中心部に位置する商店街は栄えていたが、車社会への転換と郊外に出店した大型スーパーなどによって閑古鳥のなく商店街が多くなっている。

こうした中山間地域や商店街の再生はどこにおいても大きな課題となっているが、地域を取り巻く状況や時代が変わってしまっている現状をみすえれば、これまでと同じ方法で活性化の取り組みをしても効果が上がらないということは言うまでもない。そこには、これまでとは違った方法や考え方を用いて再生にチャレンジする必要がある。

「地元学は知的創造行為である」と言うように、「地域再生」も地域に存在する資源や人材を活用して地域を元気にしていく創造的な取り組みである。ただ、ここで注意しておかなければならないのは、「創造」と言っても、これまでにないまったく新しいことをつくり出すことだけを意味しているわけではないということである。もちろん、そうした取り組みを必要とする場合もあるかもしれないが、これまでにない新たな「組み合わせ」をつくり出すことも創造的な行為であるということを忘れてはならない。

「イノベーション」という言葉がある。辞書には「技術革新」などとあるが、本来は「新しいやり方」という、もっと広い意味がある。(6) 今あるものについて、新たな組み合わせや新たな結合をつくり出すということもイノベーションである。こうした考え方は、地域再生にもあてはまる。新たな産業や技術を起こすということでなく、今ある資源や技術、そして各地域の特性を組み合わせることによって新たな動きをつくり出していくべきである。

中山間地域再生の一つの取り組みとして都市と農村の交流が各地で行われているが、農村と都市とをつなげるという考え方は、これまでの農村活性化の考え方にはなかったものである。まったく異なる二つの場(居住者)を交流させ、新たな動きをつくり出そうという取り組みも、一つの創造的な取り組みと言ってよいであろう。

また、農業振興策の一つとして農商工連携の取り組みが注目されているが、この取り組みも農業単独で農業振興を図るのではなく、農業を商業や工業とつなげることによってこれまでにない新たな展開を図っていくものである。そして、まちづくりの分野でも「協働」ということが盛んに言われるようになってきた。「市民」、「事業者」、「行政」の三者がそれぞれの専門性や得意技を生かして相互に協力することにより、これまでにない新たなまちづくりの展開を図っていこうとするものである。異なる立場や特性をもった三者が連携・協働することにより、今までにない新しい取り組みを展開するという点からすると、これも創造的な取り組み(イノベーション)ととらえることができる。

今までにはなかったこうした新しい組み合わせによって、地域に新たな動きを起こすことが地域再生の有力な手法と言える。今、その「新たな組み合わせ」を生み出すようなコーディネーターやプロデューサーという人材が求められている。

③地域再生は実践である

地域再生は、地域を元気にしていくための具体的な取り組みである。そのための計画や理論だけでは何も起こらない。それを推し進め、具体化する取り組みが重要である。一九七七年に設立された「株式会社大地を守る会」[7]の合い言葉は、「農薬の危険性を一〇〇万回叫ぶよりも、一本の無農薬の大根を作り、運び、食べることから始めよう」である。この言葉には、実践することの重要さが示唆されている。

日本各地で、市民活動やコミュニティ・ビジネスの取り組みが展開されつつある。これらも地域に根づいた実践活動である。地域再生の担い手ともいうべき、こうしたグループや団体が育っていくことが今の日本には必要である。

(6)　インターネットホームページ「水野博之の『イノベーション7か条』第3回シュンペーターのイノベーション」二〇〇六年一〇月一八日。「イノベーションとは、文字通り『新しいやり方』である。不幸なことに日本では『技術革新』と訳された。これは大変な誤訳である。こんな人を驚かすような訳をするから、日本人は大変な技術の発明をしないとイノベーションではない、と思うようになった」、「シュンペーターのいうイノベーションの中には、むろん技術によるものもある。しかし、彼のイノベーションはもっと大きな概念だ。ソフトでもハードでもよい。販売の方法でも、組織の設計でもよい。『新しいやり方』が人類を進歩させるといったのである」。

(7)　日本の第一次産業を守り育てること、人々の生命と健康を守ること、持続可能な社会を創造すること。このミッションを達成するために、ソーシャルビジネス（社会的企業）として活動している。http://www.daichi.or.jp

滋賀について

本書が主題としている滋賀のことについて簡単に触れておきたい。滋賀は日本のほぼ中央に位置し、豊かな自然と歴史・文化に恵まれた地である。県域の真ん中に日本一の湖である琵琶湖が広がり、この琵琶湖を中心として同心円状に平地部が広がり、その周囲に二〇〇〜三〇〇メートルの丘陵、台地部が続き、もっとも外側の県境部を一〇〇〇メートル級の連山が取り囲むように連なっている。まさに、琵琶湖を中心にした一つの大きな盆地を形成している。

琵琶湖の周囲から縄文遺跡や弥生遺跡が数多く発見されていることからも分かるように、滋賀は古くから開けた土地である。当然のごとく、水稲栽培も古くから盛んに行われ、一六世紀の末期には、全国の米生産高一八五〇万石のうち、陸奥（青森、岩手、宮城、福島の四県）の約一六七万石に次いで、近江は現在の滋賀一国で七七・五万石（第二位）の生産高を誇る豊かな農業が行われていたという(8)。また、重要文化財（国宝を含む）の指定件数は東京、京都、奈良について多い。

戦国時代、織田信長が琵琶湖の東岸に位置する安土に本拠地を構えたことからも分かるように、滋賀は交通の要衝である。日本海と京・大坂、また西日本と東日本をつなぐ重要な位置にある。日本海で捕れる魚類をはじめとして北国の物資が敦賀や若狭を経由して滋賀に入り、琵琶湖の湖上交通を利用して京や大坂に運ばれた。琵琶湖の水運が、物資や人の移動に大きな役割を果たしてきたのである。また、渡来人の文化が県内各地に見られるように、中国大陸や朝鮮半島の文化が滋賀の地を通って京や大坂に伝わっている。「近江を制するものは天下を制する」と言われるように、戦国時代には幾多の合戦の場となるなど、政治的にも滋賀は重要な位置を占めていた。にもかかわらず、県民をはじめとして多くの日本人が滋賀のことをあまり知らない。

高度経済成長期の一九六四（昭和三九）年に名神高速道路が開通し、道路交通の基盤整備が進んだ。土地価格の安さも手伝って工業団地の造成と工場の立地が進み、「農業県」から「工業県」へと産業構造が大きく転換した。全国でも有数の内陸工業県へと様相を変え、県内総生産に占める第二次産業の割合は全国一位で、一人当たりの県内総生産は全国六位と、毎年上位に位置している（「平成一九年度県民経済計算」内閣府）。

滋賀県はよく、「一パーセント県」と言われる。人口は一四一万人（平成二三年三月、国勢調査）、県土面積は四〇一七平方キロメートルで、どちらも日本全体のほぼ一パーセントを占めていることによるものである。そんな「一パーセント県」であるが、人口に関しては二〇一〇～二〇一五（平成二二～二七）年においても増加すると予測されている数少ない都県（東京都、神奈川県、愛知県、沖縄県）の一つである（「日本の都道府県別将来推計人口」平成一九年五月推計、国立社会保障・人口問題研究所）。ＪＲの利便性が高まったことによる京阪神などからの若い世代の流入による社会増と、これに伴う自然増によって支えられている。また、高齢化率を見ると、二〇〇九（平成二一）年では全国平均が二二・七パーセントに対して滋賀県は二〇・二パーセントと低い。都道府県別に見ると第四三位の下位に位置し、人口構成の若い県である（総務省統計局人口推計）。

（8）「『近江米』生活協同組合コープしが」のパンフレットより。

琵琶湖の環境保全の取り組み

滋賀の特徴は、何よりも県全体の六分の一を占める琵琶湖が県域の中心に広がっていることにある。その生い立ちは古く、四〇〇万年という歴史をもつ世界有数の古代湖である。県内に降った雨の九六パーセントは、県土に張り巡らされた水路や河川を通って琵琶湖に注いでいる。そして、南端から流れ出す唯一の河川である瀬田川は、京都府に入って桂川や木津川と合流して淀川となって大阪湾に通じている。滋賀県民はもとより、近畿圏の約一五七〇万人の命や産業を支える貴重な水である。また、生物相も豊かで、約六〇〇種の動物と約五〇〇種の植物が生息し、固有種は六〇種以上と報告されている（「滋賀のしおり二〇一一」滋賀県参照）。

「母なる琵琶湖」と言われるように、琵琶湖は滋賀の自然や歴史・文化を生み出し、形づくる元となっている。「湖国小宇宙」とも称されるように、滋賀は琵琶湖を中心に、長い時間の流れのなかで空間的、時間的、生態的に一つのまとまりのある世界を築いてきたと言える[9]。

琵琶湖の存在によって、豊かな水と緑の自然、ゆったりと大きく広がる景観、舟運や漁業などの産業、そして水を生かした生活文化がもたらされている。自然はもとより、歴史・文化や産業など、滋賀におけるあらゆる

人間活動は、琵琶湖の恵みを抜きにしては語ることができない。

こうした滋賀の象徴ともいうべき琵琶湖に、一九七七（昭和五二）年、赤潮が発生した。水質の悪化により琵琶湖が病んだのである。その原因とされるリンを含んだ家庭用合成洗剤の使用を止め、粉石けんを使用する運動が県民によって進められた。この取り組みは県民運動とも言うべき大きなうねりとなって県下各地に広がり、一九七九（昭和五四）年の「琵琶湖富栄養化防止条例」の制定へと結実した。

赤潮の発生を契機に、環境に対する県民の意識が大きく高まるとともに、琵琶湖を中心とした環境保全の取り組みによる一体感が醸成されていった。本書でも紹介されているように、こうした取り組みはその後の「菜の花プロジェクト」やその他の環境保全活動、さらに幅広いさまざまな分野での県民による社会活動へと展開していった。

「琵琶湖富栄養化防止条例」の施行日を記念して、滋賀県は七月一日を「びわ湖の日」と定め、毎年七月の初めに実施される琵琶湖一斉清掃には多くの県民が参加している。身近な水路などを清掃することによって、その水路が流れつく琵琶湖の環境を保全・向上させていこうとする取り組みであり、琵琶湖の保全に対する意識と取り組みが今日にまでつながっている。

四〇〇万年という歴史をもつ古代湖の周辺に一四〇万人もの人口が住み着きながら、その環境が保全されていることは「奇跡である」と言われている。琵琶湖の環境保全は滋賀県民の大きな責務であり、人間活動と琵琶湖を中心とした環境との共生を図るための暮らしや産業の新たなスタイルを構築していくことは、「滋賀が

（9）高谷好一『湖国小宇宙——日本は滋賀から始まった』サンライズ出版、二〇〇八年。

世界に示すことのできる大きな挑戦である」と言っても過言ではないだろう。

滋賀における地域再生の課題

日本全体から見ると、滋賀は自然条件や交通条件に恵まれ、県民一人当たりの県内総生産も毎年上位に位置している。しかし、県内の各地はそれぞれさまざまな課題を抱えている。

まず、自然環境の保全が大きな課題となっている。琵琶湖の保全はもとより、県面積の二分の一を占める森林では、間伐がままならず荒廃が進んでいる。また、農地の耕作放棄地は二〇〇〇ヘクタールを上回っている（「二〇一〇年世界農林業センサス」農林水産省）。滋賀にかぎった問題ではないが、こうした山林や農地の保全・活用は、木材関連産業や農業の振興とも大きくかかわっている。そして、当然のこととして、低炭素社会への対応や再生エネルギーへの取り組みも大きな課題となっている。

人と人のつながりが希薄化しているという指摘のなかで、コミュニティの再生が都市部と地方部とにかぎらず大きな課題となっている。とくに、中山間地域や都市の中心部では、地域を支えてきたコミュニティが弱体化し、担い手の確保も困難になってきていることから、地域を支える組織をいかに再生させていくかが大きな課題となっている。防犯・防災、子どもの見守り、高齢者の介護をはじめ、身近な環境の保全や景観形成など、地域社会がしっかりとしていた時代には、当然のこととして取り組んできた地域課題に、今日では対応していくことが難しくなってきている。コミュニティの弱体化と連動して、地域の歴史や文化の継承が困難になってきており、生活文化の消滅や伝統的な景観の崩壊が危惧されている。

また、県全体では人口が増加している滋賀だが、県内の状況は人口が増加し経済活動が活発な県南部と、人口が減少傾向にあり経済活動が停滞気味の北部とに、大きく区分することができる。この地域格差をいかに埋めていくか、いわゆる南北問題の解消も大きな課題となっている。とくに北部では、人口の高齢化と減少が続く中山間地域が広がっており、地域の活性化をいかに進めていくか、またそこでは、獣害対策や里山文化の継承などといった課題もある。

こうしたいわばマイナスの状況を解決していくだけでなく、創造的な新たな取り組みによって滋賀を元気にしていくことも必要である。地域が抱える課題の解決に取り組む市民活動が各地で見られるようになってきているが、そうした活動をどのように支援し活発化させていくかも重要な課題であろう。市民活動を含めて、地域再生の取り組みを実際に担う人材を育成していくことが今強く求められている。

本書のねらいと構成

地域の課題解決に取り組み、新たな滋賀を創造しようとする挑戦が県内各地に見られる。本書は、そうした県内各地における地域再生の取り組みを紹介したものである。コラムを含め二七の取り組みを、「エコな暮らし」（第1、2、3章）、「まち・にぎわい・文化」（第4、5、6、7章）、「コミュニティ・市民活動」（第8、9、10章）、「産業振興と環境保全」（第11、12章）、「人材育成」（第13章）の五つのテーマに分けて編集した。それぞれの執筆者は、県内各地で地域再生の取り組みを実践しているリーダーやコーディネーターであり、第13章で取り上げられているコミュニティ・アーキテクトともいうべき方々である。

なお本書は、滋賀県立大学が平成一八年度から取り組んでいる「近江環人地域再生学座」の四つの科目の一つである「地域再生学特論」の講義がベースになっている。本文の第13章で紹介されているように「近江環人地域再生学座」は、文部科学省が募集した「地域再生人材創出拠点の形成」プログラムに採択され、滋賀県立大学が取り組んでいるものである。「湖国近江の風土、歴史、文化を継承し、環境と調和した循環型地域社会づくりのための人材」を育成することを目的としており、「地域再生学特論」では県内各地で地域再生に取り組む実践者による講義が行われている。

本書の執筆には、この地域再生学特論の関係者に加え、県内で地域再生に取り組む方々や近江環人地域再生学座で学んだ「近江環人《おうみかんじん》」（コミュニティ・アーキテクト）にも参加していただいた。

もくじ

第1章　環《わ》の郷《さと》たかしまの実現――（海東英和）　31

第2章　地産地消のエネルギー――（山田　実）　53

第5章　城下町の町並み保存とまちづくり──彦根──（山崎一眞）　115

第8章 まちづくりと図書館——（巽　照子）169

第13章　コミュニティ・アーキテクトの育成――（布野修司）　253

本書で取り上げている地域再生の取り組み

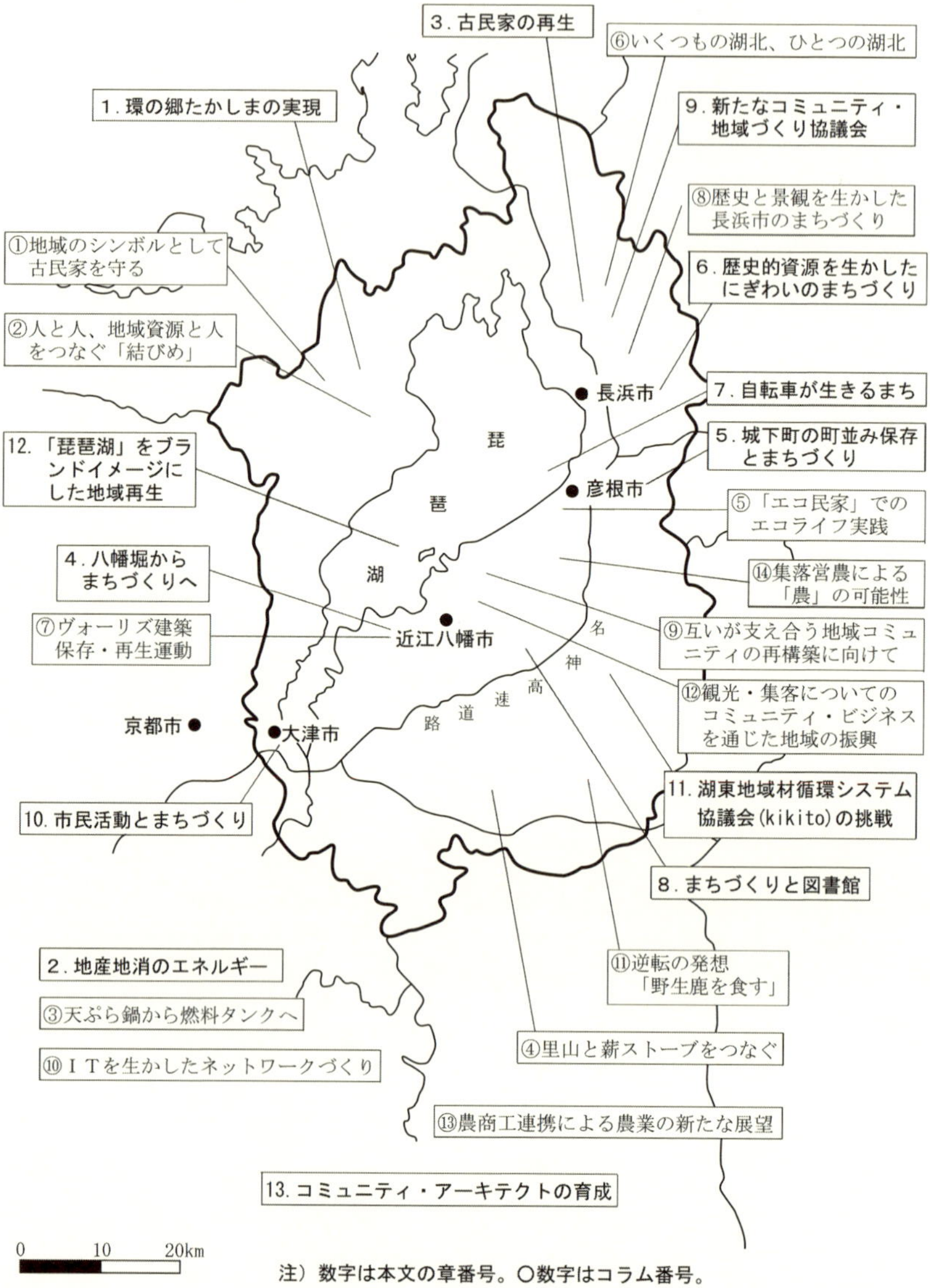

注）数字は本文の章番号。○数字はコラム番号。
位置は概ねのものであり、広域的な取り組みも含まれている。

地域再生　滋賀の挑戦——エコな暮らし・コミュニティ再生・人材育成

第1章

環《わ》の郷《さと》たかしまの実現

（海東英和）

「黎明の集い」朽木の学校林から杉材の伐採がはじまる

仕合わせに暮らすということ

「ここには、人々が幸せに生きていくためのすべてのものが揃っているんだよ」

イタリア南部の紳士は、まちを見下ろす高台でこう言いながら、はるか日本から来た訪問者に自らのふるさとを紹介したそうだ。このエピソードに、私は郷土の未来像を重ねている。

表題に記している「環の郷《わさと》」への歩みは、二〇〇一年の正月に新旭町（当時）の町政要覧「自然とともに生きる」を発刊し、そこに掲載した今森光彦氏(1)の写真によって、普通の里山のまちが素晴らしい姿と働きをもっていることを紹介したことにはじまる。とくに、琵琶湖の漁師である田中三五郎さんが自然の一部となり、循環が見える暮らしを行っていることが雄弁にそのことを物語った。

いまや国の重要文化的景観に選定され、ミシュラン・グリーンガイドにまで注目されている針江の「かばた」は、この写真誌によって失われつつあった生活文化に光があたり、まるでオセロゲームのように黒が次々と白に反転していくような形で共鳴する人を増やしていった。それによって、先人が暮らしとともに残してくれた豊かさと美しさを地域の特徴として紹介するという攻めのポジションに立つことができた。

そして、同年五月、第一一回目となる「環境自治体会議びわ湖会議」を野洲町（当時）とともに共同開催したことがきっかけとなって、水俣市の吉本哲郎氏から地元学の薫陶《くんとう》を受け、「ないものねだりから、あるもの探し」という意識変革のもとで足元に眠っている豊かな資源・資産を調べるようになった。

安心して暮らすためには何が必要だろうか。私は、「食糧を自給する力」と「必要なエネルギーを賄う力」、そして「子どもや高齢者をケアする力」という三つの力であると考えている。国家間において、食糧自給率一〇〇パーセントは他国を攻めない平和の証《あかし》である。しかし日本は、食糧自給率を下げていく方向に補助金を出して、生存にかかわる豊かさや安心を失っていく政策を進め、それに私たちも追随してきた。美しい大地と清浄な水と空気を子どもや孫に残すことが時代、世代に課せられた最低限のマナーであるはずなのに、再生できないほどの破壊や汚染を繰り返し、廃棄物処理も先送りとなっている。この、滅びへのベクトルの向きを変えなくてはならない。「ハッピーな幸せ」より「仕合わせ」な暮らしの実現に向け、心の鏡を磨き、良知に問いかけ、モノによる安心より人の相互の働きかけによる安心の輪を広げていきたい、と私は考えている。

平成の町村合併後、初めての市議会で「環《わ》の郷《さと》」を施政の根本概念として掲げた。実現していきたいことは、今日的な持続可能な暮らしである。また、人と自然の良好な関係に立脚する生業や産業、福祉や教育の良縁成就である。たとえば、木を殺さない伐採が次の芽吹きを促すように、人間の生産活動が多くの生命を育む里山の摂理に添う姿である。そして、破壊（戒）より再生が勝る自治体の事例をつくり、人間も自然の一員である歓びや安心を表現することである。これは、ＭＯＨ運動(2)を提唱されている森健司会長のビジョンである「Ｍ（もったいない・循環）、Ｏ（おかげさま・共生）、Ｈ（ほどほどに・抑制）」とも共鳴するものである。

使い捨てを当たり前としている暮らしは、人間までもが使い捨てとなるような生活形態を促してきたのではないだろうか。思わず、「この世に来たときよりも美しくして、あの世に還っていく」と言った松原泰道《まつばらたいどう》(3)禅師の

（1）（一九五四〜）昆虫や里山といった自然を被写体として活動している写真家。数多くの作品集を出版している。

（2）社会を変えるためには、消費者であり選挙民である生活者個人の意識を変えなければならない。そのためには、経済成長時代の意識であった「消費は美徳である」とか「捨てる技術」などから意識転換を主張する活動。

話を思い出してしまう。自然の美しさや働きに神仏を重ね、かたじけなさを遺伝子に刻んでいる私たち、青い空は青いままで子どもらに伝えたいという歌の祈り、次に使う人のことを思って水を汚さないようにしてきた琵琶湖の民の暮らし、足るを知る日本文化の心の復活も、環《わ》の郷《さと》の願うところである。

すべての人の良知を信じ、孝をさまざまに実践した中江藤樹《なかえとうじゅ》(4)の教えも、高島市は地下水のように湛えている。人と自然が再生・復活する歓びの空間を、革命や戦争または大災害を経験することなく自治の力で実現したい。

菜の花プロジェクトと地元エネルギー

田んぼは油田である。菜種やヒマワリなどの植物油はディーゼル自動車の燃料とすることができ、有害物質をほとんど排出しない。「菜の花プロジェクト」は、循環型社会づくりの手本とも言えるものである。石油は有限であり、産出量は二〇〇二年をピークに減少に転じている。高島市の減反田で菜の花をつくり、環境負荷の高い化石燃料に頼らなくても農業機械に必要とされるだけの植物油の収穫が可能である。また、廃食油だけでも七万リットル回収し、精製して保育園の送迎バスなどを動かしてきた。これが、菜の花プロジェクトの一端である（第2章も参照）。

残念なことに、これまで日本は自然エネルギーを増やしていく政策がとられず、軽油引取税や品質基準の取り扱いによってその普及が阻まれている。ドイツなどで行われている市民共同発電所やバイオ燃料の普及は、自治の成熟と大きな関連があると思われる。外国から石油が入ってこなくても、また原発が止まっても平然と暮らせる地域をつくりたいし、そのための準備が必要である。

新エネルギービジョンでは、太陽熱温水器と小水力発電、そして木質バイオマスの熱供給事業の三つが有効であると判断された。合併した高島市は、それらを実現していく潜在力にあふれている。朽木やマキノの温泉の追い炊きは間伐材や廃棄木材で可能であるし、稼働中の市内温水プールでの木質原料や植物燃料による熱供給の実現は、環境配慮だけでなく富の地元固定ともなり、仕事や雇用の創出にもつながる自治事業であると言える。

「お互いさまとおかげさまが対流する環の郷たかしま」へ

二〇〇五（平成一七）年一月一日に合併して誕生した高島市の総合発展計画のテーマは、「お互いさまとおかげさまが対流する環の郷たかしまの実現」である。これは、たかしま六郷のよさと力を発揮していく計画にと、コンサルタント任せにせず、市民参加で地域に知恵が蓄積される方法を模索し、職員たちが一〇〇〇人もの訪問調査を行って策定したものである。

（3）（一九〇七〜二〇〇九）東京生まれ。早稲田大学卒業後岐阜県の瑞龍寺で修業したのち臨済宗妙心寺派の教学部長。東京都港区の龍源寺の住職。『般若心経入門』（祥伝社、一九七二年）はベストセラーとなった。

（4）（一六〇八〜一六四八）近江国出身の江戸時代初期の陽明学者。「近江聖人」と称えられた。「心の鏡を磨くこと」、「良知に致る」などを説き、実践した。

合併によって六つの町村の寄り合い所帯になった高島市は、六つの行政言語が存在することとなった。だからこそ「環の郷《わさと》」の新しいテーマに自らの想いを重ね、それぞれの政策に反映させていくという姿が生まれたわけである。とくに、現場で感動しながら進む職員たちは自らの言葉で環の郷を語った。「日本は資源のない国。都会は進んでいる」とばかり教え込まれた教育によって素晴らしい資源を活かす知恵が封じ込められ、農山漁村は萎縮させられてきたのだ。しかし実際は、自然エネルギー学校や食育、和棉や菜の花プロジェクトなどの経験で、日本は資源のある国だと実感するに至った。

私たちは物質的な成長発展を善とし、欲望の拡大に邁進してきた。オリンピックのころ（一九六四年）を境に、集落の事業までが協働から陳情・立会へと変わっていき、行政は自治より工事に没頭し、農の現場では機械化などが急速に進んだために協働の場から笑顔や賑わいが減少した。自然に感謝して祈るという祭りの喜びも失われ、部分である地方は疲弊するスパイラルに陥った。そして、それらの暮らしの積み重ねである地球全体のバランスを崩し、自然からの警告は経験値を超える規模になっている。

ＧＤＰ（国民総生産）という尺度やお金がお金を生む強者の経済は、すべての人々の幸せに貢献するものではない。金融に踊った国々は、いまや国家破たんの危機に直面しているという事実を認識しよう。私たちが拠って立った経済ルールは、ブレーキのない乗り物だったのだ。今こそ、すべての人が仕合わせになれる指標や価値観が必要である。

Ｅ・Ｆ・シューマッハー（Ernst Friedrich Schumacher, 1911～1977）は、著書『スモール・イズ・ビューティフル』で「大量生産ではなくて大衆による生産」などと述べ、人間中心の経済学を提唱した。滋賀大学の学長であった宮本憲一（一九三〇～）氏からも、お金でなく人間に着目した内発型の地域を励ます経済学があると教えられた。また、京都大学の名誉教授である内藤正明（一九三九〜）氏には、自然共生社会の実現に向け、滋賀県や琵琶湖を舞台として努力をいただいている。そして、対人地雷廃絶の世界子どもサミットでは、「難民を助ける会」の会長であった相馬雪香（一九一二〜二〇〇八）氏の謦咳《けいがい》に触れることができた。彼女は、「一人でできそうにないことだから、一人が始めなければならない」という精神を貫かれて九六年の生涯を閉じられている。

「尊い一人」がたくさんいる。ブータン国王が提唱された「国民総幸福（ＧＤＨ）」などもヒントとしながら、一人ひとりが自らの価値観をつくっていく場や、集団の意思を醸成するイベントや事業などを戦略的に展開し、共感する人々を増やしていくという決意を新たにしていかなければならない。

『映像詩・里山』の問いかけ

先にも挙げた今森光彦氏が『映像詩・里山（Ⅰ・Ⅱ・Ⅲ）』（ＮＨＫスペシャル）で描き出した偉大なる自然の営みの舞台は、アマゾンや南方のジャングル、また極北の地でもなく、身近な森や田んぼやヨシ帯の浅瀬であった。ダイナミックにコイやナマズの産卵が画面に繰り広げられ、ヨシノボリは民家脇にある水路の石の蔭に卵を産みつけて孵化するまでじっと守っている。私たちが田んぼに水を張るのを、トンボもカエルも、鮒寿しの材料になるニゴロブナも生命のカレンダーに組み込んでいるのである。これは、何千年にもわたる信頼関係である。

世界の優れたテレビ番組に贈られる「イタリア賞」をはじめとして七つのグランプリに輝いたこの映像は、ひ孫世代もどこかで観るにちがいない。そのとき、「残してくれてありがとう！」と感謝されるためにも、里山を守ろうと決意する人々の共鳴現象が必要となる。無理解や見殺しで「つながり」を切ることは、いとも簡単なのだ。

アコースティックグループである「イルネイロ（iL NeiLo）」がつくった『やまおやじ』という歌は、一〇〇年先を見越したやまおやじが問いかけている。やまおやじとは、クヌギやコナラを繰り返し伐採してきた薪炭林特有の、根元から生き物のように太り、中が空洞であったりする里山のシンボルのことである。この森があるかぎり昆虫少年も絶滅などしないし、人間の健全な育成もできる。

さて、そんな森を守るためには、シイタケの栽培なり、定期的な伐採や手入れが必要となり、仕事として回転することが不可欠となる。安い中国産のシイタケを食べることで、日本のどこかの自然の営みが途絶えている。地産地消とか身土不二は食べる人の健康だけでなく、生産する人と周囲の自然の健康も守っている。ちなみに、イタリアのスローフード運動は、自らの食文化は守るという「こだわり」が根底にあり、ファストフードにもグローバル化にも屈していないということを知らなければならない。

環《わ》の郷《さと》の生き物のつながりを理解するきっかけになったのは、「農と自然の研究所」の代表である福岡県の宇根豊（一九五〇〜）さんが「ご飯をお茶わん一杯食べるとオタマジャクシが三五匹生きられる環境を守ることになり、三杯食べると赤トンボが一匹空を飛べることにつながるんだ」[5]と言われ、コメづくりを生き物の生存環境につなげて解き明かされた話を聞いたことである。このことに触発され、高島の米づくり、農の価値を表現する生き物指標をつくろうと調査したわけだが、それが有機栽培研究会の活動とリンクして相乗効果を発揮することになった。無農薬の生き物田んぼでは、絶滅危惧種Ｂ類のナゴヤダルマガエルやスジシマドジョウが増殖している。餌が増えると自ずとサギたちも増え、現在では七種も確認でき、トキがいたであろう環境に近づいているという。

コウノトリのようなスーパースターはいないけれど、たくさんの生き物によって、つくり手も消費者も生き物たちにもよい「三方よし」の農業が展開されている。「この奇跡の共生空間は全国でお手本にできる」と、「月刊岩波」（二〇〇八年六月号）において多田実氏[6]がレポートしている。

自然と会話する仕事は人間も深くすることになる。東京のファンらが、米代に保全費用を乗せてくれるというニュースが新聞でも紹介された。この奇跡の共生空間を世界に誇り守りたい。一〇〇年後の田んぼに宇宙衛星から操作するトラクターが動いていても、魚には琵琶湖の続きで産卵に上れる、命のゆりかごであり続けてほしい。人の世の続くかぎり、ホタルが舞い、子どもたちがドボドボになって川で魚を追いかける姿を見続けたい。

（5）「農と自然の研究所」は、二〇〇〇年五月、百姓を中心としたＮＰＯ組織として立ち上げられたが、使命を終えたとして二〇一〇年四月に解散している。百姓仕事が生み出す、カネにならない世界を掘り起こし、表現し、評価するための仕組みづくりに賭けた一〇年は、宇根豊氏が著した『百姓仕事が自然をつくる』（築地書館、二〇〇一年）、『風景は百姓がつくる』（築地書館、二〇一〇年）、などで語られている。

（6）（一九六三〜）東京生まれ。環境問題や生物多様性を主なテーマに寄稿・執筆活動を行っている。雑誌〈BE-PAL〉にて「雑魚釣りニュース」を連載中。

中央分水嶺高島トレイル――八〇キロメートル

二〇〇五年一月一日、高島市が誕生して、陸地面積は五一一平方キロメートルとなった。高島市のあるもの探しで驚いたのは、身近な自然の美しさである。何と、全国の「〇〇百選」に選ばれている名所が一三か所もあった。棚田百選の「畑の棚田」、滝百選の「八つ淵の滝」、桜百選の「海津大崎」などである。また、マキノの「メタセコイヤ並木」は「恋人の聖地百選」で、「安曇《あど》川の簗漁《やなりょう》」は「未来に残したい漁業文化財」に登録されている。

そんななか、福井県と京都府に境界を接する市境、県境の八〇キロメートルが何とすべて中央分水嶺であることに気づいた。これまで、マキノ、今津、朽木の地域ではそれぞれハイキングコースを整備してきたが、この三つの「点」が「線」になるときが来たわけである。マキノには「花の百名山」に選ばれている赤坂山（八二四メートル）、今津には「ため池百選」の淡海湖と美しいブナ林が続く近江坂、そして朽木には、「日本紅葉

高島トレイル。大谷山尾根から

百選」にも選ばれている生杉にあるブナ原生林を含む木地山から三国岳（九五九メートル）へのルートなどがある。私自身、近江坂や木地山を歩くまで、一〇〇〇メートルにも満たない滋賀県の山々に世界遺産の白神山地の人までが凄いというブナ林があるとは思わなかった。

冬には、マキノの寒風から大谷山（八一三メートル）をスノーシューで歩いた。分水嶺である尾根道から若狭湾と琵琶湖が眼下に見え、伊吹山（一三七七メートル）から白山（二七〇二メートル）まで見わたせる空の青と雪の絶景を堪能した。日本海から伊勢湾に抜ける風の道は過酷な自然環境をつくり、そこでは、南限北限の植物が入り混じるという多様な植生が形成されてきたのである。

残念なことに、「山野草を愛する会」などと称して、バスで来て希少植物を盗掘していく不心得者も後を絶たない。日本の観光地は、総じてゴミやマナーの問題に頭を痛めている。とくに、富士山をはじめとした国立公園や世界遺産は深刻な状況となっている。スウェーデンの「自然享受権（Allemansrätten）」[7]のように、訪れる人に自然を楽しみ自然に癒される権利を保障する代わりに、自然を良好な状態に維持していくためのルールの厳守や必要となる費用負担を求めていくべきかもしれない。

この高島トレイルを多くのマナー良き自然愛好家の共有財産にし、攻めの政策でみんなで守っていくという成功事例にしていきたい。

（7）一九九八年に制定された環境法典（Enviro Code）には、「自然享受権を活用する、もしくは自然に出掛ける人は、自然に対して配慮をし、注意をしなければならない」と記載されている。

事業仕分けから生き物田んぼへ

自然の豊かな所は、往々にして財政が脆弱である。それゆえ、公共事業などに頼ってきた傾向が強いために累積債務が増嵩している。言ってみれば、持続可能な財政状態ではないということである。高島市に移行した二〇〇四（平成一六）年度は、税収が五一億円でありながら、合併の駆け込みもあって三〇四億円の予算であった。そこで、財政の健全化を目指して事業仕分けを行い、公開の場でオープンな議論をするという方法で政策の棚おろしに着手した。結果的には、一〇五八事業のうち、一五〇〇万円以上の一一九事業を仕分けして二一億円の削減を実現し、三九〇億円に達そうとしていた借金を減少路線に転換することができた。

外部の評価者から、地元では予想もしなかった切り口で問いかけられる事業が次々と出てきた。当然だと思っていた水稲病害虫防除の予算ですら、農薬の価格差を埋めるようなことにしか活かされていなかった。そもそも、虫の出る前から散布日が決められ、農薬は年度当初に発注されていた。仕分け以降は農薬を減らし、除草剤の散布回数を減らす方向に使途を変え、有機栽培の勉強会などを応援していくこととなった。

予算のなかには、プラスの循環を高めていくものとマイナスの循環を加速させていくものがある。公共事業は破壊（戒）が勝ってはいけない。自然や景観の公共資源の損失に対して弁償する責務があることに気づくべきだし、琵琶湖淀川水系などで水源の涵養などに協力する公共財産を維持するバランスシートをつくり、担う役割を分担していく必要がある。

重要文化的景観から世界遺産へ

ベンガラ柱に焼杉の黒いしぶき板という家並みが、他所にはないものであることを知った。さらに、滋賀県立大学の先生方のご指導のもとに今昔景観を屏風絵に描かれた集落を訪ねると、暮らしの景観が博物館の展示ではなく、今も現役として存在している姿、そうあらしむ働きの尊さに目を奪われた。

若い職員たちが専門家の力を借りて調査した結果、マキノの海津、西浜、知内の水辺景観がその筆頭であることが明らかになって地元が奮起され、文化庁より「重要文化的景観」の選定を受けることができた。そこは、江戸時代（一八世紀初め）に高島郡甲府領の代官であった西与一左衛門によって積まれた石積み（西浜に四九五・五メートル、東浜に六六八メートル）が圧巻である。海津の港の繁栄を今に伝える石積みは個人の財産であるが、公共的な防災の役割を果たし、統一的な景観を形成している。このような重要文化的景観は、「触るな、変えるな」の文化財でなく、地域の暮らしとともに変わってきた景観を肯定的にとらえるとい

海津の石積みと琵琶湖と向き合う橋板の暮らし

った考え方がベースとなっている。

海津から北周りに大浦、菅浦の漁村の景観、彦根城、八幡掘、石山寺に至る水辺の歴史景観、また南回りに、西浜、知内からは今津の橋板のあった浜辺や針江・霜降の湧水の集落（二〇一〇年に文部科学省から重要文化的景観に追加選定）、簗の残る船木から松ノ木内湖の四津川、白浜、萩の浜を経て大溝城址から乙女が池、そして白髭神社、比良から比叡山へと続く琵琶湖の水辺景観は、世界遺産に指定されるだけの価値が十分あると聞いている。

万葉の時代に船から見た山並みは、今も変わらず存在している。一三〇万人が出す排水が流れ込みながら現在の状態を維持している琵琶湖は、世界から見ると奇跡的な事例であるようだ。

森林文化の里くつき——木構造体育館は語る

森林文化の里として朽木《くつき》地域には、塩野米松（一九四七〜）氏の著作である『木の教え』にも紹介されているように、橋の建造に適し、共有財産として守られてきた杉（橋木という）などをはじめとしてさまざまな知恵の形がある。子どもの数は減ってきているが、誇り高い朽木藩の気概といったものも色濃く伝えられている。そこで、耐震診断で建て替えが必要とされた朽木東小学校と朽木中学校の二つの体育館を一つにする合意が整い、森林文化の里の夢をかなえる木造体育館を造ろうと発案した。

検討委員会を立ち上げ、鈴木有《たもつ》氏[8]に助言をお願いし、子どもたちにとっても、朽木の住民にとっても最適な体育館の研究をはじめた。最初のころは反対意見もあったが、国内の大型木造建築を一九か所も視察して木構造への理解を深めながら、学校関係者や森林文化の担い手たちは朽木の木で体育館を建てるという夢に挑戦する決意を固めた。この検討会から竣工までの四年の歩みが、二三回も発行した「朽木ぐるぐる瓦版」によって周知され、地元の人々に共有されることになった。

コンペの結果、岩国の錦帯橋のような「持ち送り重ね梁」という技術を活かした屋根構造のプランが採用された。地元の木を使っての、一〇〇年もつ学校体育館の建設がはじまった。その材料として、歴代の朽木中学校生が作業して守り育ててきた学校林から四〇〇本、村有林から一二〇〇本の樹齢六〇年から九〇年の杉材を切り出すことになった。

お盆を終えた二〇〇八年八月一七日、学校林で「黎明の集い」という伐採開始の儀式を行った。樹の命とこれまでに汗を流したたくさんの先輩に感謝してコカリナ（木の小さな楽器）が演奏され、中学生から一人ずつノコギリを引いた。そして、林業家も一目置く達人である射庭喜八郎さんが子どもたちの目の前でスルスルと大木に登ってロープをかけ、チェーンソーで伐採に入った。楔を打ち込み、見事に予定の樹間に切り倒した。芦生杉《あしうすぎ》の遺伝子をもつ樹齢八六年の大木は、今まで生きていたんだと語るがごとく樹液が滲み出しボトボトであった。その切断面にみんなで手を置き、木の命を実感した。続いて、生徒たちは皮むきをしたのだが、杉皮が見事に剥《は》がれてツルツルの木肌が現れ、森が明るくなったような気がした。その後、冬まで、葉がらしで枝

（8）（一九三八～）金沢工業大学名誉教授。秋田県立大学名誉教授。耐震工学を専門とする工学博士であり一級建築士。阪神大震災で被災した住宅を目の当たりにして以来、日本の伝統的な木造の建物がもつ粘り強さに驚き、その強さのメカニズムを解明する研究や実験を重ねた。

葉から水分を蒸散させ、地元の製材所で製材したあと桟積みの自然乾燥に入った。

一〇〇年間にわたって付き合っていく体育館を造るためには、十分な乾燥が成功のカギとなる。慎重を期し、一年の工期延長も決断した。材木は人工乾燥機によって短期間で市場に商品として並ぶ時代だが、材が生き続けて狂いの少ない自然乾燥のほうがいいことは言うまでもない。公共事業は単年度主義がとられ、既製品を買うことが前提になっているが、本当によいものを造るために必要な手間を知り、時間をともに過ごすことが人間の見識をつくると感じる。

この事業の陰のお手柄は、一六か月もの時間をかけての自然乾燥と、その間に製材関係者が行ってくれた積み替え作業である。それが、含水率二五パーセントを達成させた。

一六〇〇本を超える杉材を伐採し、丸太を地元で製材する。単なる思いつきで実現できることではない。林業の生業再生という本題について、体育館の建設と並行して地元の木で家を建てる研究会が準備を整えていたのだ。たしか

地元の材と技術が結集した木構造体育館

に、体育館はハイライトであるが、森を活かし、それを保全するには生業としての継続が不可欠となる。森を守る人を育てなければ森は守れないし、本当の生きた材で家を建てたいという人と建てる職人を育てないと森は活かせない。

「家を買う」という文明では、手を入れながら世代を超えて付き合っていくという気持ちが育たない。日本の住宅の平均寿命は二六年で、三〇年弱で廃棄物になることが現実となっている。ＧＤＰを押し上げる効果はあろうが、世界の森林から運んできた材を粗末にしては罰があたるというものだ。持続可能な暮らし、世界から尊敬を集める「MOTTAINAI」の知恵が木造建築には集約されている。木は、伐られた時点から新しい使命を生きはじめ、伐ってから三〇〇年たったころに一番強度があるという。その優等生とも言えるのが、創建から一四〇〇年を超える、世界最古の木造建築とされる法隆寺である。

植林とセットで伐って使うという自然保護が必要だと思う。「木造一〇〇〇年、コンクリート五〇年」と、伝説の宮大工と称されている西岡常一（一九〇八〜一九九五）氏は言ったそうだ。建設コストの評価は、建物の寿命と活用内容で決まる。果たして、通常の体育館建設費用の一・五倍となる五億七八〇〇万円は高いのだろうか、それとも安いのか。

環《わ》の郷《さと》の願いは、つながりの結び直しや知恵の再発見、生業化など仕合わせの増進であるが、単純に言えば、子や孫の未来に万分の一でも責任をとるということである。そのためにも、気づきや出会いによる覚醒をエネルギーとしたい。環の郷の取り組みは一〇〇年後に評価されるものもあり、はじまったばかりと言ってもいいだろう。先に挙げた相馬雪香さんの言葉の後段は、「一生かけてもできそうにないことだから、我が一生をかける」である。

コラム1 地域のシンボルとして古民家を守る（黒田末壽）

国道367号を北上し、朽木《くつき》を過ぎて檜峠を越えた所で西に山間の道を入ると、高島市椋川《むくがわ》に着く。山間の隠れ里のような集落であるが、谷は広く、東西に延びているため明るくて山も田んぼも美しい。ここを訪れた人々が、例外なく好きになってしまう所である。

最初の集落の西端にある真新しい萱葺きの家が、高島市都市農村交流施設の「おっきん椋川交流館」である（「おっきん」は「おおきに」と同じ）。一八七九（明治一二）年築、入母屋・平入りの堂々たる造りで屋根はそびえ立つように高い。元の所有者であった栗田家から高島市に寄贈され、改修されて二〇〇九年四月に開所した。中は昔のままに再現されており、囲炉裏を囲んで談笑したり、屋根裏に上って豪壮で巧妙な合掌造りを学ぶことができる。昔の暮らしや地域おこしについて研修する場になっており、二〇〇九年度には二〇〇〇人が利用している。

椋川では、この家屋は栗田家の屋号である「長五郎の家」と呼ばれていた。今では住民が六〇人に満たない「限界集落」となった椋川であるが、製炭業が盛んなころは三五〇人以上が住む豊かな集落だった。大きな屋根の長五郎の家は、そのころの面影を今も残す「椋川のシンボル」となっている。

おっきん椋川交流館

しかし、集落の現状を考えると、三〇年に一回屋根を葺き替えて家屋を守っていくのは難しい。五〇〇〇束を必要とする屋根であるにもかかわらず、そのカヤ場はなくなっており、年寄りはもう高い屋根に上れない。また、屋根を維持するために火を焚くのだが煙が籠もる生活はさすがにしんどい。そのうえ、このような家の修復には莫大な費用がかかってしまう。そういう事情で、私たちが牛耕復活や生物調査のために椋川に行きはじめた二〇〇六年には、栗田家では家を建て替える予定になっていた。

地域では、リーダー役の井上四郎太夫さんをはじめとする多くの人々が「長五郎の家」の存続を望んでいたが、将来にわたって維持できる保証がない以上、そのことを栗田さん夫妻に言うことはできなかった。そのとき、「家をぜひ残して欲しい」、「修理やお守りの手伝いをさせて欲しい」と何度もお願いに行ったのが、椋川に移住してきた是永夫妻であった。

私たちは建築の専門家たちに保存の方策を栗田さん夫妻に説明してもらい、同時に高島市役所に対して支援をお願いした。当時の海東英和市長も自ら栗田家に存続のお願いに行き、栗田さんたちは悩んだ末、家屋を市に寄贈して残すことを決意してくれた。それを受け、椋川の全住民と集落外の応援者が集まって「結いの里・椋川」（会長・井上四郎太夫）を結成し、市と協議しながら長五郎の家をてこにして地域活性化に取り組むことを決めた。市役所の職員が中心になって国庫補助と市の予算で資金を調達し、建築家のスーパーバイズで改修を進め、二〇〇九年四月、西川喜代治新市長のもとで「おっきん椋川交流館」として竣工式が行われた。

この地域に住むお年寄りたちは大変元気だ。集落営農で耕作放棄を減らし、放棄地には牛を放牧して農業と景観を守っている。何かを造るとなればすぐに集まって建ててしまうし、研修の際に食事をお願いすればいけない郷土料理がずらりと並ぶ。秋祭りの際、「おっきん椋川」では、手づくりの鯖《サバ》のなれ鮨、漬け物、手料理、藁細工などが並び、訪れた人々の評判になっている。もちろん、課題も多いが、集落で暮らしが成り立つ道を、村に残っている人々、Iターンの一家、そして農業を目指す三人の若者たちが模索し、地域活性化の道を探っている。

コラム2　人と人、地域資源と人をつなぐ「結びめ」

（市川由美子）

高島市の小高い丘陵地の一角に、二〇一〇年春、田舎暮らし体験施設「風結《かざゆ》い」がオープンした。施設は古民家を移築したもので、既存集落の飛び地に数件の民家と馴染むように立っている。企画・運営をしているのは「結びめ」というグループである。工務店三社と設計事務所一社、そしてこの地に生まれ育ち、この地域の暮らしをこよなく愛する一人のキーマンが主体となり、山里とつながる持続可能な暮らしを求める都市部からの移住者に住まい空間を提案・提供することを目的として活動している。

「結びめ」の取り組みを大きく二つに分けると、「山里とつながる持続可能な暮らし」の提案と、「互いが支えあう暮らしの共援システム」の構築である。最初の「持続可能な暮らし」について考えるとき、何が一番よいかではなく、この地域にどの方法があっているかが重要な視点となる。

私たちが活動の拠点としている安曇川《あどがわ》町中野は、阿弥陀山（四五三・六メートル）の裾野に位置する山里である。ここでの提案は、「里地・山里スタイル」とでも言うべき、山里ならではの地域資源を活かした環境に負荷をかけない暮らし方である。この地域で手に入る木材を利用し、薪ストーブ、薪ボイラー、おくどさんや外囲炉裏で直火を操っている。また、近隣には農地も広がり、自分の手でつくった安心・安全でよりおいしいものを食すことが可能な地域である。そして、豊富に山から流れてくる清流も、暮らしの潤いとして非常に魅力的なものとなっている。

山里の暮らしは、自然環境に向きあうという厳しい面もあるが、人の手による創意工夫が活きる、心を満たす暮らしである。このような暮らしを一家族だけで続けようとすると少々ストイックな感も生じるが、そんな「里地・山里スタイル」に息吹を吹き込む役割が「暮らしの共援システム」なのである。

この地域に住む住民たちは、高齢化が進んできてはいるもののさまざまな暮らしの知恵や技をもち、なおかつそれらを人と分かちあうことをいとわない。都市からの移住希望者を対象に行うワークショップにおいても、農のある暮らしや伝統食などを楽しみながら披露してくれる。

住民は、「以前は集落で何かあるごとにみんなで料理して食べてたのに、そういう慣習がなくなって寂しなってたとこよ」と、われわれの活動を喜んでくれている。都市から移住してくる人も、地域の人から学ぶだけではなく、自分たちにできることを考えてお互いに役に立てる

手づくりの郷土料理を囲む来訪者と地域住民

ことを誇りに思える暮らしがある。たとえば、車がないと買い物に不便な土地柄のため、高齢者世帯のためについでに買い物をしてくるなど、技がなくてもできることはたくさんある。

この二者を結ぶ役割を「結びめ」が担っている。「結びめ」の専属職員二名は、地域住民とのしっかりとした信頼関係を築き、現在、地域住民の笑顔と暮らしの技を収集中である。これらは、『田舎暮らし展』(9)などの形で他地域の方々に発信しているし、伝統食が得意な人や創作料理が得意な人には、それぞれが活躍できるコミュニティレストランならぬ「コミュニティケータリング」なども画策中である。また、都市からの移住者にはウーファー(10)的なかかわりをもってもらうことで、高齢者や専業農家の助けになってもらえればと考えている。

私たちは、地域資源と人のチカラを尊重する暮らしを通して、「地域共生ビレッジ」の核としての役割を「風結い」が担えるように発展させようとしている。

---

(9) 中野地区を歩いて、人々の暮らしや地域の魅力に触れてこの地に「住まう」ことをイメージする暮らしの展覧会のこと。分譲可能な土地の紹介や、古民家改修・新築の紹介なども行っている。

(10) その家の仕事を手伝ってもらう代わりに食事と寝床を提供するのが「ウーフ」という仕組み。手伝いにやって来る人を「ウーファー」と言う。

第2章

地産地消のエネルギー

（山田　実）

ナタネの刈り取り。地産地消バイオマスの利用は「地域の教育」にもなる。

ドイツの「バイオマスエネルギー村」構想

現在、滋賀県議会議員として活動している私だが、実は議員になる前から「菜の花プロジェクトネットワーク」という資源循環型社会の構築を目指したNPO法人の事務局長をしている。このNPO法人は、田んぼや山がもつバイオマスに注目して、「地域を元気にしよう」と二〇〇一年に設立されて一〇年目がすぎた。琵琶湖の環境保全活動からスタートした菜の花プロジェクトだが、全国ともネットワークを形成し、同様の目的をもつ多くのNPO団体との交流を進めながら、今は「食とエネルギーの地産地消」をテーマにさまざまな取り組みを進めている。

このNPOが主催して、二〇〇二年には五回シリーズで「バイオエナジー利用研究会」を開催した。この研究会は、文字どおり地域が有しているバイオマスのエネルギー利用の方途を探ることを目的にしており、県内外を会場にして、毎回さまざまなゲストを招待して行った。

最終回となった第五回の研究会では、竜王町を会場に東京農工大学の協力を得てドイツから二人のゲストを招くことができた。その一人であるカッセル（Kassel）大学のマリアンネ・カーペンマッハ・シュタイン教授が興味深い報告をしてくれた。それは、人口わずか八〇〇人弱のドイツ・ユーンデ村（Jühnde・ニーダーザクセン州）における「村内で必要なエネルギーをすべてバイオマスで供給しよう」という取り組みについてのものであった。

ユーンデ村は、ドイツ初の「バイオエネルギー村」と呼ばれている所である。この取り組みのきっかけとなったのは、カッセル大学とゲッティンゲン（Göttingen）大学が共同して発表した、エネルギーを全部自分の地域にある資源だけでまかなう村づくり計画であった。この計画を実践するために、「われこそがバイオエネルギー村に」と希望する自治体を公募し、この呼びかけに手を挙げた一七の自治体のなかからユーンデ村が選ばれたわけである。

ユーンデ村はドイツのほぼ中央に位置する村で、自治体というよりは集落に近い。農地面積は一三〇〇ヘクタール、森林面積は八〇〇ヘクタールで、村民の多くは近くの都市ゲッティンゲンに通勤しており、農家と非農家が混在している。

ユーンデ村が「バイオマスエネルギー村」に選ばれたのは、村内にある一〇戸の農家が全部賛成したからである。計画を企画した両大学は、このプロジェクトを進めるにあたって、農業は食料だけでなくエネルギーも供給しているという新しい農業の役割をアピールすることが重要だと考えていたのだが、この提案に対する農家の合意がユーンデ村にあったことを重視したそうである。

と同時に、この計画に関心を示した住民が多かったことも採択された理由になっている。バイオマスを活用して再生可能なエネルギーをつくっても、それを使う人がいないのでは村のエネルギーをすべてバイオマスエネルギーに転換することはできない。「エネルギーの自立」にはその生産量と消費量がバランスよく配合されていることが不可欠となる。

「バイオマスエネルギー村構想」の中核となったのは、畜産農家から出される家畜糞尿を活用したバイオガス施設による電力および熱供給（コジェネレーション）と、木質バイオマスによる地域暖房供給施設の二つである。二つのうち、より大きな役割を果たすのがバイオガスによるコジェネレーション施設であり、廃熱を効率的に使うことでエネルギー効率を高めている。春から秋にかけては、このバイオガス施設のみで大半のエネルギー需要を満たすことができるが、冬期は暖房のために多くの熱を必要とするため、村内にある森から得られる間伐材などを木材チップにして燃料とし、大型の地域暖房施設を利用している。ちなみに、こうしたバイオマスエネルギー村づくりを進めるためにユーンデ村では、住民たちが勉強会を開催し、二年間をかけてこの取り組みを具体化するための準備を進めたようだ。

バイオエナジー利用研究会で報告するマリアンネ氏に対して、多くの参加者からユーンデ村に関する質問が相次いだ。そこで菜の花プロジェクトネットワークでは、「ドイツ・エコツアー」にユーンデ村を視察先として組み込み、翌二〇〇三年五月に訪問することになった。

ユーンデ村でのエネルギー自立の挑戦

ユーンデ村における取り組みの特徴は、バイオマスエネルギー村構想に対して住民の勉強会を繰り返し行ってきたことだ。地元資源を活用して生産されたエネルギーを地元で消費するためには、温水を各家庭に供給するためのパイプライン建設などインフラの整備が必要となり、住民自身にもその費用負担が生じることになる。多くの人々がそれを了解したうえで事業を開始しないと、経営が成り立たない。

ユーンデ村を訪問して感心したのは、集会所の入り口に大きな丸太をくりぬいた柱が立てられており、そこにこの計画に賛同した人々の名札が積み重ねられているのを見たときだ。訪問時には、すでに村の七割以上の人々の名札が掲げられていた。こんな大胆な取り組みをはじめるためには、一〇〇パーセントは無理にしても、できるだけ多くの村民が合意しなければならないという住民自治の精神が何よりも必要であることが伝わってきた。

菜の花プロジェクトネットワークの視察団がユーンデ村を訪れたとき、住民との交流会が開催された。私たちはこのとき、バイオマスエネルギー村構想に対する期待と、ユーンデ村の取り組みに対して激励をしたわけだが、あとでそれが、計画が遅れ気味で沈みがちだった住民のみなさんを大いに励ましたということを聞いた。ほかの地域の人たちからエールを送られたことで、地元の人たちも自らが行おうとしていることの意味を改めて自覚したようである。

二〇〇四年から本格的な取り組みがはじまったバイオエネルギー村構想は、その後、画期的なエネルギー自給自足のモデル村として、世界各国から多くの人々が視察に訪れるようになった。その結果、このプロジェクトにおいて当初想定していたCO_2削減などの環境面におけるメリットだけでなく、「地域が元気になる」という効果ももたらした。それをまとめると次の三つになる。

❶**地域経済の向上**――地域の資源を活用してエネルギーを自給しているため、エネルギーの購入費用が地域外に流出せず地域内に留まるようになった。また、地域内でのエネルギー生産は、家畜糞尿や間伐材・木質チップなどのバイオマス資源を販売して収入を得ることにつながり、地域経済の向上だけでなく雇用創出にもつながるという効果をもたらした。

❷**地域の住民同士の結び付きを強めた**――家庭や地域における絆の希薄化が日本でも問題になっているが、住民同士の勉強会を繰り返すことによって住民間のコミュニケーションが円滑になり、村民自身による意思決

定を繰り返すことが住民相互の結び付きの強さにつながった。

❸このプロジェクトを通じて、村民の誇り・自信・地域への愛着感が高まった――とくに、われわれが行ったあとも国内外から多くの視察者が訪れるようになり、他の地域の人々に自分たちの取り組みが見られることで地域への愛着や誇りがいっそう高まっていった。

このように、「エネルギー自立」の村づくりを通じて、住民自立の地域づくりが深化していったという過程が興味深いと言える。それゆえ、ドイツのユーンデ村は菜の花プロジェクトネットワークのモデルとも言える。

菜の花プロジェクトの「エネルギー自立計画」

菜の花プロジェクトは、琵琶湖に赤潮が発生したとき（一九七七年）に大きなムーブメントになった「せっけん運動」にはじまる。琵琶湖の富栄養化につながる「合成洗剤に代えてせっけんを使おう」という運動は、並行して家庭から出る廃食油を回収して、これをせっけんにリサイクルしようということになった。

しかし、この「廃食油のせっけんリサイクル」の運動は、その後、洗剤メーカーが無リン合成洗剤を生産販売するようになったため、新しいリサイクル先として「ＢＤＦ（バイオディーゼル燃料）」を見いだすことになった。軽油に代わるバイオ燃料を使うことで、それまでゴミとして捨てられていた家庭・地域資源をエネルギー生産の資源として再利用しようとしたわけである。

技術的な試行錯誤はあったが、天ぷら油をエステル転換[1]することにより、ディーゼルエンジンの燃料として使えるＢＤＦのテストプラントが稼働したのが一九九五年である。これにより、廃食油の新しいリサイクルの可能性が生まれた。私たちは、天ぷら油が車を動かすということに感動し、天ぷらのにおいをさせながら走る自動車に「脱化石社会構築」の可能性を感じた。

当時、全国から出る廃食油の総量は年間四〇～五〇万トンと言われていた。これに対して、全国で使われている一年間の軽油消費量は約四〇〇〇万トンであるから、「軽油代替」を目指すにはほど遠い量であることも分かった。つまり、ＢＤＦを軽油に代わる燃料として提案していくためには、廃食油を燃料化しただけでは無理だということである。この資源循環の仕組みを成立させていくためにはどうしたらいいのか。そのヒントは、ドイツにおける「ナタネ燃料化プログラム」にあった。ちなみに、菜の花プロジェクトでは二〇〇一年にもドイツを訪問したが、当時ドイツでは、バイオ燃料をつくることを目的として栽培した菜の花の作付面積はすでに一〇〇万ヘクタールにも及んでいた。

日本とは異なり、ＥＵ諸国では食糧自給率が一〇〇パーセントを超えている国もある。そのため、農産物の過剰生産に対応するために、農地の数パーセント～十数パーセントを休閑地とする生産調整政策がとられている。ちなみにドイツでは、農地の一割がこの休閑地にあてられていた。この休閑地では、動物の飼料作物を含む食用の作物を栽培することが一切禁止されている。しかし、逆に言えば、食用以外の農作物であれば何を植えてもかまわないということになる。

（1）　植物油にメタノールを加え、グリセリンを分離させてＢＤＦをつくること。

ドイツに広がる一〇〇万ヘクタールもの菜の花畑は、この休閑地を利用したものだった。休閑地を利用すれば、地元の農業者が軽油に代わる燃料を生産することができ、ＥＵの農産物生産における調整政策を守りつつ農地をエネルギーの生産地にするという「一石二鳥」が目指されていた。

ドイツで発行されている情報誌のなかに、「ＵＦＯＰ」という油脂作物の普及を目指している団体がまとめた冊子があるが、私が見た冊子のタイトルは「アグリカルチャー・アズ・エナジーサプライヤー（エネルギー供給者としての農業）」となっていた。これが、菜の花プロジェクトが考える農業の姿の一つである。

植物由来のバイオマスは成長する過程でCO_2を吸収するため、これを利用した結果、CO_2が発生したとしても「カーボンニュートラル（CO_2の排出量は差し引きゼロ）」と見なされる。低炭素社会の構築に向けて「脱化石」を目指そうとするのであれば、バイオマス利用は不可欠な分野となる。低炭素社会の構築が目指されている現在、農業にも新しい役割が求められているのではないだろうか。

バイオマスに注目した「資源循環サイクル」

一連の菜の花プロジェクトの活動を通じて、私たちは「資源循環サイクル」という循環型社会の地域モデルの仕組みをつくり出してきた。資源循環サイクルは、菜の花プロジェクトが家庭ゴミとしての廃食油を資源としてリサイクルすることで「ゼロ・ウェイスト（ゴミをゼロにする）」の社会をつくり出すだけでなく、ゴミを資源としてエネルギーの生産に再利用しようという流れを示している。

当初は、家庭ゴミとして扱われていた廃食油のリサイクルに注目していた菜の花プロジェクトだが、廃食油の元となるナタネ栽培を復活すること＝農業がもたらす田んぼのバイオマスを活用することにより、農のもつエネルギー産業としての可能性を見つける過程において、「菜の花栽培」→「ナタネの収穫」→「ナタネの搾油」→「ナタネ油の地域利用」→「廃食油の回収」→「廃食油のリサイクル」→「ＢＤＦへの転換」→「ＢＤＦの地域利用」→「ＢＤＦを燃料とした農耕機械の活用」という資源循環サイクルが地域において成立可能であることを確信した。

　このサイクル図ができたことは、地域での資源循環社会づくりに取り組む地域を増やすことにもつながった。二〇〇一年に滋賀県新旭町（現・高島市）で開催した第一回の「全国菜の花サミット」には、全国二七道府県から五〇〇人を超す人々が参加し、その結果「菜の花プロジェクトネ

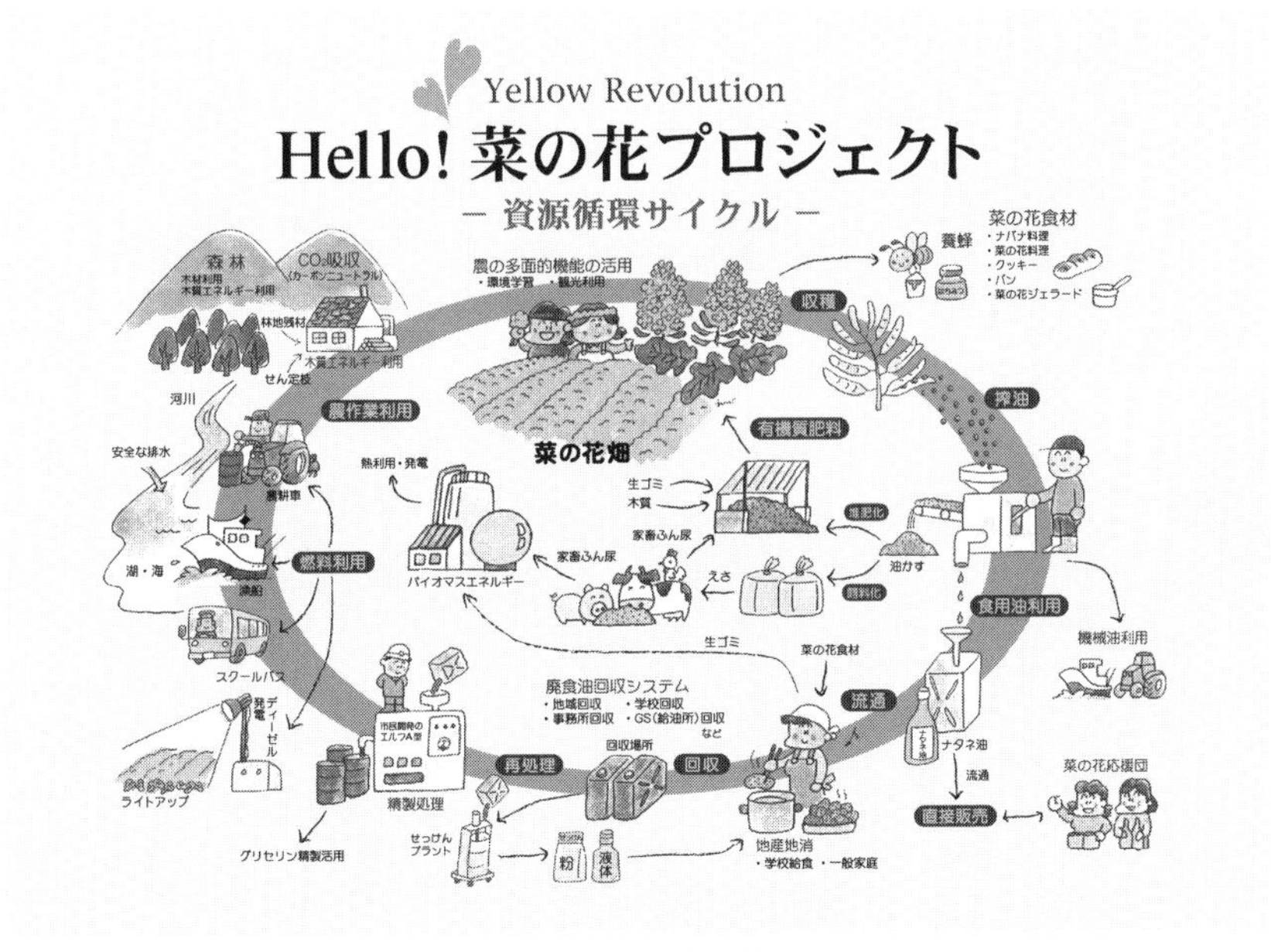

菜の花プロジェクトの資源循環サイクル図

ットワーク」が誕生したわけである。

国でも二〇〇二年に「バイオマスニッポン総合戦略」が打ち出され、バイオマスへの関心が高まり出した。BDFが注目される一方、その品質の確保に向けた法的規制もはじまっている。二〇〇七年には、BDFを軽油に混合した場合の軽油規格が施行された。これは、ユーザーが安心して利用できる品質を確保しようというものだが、その反面、草の根的にBDF利用を進めてきた地域の取り組みを抑制するという側面をもっている。そのため私たちは、エネルギーの地産地消という観点から、地域での資源循環の取り組みを支えるための公的な支援策を求めている。

ともあれ、まだまだ不十分であるが、二一世紀に入って「化石エネルギーに頼らない再生可能エネルギーの地産地消のありよう」を探る動きがはじまってきたのは事実である。その動きは、石油に頼ってきたこれまでの近代文明が転機を迎えているということにほかならない。エネルギーの地産地消には私たちの生活の変革を必要とするし、工業化することで発展を遂げてきた産業構造の改革を必要としている。まさに、持続可能な社会をどう描くのかが問われているわけである。

バイオマスとは、生態学で言うところの「生物の量（バイオ）」を「物質の量（マス）」で表したものである、とされている。つまり、枯渇する資源ではなく、今生きている動植物を「バイオマス」と呼んでいるわけである。ちなみに、「バイオマス・ニッポン総合戦略[2]」では、「再生可能な、生物由来の有機性資源で化石資源エネルギーを除いたもの」と定義されている。

生態が保たれるかぎり、私たちはバイオマスの恩恵を受け続けることができる。そのバイオマスのエネルギー利用もまた持続可能なエネルギーなのである。適正なエネルギー利用が生態系の適正な維持につながり、それが人類のサスティナビリティにもつながるのではないだろうか。

森と太陽の恵み

わが国のエネルギー自給率は二〇パーセント（原子力を除くとわずか四パーセント）程度でしかない。しかも、原油の中東依存度は八割を超している。エネルギーの安全保障の観点からも、きわめて脆弱な状態と言える。それとともに、化石エネルギーがもたらす温室効果ガスの増加や石油の枯渇という問題などが加わってくるなかで、「安くて豊富で使い勝手がよい」と考えられてきた化石エネルギーから、再生可能で温室効果ガスの増加を抑制する地域の新しいエネルギーが見直されつつある。

ここで、東近江を中心とする地域でのエネルギーの地産地消の例をいくつか紹介してみよう。

一つは森林の利用である。わが国は世界でも有数の森林大国であり、国土の七割が山であり、滋賀県においても県土の半分の面積を森林が占めている。かつて、里山は私たちの生活において身近な存在であり、森はキ

（2）「地球温暖化防止」、「循環型社会形成」、「戦略的産業育成」、「農山漁村活性化」などの観点から、農林水産省をはじめとした関係府省が協力して、バイオマスの利活用推進に関する具体的取り組みや行動計画を「バイオマス・ニッポン総合戦略」として二〇〇二年一二月に閣議決定され、二〇〇六年には、これまでのバイオマスの利活用状況や二〇〇五年の「京都議定書」発効などの戦略策定後の情勢の変化をふまえて見直しが行われた。国産バイオ燃料の本格的導入、林地残材などの、未利用バイオマスの活用などによるバイオマスタウン構築の加速化などを図るための施策が推進されている。

ノコなどの食料基地であり、木の葉・薪・炭などのエネルギー供給基地でもあった。豊かな森の生態が私たちの生活を支えてきたわけである。

石油依存の生活様式への変化と、近年の輸入増大による木材価格の下落が生活と森の関係を大きく変貌させてきたが、エネルギーの地産地消や温室効果ガスの増加を防ぐために、森林のもつCO_2吸収力への期待からその適切な管理の動きがはじまっている。たとえば、滋賀県には「湖東地域材循環システム協議会（kikito）」がある。ここでは、森林所有者をはじめとして製材業者、木製品加工業者、家つくり団体、設計士、木質エネルギー事業者、市民団体、行政などが構成員となり、湖東地域材の活性化につながる事業展開を図っている。すでにkikitoでは、間伐材や小径木などを活用したコピー用紙（kikitoペーパー）を商品化している。それ以外にも、間伐材を活用したエネルギー利用を図ろうという動きもある（第11章を参照）。

戦後、針葉樹であるスギやヒノキの植林が活発に行われてきたが、成熟期を迎えた森林保全のためには今後、間伐や枝打ちなどの作業が必要となる。そこで、針葉樹の間伐材が活用できる薪ストーブの開発が進められている。広葉樹の薪に比べて燃焼時間が短い針葉樹をストーブで利用するために「蓄熱式」という方式のストーブの開発も進めており、すでに試作一号機が完成している。今後、外壁温度、定距離温度、温度推移、排煙清浄度、設置時や使い勝手、量産性やコストなど商品化に向けて検討すべき点は多いが、針葉樹の薪ストーブの開発には、エネルギーの地産地消と地元の山の保全、そして新しいビジネスと雇用創出という期待が高まっている。

もう一つの例は「太陽光利用」である。田んぼのバイオマスとともに山のバイオマスも太陽の恵みの産物である。この太陽の力を直接的にエネルギーとして利用したのが「太陽熱温水器」や「太陽光発電システム」である。ちなみに「太陽光発電システム」は、太陽電池を利用して、太陽光のエネルギーを直接電力に変換する発電方式である。太陽光発電は、最近のメーカー間の競争によって性能向上が進んでおり、低価格化とともに施工技術の普及が進んできた。

この太陽光発電を地域や市民が共同して設置することで、一人当たりの少ない出資額において普及を促進しようというのが「市民共同発電所」という取り組みである。発電した電力の売電収入を出資者に配当として還元する仕組みとなっている。すでに東近江市では、農産物の直売施設である「やさい村」の屋根を借りて設置した第一号機と、「ＦＭひがしおうみ」の屋根に設置した第二号機が稼働している。

今回の大震災では小中学校が避難場所になったことから、私は「滋賀県内にある小・中・高校の屋根（全部で約四〇〇校）」を使って、地域の防災拠点づくりの一環として「地域共同出資による太陽光発電所の設置」を提案している。また、不調に終わったが、東近江市内の農村集落では自らが資金を手当てして自治会単位で太陽光発電所を設置する「地域共同発電所」をつくるという試みも進められてきた。地域での共同発電所の設置は、地域の消費電力を自らの地域で生み出そうというだけでなく、自然災害などで停電に襲われたときにも電力を自給できる「ライフポイント」としての機能をつくり出す試みとなる。

二〇一一年の夏には、分散型エネルギーの取り組みを促進する目的で「再生可能エネルギー特別措置法」が誕生した。電力を多く使う鉄鋼業界などからは強い見直し要望があるが、原発に頼らず、低炭素社会づくりを促進するためのエネルギー政策を地域が考える時代がやってきたと言える。つまり、地域のエネルギー資源を活用することが地域の活力を生むことになる。

エネルギーの地産地消の課題と展望

最後に、菜の花プロジェクトの取り組みをふまえたうえで、エネルギーの地産地消の課題を述べておきたい。

一つは、地域資源はバラエティに富んでいるということを認識することである。「田んぼのバイオマス」、「森のバイオマス」、「太陽エネルギー」以外にも、地域のエネルギー資源として「風」、「雪」、「小水力」、「地熱」、「潮流」などがある。いずれも地域的な特性があり、きわめて多様性が豊かである。

滋賀県には海がないために潮流利用は無理であるし、火山地帯でもないため地熱が利用できる可能性も低い。最近は弱い風力でも発電可能な風力発電機が開発されているが、滋賀県は風のエネルギー利用において決してよい地域とは言えない。それだけに、エネルギーの地産地消を考えるときには、地域のもつ特性をふまえることが重要となる。自分たちが住んでいる地域の地理、個性、特性、歴史などを知ることは、エネルギーの地産地消を考えるうえで必須条件となる。

これまではスケールメリットを追求し、集中処理によって経済コストの低い生産を目指してきたわけだが、地域に存在する資源を利用したエネルギーの地産地消はこういうわけにはいかない。しかし、中東から原油を運んでくるような多額の費用は必要としないし、安全性も高い。今後、私たちは、経済性だけでない「トータル・コスト」を計算する方法を見つけ出していかなければならないだろう。

二つ目は、地域の資源は石油などと違って「薄く・広く分布」している場合が多いということを認識することである。廃食油のリサイクルにしても、各家庭から収集して精製プラントがある所まで回収・運搬しないといけないわけだが、この回収の段階に大きなコストがかかる。菜の花プロジェクトでは、この回収システムを、市民参加によって地域の回収ポイント整備やボランティアによる回収といった仕組みをつくりあげてきた。また最近では、学校やガソリンスタンドなど、誰もが容易に利用できる回収の仕組みづくりも生まれている。広く、薄く広がる資源を効率よく集めるための仕組みづくりが、エネルギーの地産地消には不可欠となる。

最後に伝えたいことは、エネルギーの地産地消を実現するためには、各地域や各家庭でのエネルギーの使い方を見直す必要があるということである。大量生産時代におけるエネルギーの使い方と、これからの時代のエネルギーの使い方が同じであるはずがない。賢いエネルギーの使い方の方策を生み出すことも、エネルギーの地産地消を進めるうえにおいて大事な要素となる。

（山根浩二）

コラム3　天ぷら鍋から燃料タンクへ

現在車両登録されている自動車をすべて電気自動車に置き換えたとすると、今ある全国の発電所から生み出される発電量ではすべての電気自動車分を賄うことはできない。そのためには、原子力発電所を一五基ほど新設する必要があるという計算になるようだ。したがって、将来、すべての自動車を電気自動車に置き換えることは難しいということになる。とくに、大型トラックや大型バスなどは大積載空間が必要なため大量の電池を積み込むことができない。また、大型トラックなどは大トルクで航続距離《こうぞくきょり》の長い動力装置とエネルギー源が必要となるため、今日のディーゼルエンジンに代わるものはない。

約一一〇年前にディーゼルエンジンを発明したルドルフ・ディーゼル（Rudolf Diesel, 1858～1913）は、発明当初、ピーナッツ油をそのまま燃料にしてエンジンを動かしていた。ディーゼルエンジンは「豚の胃袋」とも呼ばれ、どんな油でも消化してしまう。しかし、使われる燃料によっては腹を壊してしまうこともある。たとえば、天ぷらを揚げたあとの廃食油をただろ過しただけでディーゼル自動車の燃料として使用している人がいるが、エンジンそのものはスムーズに動いているように感じるだろうが、エンジン内部やバルブにカーボン堆積物がびっしりと付着して、エンジン（胃袋）を痛めてしまうことになる。

このような問題の解決方法として「バイオディーゼル（ＢＤＦ）」が発明された。これは、植物油や動物脂、またそれらの廃食油を熱化学的に処理して、通常のディーゼルエンジンの燃料に用いられている軽油に近い性状に変換した燃料である。バイオディーゼル燃料は、ディーゼル自動車のほかにも農業機械、建設機械、船舶、ディーゼル発電機などといったディーゼルエンジンが動力源となっているものであればほとんど無改造で使用することが可能となっている。

わが国のように、廃食油のみを原料に高品質なバイオディーゼル燃料を製造して利用している国はほとんどなく、わが国の製造・利用技術は世界的に見てもレベルが高い。また、廃食油をコミュニティで収集し、それをバイオディーゼル燃料に加工して地域のエコバスに利用すれば、一般家庭のみならず運輸部門のCO_2の削減にもつながることになる。掲載した写真は、地域の廃食油を収集してバイオディーゼル燃料に加工したうえで利用している「彦根駅―滋賀大学」間を走っているシャトルバスである（残念ながら、滋賀県立大学までは運行していない）。

筆者が北海道大学の学生でまだ研究室にも配属されていない二年生のころ、今は亡き恩師から「エンジンに酒を飲ませる話」という講演を聴いたことがある。これは、ガソリンエンジンの燃料にエタノールを使う研究のことであった。そのとき筆者は、「日本には米からつくる日本酒があり、なぜそれを燃料に使わないのか」と質問したが、そのときの恩師の答えは、「食料を燃料にすると必ず問題が起こる」というものであった。

現在、バイオエタノールはトウモロコシやサトウキビ、バイオディーゼルはパーム油、菜種油、大豆油などの食料を原料としているため、これらと燃料が競合することになってしまっている。この点から考えても、わが国の地域性を生かした廃食油バイオディーゼルは非常に有望と言える。

彦根駅と滋賀大を往復する BDF バス

（田代文男）

コラム 4　里山と薪ストーブをつなぐ

かつて、農山村における里山は人々の生活のなかに位置づけられ、多くの恵みをもたらしてきた。しかし、一九六〇年代のエネルギー転換と高度経済成長は次第に里山との距離を遠くし、今日、荒廃や病虫害の被害拡大など多くの問題・課題を現出するに至った。そして現在、日本の林業自体がかつての活力を失いつつあるなかで、身近な資源として環境にやさしく、持続可能な社会実現に向けての新たな価値観による里山の再生が期待されつつある。

こんな状況のなか、「こなんの森・薪割くらぶ」が二〇〇八年六月に産声を上げた。クラブの結成にあたっては行政や地域工務店、建築設計事務所などの尽力が得られたが、薪ストーブを導入したものの、継続的な薪エネルギーの確保がままならないというストーブユーザーの思いが重なるという状況であった。

薪ストーブは、現在の環境・癒しブームから多くの販売店が林立してきたが、里山利用がなくなったことから薪燃料を取り扱う販売店が少なくなっている。どこでも見られた薪づくり技術は、いまや特定ユーザーのための技術となり、総合的な普及活動が必要となっている。

現在の会員は二二名。滋賀県の湖南地方（大津市、草津市、栗東市、守山市、湖南市、甲賀市など）を中心に組織され、薪ストーブを取り巻く技術の普及と新しいライフスタイルの提案を目指している。単に薪ストーブ用の燃料調達だけでなく、広く地域や行政とも連携し、滋賀県が目指す「持続可能な滋賀社会ビジョ

山仕事は安全が第一。保護具をしっかりつけて

ン」や「びわ湖森林作り基本計画」に合致するものであり、積極的に伐採や運び出し、薪づくり、植林を進めている。このことは、地域における薪ビジネスの可能性も秘めており、将来へのビジョンを模索しているところである。

また、薪ストーブの普及が進むなかで、ストーブユーザーのタイプもさまざまであることが分かる。乾燥薪を購入する人、原木を買って自ら生産する人、山に入山して伐採からはじめる人などが見受けられるが、共通することは、薪はカーボンニュートラルであり、環境にやさしく持続可能なバイオマスエネルギーであるということだ。その薪を使うことで、環境の改善に貢献しているわけだ。ちなみに、東北大学の新妻弘明教授の試算によれば、薪ストーブ一台のCO_2削減効果はハイブリット車五台分に相当するらしい。

生活スタイルの多様化からすべての人が里山にかかわることはできないが、薪エネルギーに代表されるバイオマスエネルギーを見直すことは、本来地域社会がもっていた里《さと》力《ぢから》や地域力を高めるために有効な手段であり、地域再生においても多くの可能性を秘めていると言える。また、私たちのような活動は特定の組織が拡大するのではなく、地域に密着した形で県下各地にできることが望ましいと考えられる。そして、それらの団体がネットワークを形成することによって、県下各地に地域再生の網の目を張り巡らせることが可能となる。

時代は、環境問題や地域問題を学ぶ時代から実践する時代に入った。くしくも、戦後の団塊の世代が続々と地域に帰ってきている。この世代のパワーは大きく、日本の経済成長を支えた自負と多様性と可能性を秘めている。こうした世代を中心に多くの人々が広く生まれ育った地域や風景に思いを馳せ、持続可能な社会づくりの一員（里の仕掛け人）としてともに活動できることを願ってやまない。

コラム5 「エコ民家」でのエコライフ実践

（鵜飼　修）

滋賀県は、全国に先駆けて温室効果ガスの排出削減目標を定めた県である。「二〇三〇年に一九九〇年比でマイナス五〇パーセント」という数字は、二〇〇七年当時、刺激的な数値であった。その後、国によってそれを上回る目標値が設定されたが、滋賀県の取り組みは、バックキャスティング方式[3]の採用や具体的な生活像が描かれるなど、その後の取り組みへの示唆を与えるものであった。

それでは、マイナス五〇パーセントという目標に向かって、具体的に何をすればよいのだろうか。果たしてそれは、現代的な生活、普通の生活を続けていても実現可能なのだろうか。そんな疑問からはじめた調査研究が、筆者が行っている彦根市下石寺集落での「エコ民家」を通じた環境共生コミュニティの創造、持続可能な集落コミュニティ創造への取り組みである。これは、集落全体がCO_2[4]の排出量マイナス五〇パーセントという目標に向けてエネルギー的な負荷を抑制しつつ、かつ安心安全で元気な集落が持続していくためには何をすればよいのか、その手法を解明しようという取り組みである。

調査研究はさまざまな専門家との共同研究であるが、それらの中心的活動として、集落のなかにある古民家を賃貸・活用した環境への負荷をかけない暮らし、「エコ民家ライフスタイル」の実践とその提示を行っている。地域特性を調査し、それらを活かすことで環境負荷を抑制したエコライフを実践し、集落住民へ広めていこうという取り組みである。

研究に先立って、筆者自身がまず一年間、拠点となる古民家でどれくらいエネルギー消費を抑制した暮らしができるかを実践してみた。これは「エネルギー消費の抑制＝コスト削減」でもあるので、東京から単身赴任でやって来た筆者にとっては経費を抑えるにおいても好都合であった。

コスト削減の方法として、筆者自身があまり手の込んだ料理はできないので、まずプロパンガスからカセットコンロに替えた。ご飯は小さな土鍋を購入して炊き、灯油を使っていた給湯ボイラーはそのまま使ったが、電気の使用量を抑えることを徹底した。電球は白熱灯から蛍光灯に取り替え、冷蔵庫は設置せず、夏場は食べ物が腐らないうちに食べ、冬場は天然の冷蔵庫を活用した。もちろん、クーラーは使用せずに扇風機でしのいだ。洗濯はというと、夏場は足踏み洗濯で問題なかったが、さすがに冬場はコインランドリーのお世話になった。彦根の冬は相当寒いと聞いていたので暖房器具として灯油ストーブを用意していたが、衣服や布団、湯たんぽで調節し、結局使用することはなかった。

その結果、毎月の電気代は一五キロワット時以下の基本料金のみの二六〇円ほどに収まり、かなりエネルギー消費を抑えた生活ができることが分かり、室温が二・七度であっても、風がなければ衣服を上手に着こなし何とかしのげることも分かった。そして、これまで私たちが、空間の環境を調節しようとしていたことで相当過保護な生活を送っ

集落の里山から切り出した薪

（3）将来の目標値や目標増を定め、それに向けて現状を改変していく方法。現状から予測し、目標を定める「フォアキャスティング」とは反対の手法。

（4）ここでは、各種温室効果ガスのうち総排出量の約九五パーセントを占めるCO_2のみを対象とした。

ていたことに気がついた。世界中のさまざまな地域で生活している人間がいるように、人間には環境適応能力があるということに改めて気がついたわけである。

現在、エコ民家では学生たちがその生活を実践している。さすがに筆者が取り組んだような「暖房なし」という極端な生活はできていないが、薪ボイラーや薪ストーブを導入し、集落住民の支援を受けながら里山・里地の資源を活用した「化石燃料フリー」の生活を実践している。

環境に負荷をかけない暮らしを実践するということは、実は私たち自身の身体能力を取り戻すことでもある。温暖化の抑制に向けて、技術的な取り組みももちろん欠かせないが、同時に「ヒト」としての本来有する能力を高め、環境への負荷を抑制したほどよい暮らしに適応していくことが私たちには必要である。

第3章

古民家の再生

（亀山芳香）

解体移築される古民家（2009年９月長浜市乗倉町にて）

なぜ、解体されるのか

地方の高速道路を走っていると、いつの間にか家の様相が異なっていることに気づく。日本の民家は、地域の文化を映す鏡である。その土地の気候や風土、生活様式にあわせて発達してきたからだ。しかし、いまや家はカタログで選ぶ時代であり、日本のどこにいても同じ家を建てることができてしまう。学生時代、地域の伝統的な古民家を調査し、その特徴や魅力を明らかにしながら、保存や活用を模索してきた。ところが、実際には住民に十分な評価を受けることなく、価値ある貴重な古民家が次々と解体されているのが現状であった。

古民家が解体されてしまう要因として、木材加工・住宅建築の機械化が進み、修繕して住み続けるよりも解体して新しい家を建てるほうが時間的にも早いため、住み継ぐことが軽視されるようになったことが挙げられる。建築施工業者の立場からすると、手間のかかる修繕工事よりも新築工事のほうが利益率も高いため、住んでいる人の意識が反映されることもなく解体されてしまうという例も多い。また、再生して住み続けたくても、場合によっては再生工事や茅葺き屋根の葺き替えには新築するよりもお金がかかるため、再生したくてもできないといった経済的な要因もある。そして、周囲の家が新しく建て替えられていくなかで、暗くて寒い古い民家は住みにくい、現代的な家に住みたい、あるいはどうしたらいいか分からないといった人間の心理的な要因も挙げることができる。

解体された古民家に住んでいた人たちのなかには、古民家に魅力を感じていない人が多い。仮に古民家に魅力を感じている人であっても、快適に住み続けていくためにはどうしたらいいのかが分からないという人が多いのが現状である。多くの人が、「住み続ける」か「解体して建て替える」の二つの選択肢しかないと思っている。そこで、「古民家再生」という選択肢があること、さらにそれも一様ではないということを本章では説明していきたい。

古民家が解体される要因がさまざまであるように、古民家を残す方法も一つではない。一〇〇棟の古民家があれば、それらを再生して次代に引き継ぐための答えが一〇〇通りある。重要なのは、そのなかで一番いい答えに導くことである。

全国の中山間地域では、過疎化・高齢化が進むことで、コミュニティを維持していくことが厳しいという状況が見込まれている。なかでも、住民不在による空き家の増加が大きな問題となっている。民家が空き家になると、言うまでもなく、放置されたり取り壊されたりしてしまう。地域の過疎化にともなって多くの民家が空き家となり、解体され、あるいは朽ち果て、地域独自の民家が織りなす農山村集落や町並みの景観が失われつつあるのだ。

滋賀県は人口が増加している数少ない県の一つであるが、増加が著しいのは流入の続く滋賀県南部の市街地であり、中山間地域では過疎化・高齢化が進んでいる。とくに、湖北地域では、中山間地域だけでなく中心市街地においても過疎化や高齢化が進行しており、コミュニティ機能の低下が問題となっている。景観やコミュニティ機能を維持していくためにも、空き家となった古民家を地域資源として活用していくことが必要であると考えている。

湖北古民家再生ネットワークの取り組み

湖北地域には、独特な空間構成をもつ民家が現存している。湖北の民家は基本的に雪国の民家であり、雪の重みに耐えるため小屋組は豪壮で、柱や梁にはケヤキやマツの大木を使っている。学術的な観点から文化財的価値が高いだけでなく、再生・活用していくうえでの自由度も高く、そのための大きな可能性も秘めており、現代の建築空間としても大変魅力的な民家となっている。

現在、湖北地域では、古民家を活かして未来へ引き継いでいくことを目指す「湖北古民家再生ネットワーク」がさまざまな活動を展開している。湖北古民家再生ネットワークは、二〇〇五（平成一七）年、古民家再生のコーディネートを担う組織として立ち上げられた。古民家再生に関心のある有志が手探りでいくつかの古民家再生のコーディネートを行うなかで、地域にニーズがあることや古民家再生の難しさを感じながら組織化へ向けて動きはじめたことがきっかけであった。古民家再生を手

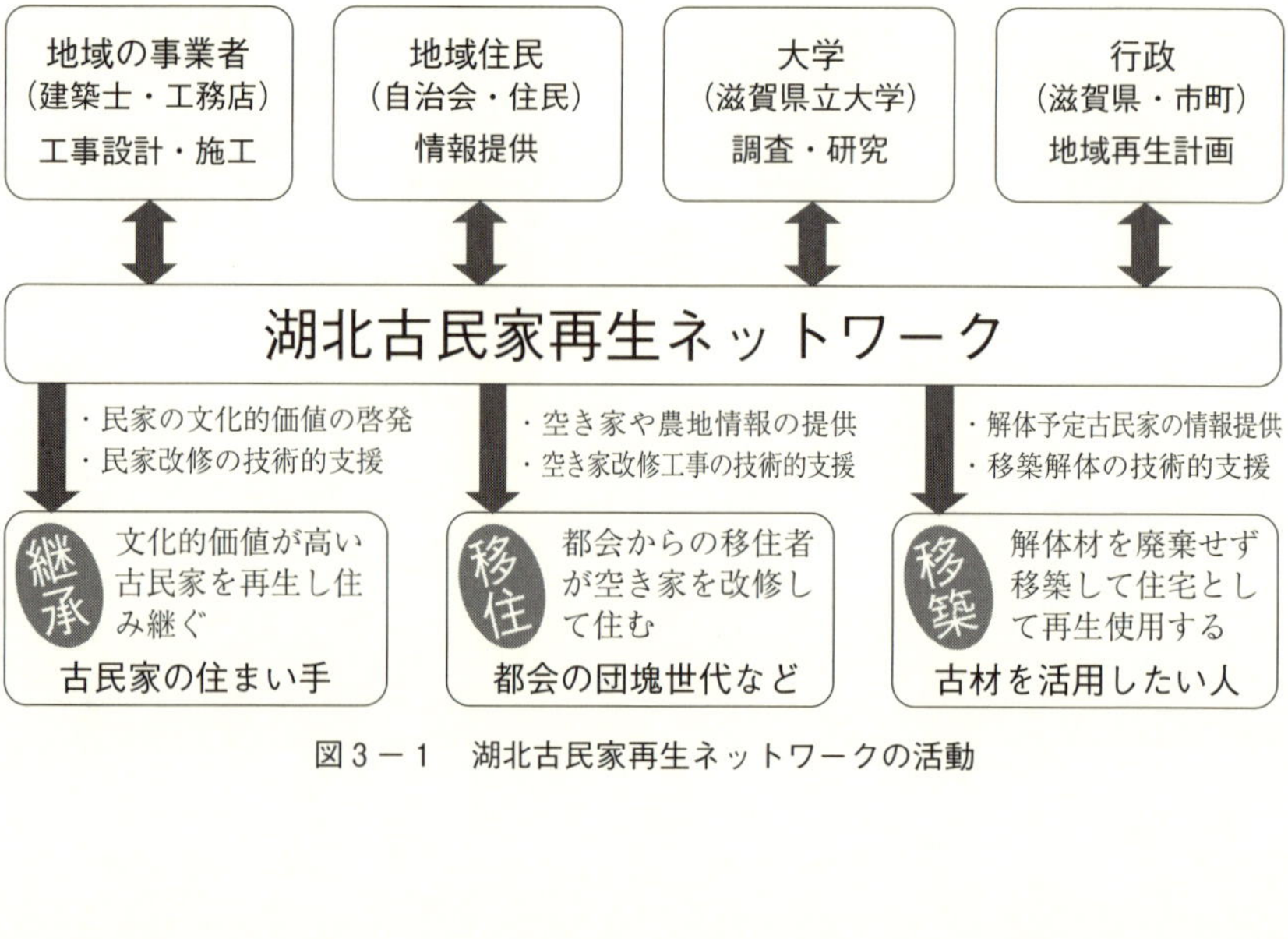

図３－１　湖北古民家再生ネットワークの活動

がけている建築士や工務店、再生した古民家の住まい手をはじめとする地域住民、行政職員、研究者など、志を同じくする人々にネットワークへの参加を呼びかけ、二〇〇六年、内閣府の助成を得てより組織的な活動がはじまった。

古民家が次々と失われる現状で、まずは地域の人々に古民家の価値を再発見してもらうため、啓発や古民家再生のニーズの顕在化をテーマに、情報提供や事例見学会、ワークショップ、実態調査・研究などの活動を進めてきた。現在、三〇名のメンバーがそれぞれの立場で連携しながら、古民家再生に関する相談対応、古民家再生の設計・施工、現地研修会などの企画・運営、修繕体験機会の提供などに取り組んでいる。

筆者自身も、こうした活動に身を投じながら湖北の地域資源である古民家の再生を促進し、古民家の消失に歯止めをかけるためにはどのような活動が必要かを考え続けている。以下では、湖北古民家再生ネットワークが取り組んできた古民家再生の事例を紹介していくことにする。

北国街道木之本宿——町家再生塾

二〇〇八年度、「二一〇〇年住まい・まちづくり担い手事業」の支援を受けて町家の修繕体験を実施した。「二一〇〇年住まい・まちづくり担い手事業」は、国土交通省の補助を受け、財団法人ハウジングアンドコミュニティ財団と財団法人住宅生産振興財団が共同で設立した事業で、住宅の建設や維持管理、流通、まちづくりなどについてモデル的な活動を行うＮＰＯや市民団体、まちづくり協議会などの団体を支援するものである。

北国街道木之本宿の街道沿いに一棟の町家がある。間口は四間で、平面構成は通り庭と二列五室からなっている。先代、先々代が建具店を営み、昭和初期には学校に机なども納品していたようだ。居室境には夏仕様と冬仕様に変えることのできる建具が使われており、欄間にも凝った意匠が見られ、それらがこの町家の大きな魅力となっている。

町家の研究者である京都府立大学の大場修先生が、「この建物は、小屋組の墨書から昭和三年（一九二八）に建てられたことが分かり、伝統的な家並がよく残る木之本町において比較的新しい町家である。そのため外観の立ちが高く、二階にも部屋が並ぶ昭和期の町家の特徴がよく現れている。日本の大工技術は、大正末期から昭和初期にかけて最も高いレベルに達すると言われるが、この町家も上質の材料で建てられたこの地域の町家建築の到達点を示す事例として重要である。元建具店であっただけに部屋境の建具も見事で、室内はまるで建具の見本市のようだ」とコメントされるほど高い評価を受けている貴重な町家である。

しかし、二〇〇五年から空き家となり、雨漏りによって傷んでいるところも目立つようになってきた。そこで、町家の修繕体験を行い、地元住民との意見交換も交えながら町家再生の可能性を模索しようと試みた。こうした取り組みをきっかけにして、地域において質の高い住宅を長期にわたって使用することの意識を高め、世代を超えて受け継がれてきた住まいが地域の資源となることを広めていきたいと考えていた。

まずは、地元住民および関係者との合意形成を目的とした意見交換を行うため、「まちあるきワークショップ」を実施することにした。北国街道木之本宿の町並みをみんなで歩き、三棟の町家の内部を見学して、修繕体験を行う町家で意見交換を行った。地域の現状と課題を確認するとともに、今後、空き家となった町家をどのように活用していくとよいかについて議論したわけだが、その結果、個人の所有物である建物を、所有者だけでなく地元住民や外部の組織が利用することで共用しながら維持管理を目指すという合意が得られた。また、部分的であれ、修繕すれば今後も建物の維持管理が可能であることも明らかとなった。

次に、「北国街道木之本宿町家再生塾」と題してチラシを作成し、近畿圏および中京圏の公共施設を中心に配布して修繕体験の参加者を募集した。募集期間はわずか一か月であったが、締め切りを過ぎてからも問い合わせが数件あり、修繕体験に対する関心の高さがうかがえた。また、修繕箇所については、建物の状態から優先的に修繕する必要のあるところ（屋根、壁）を選定した。さらに、所有者の要望もあり、空き家を改修する際の共通課題でもある下水道への接続も組み込むことにした。

修繕体験は、集まった参加者一八名を屋根・大工・左官・設備の四つの班に分けて、交替しながら五回にわたって行った。屋根班は瓦のずれているところや傷んでいるところをふき直し、大工班は柱の仕口を加工したり、板をカンナで削ったり、壁に板を張ったりした。また、左官班は漆喰壁の下地、中塗り、仕上げなどによって傷んだ壁を補修し、設備班は水洗トイレから下水道への配管を行った。これらの作業に、地元の工務店の協力を得られたことが大きい。講師となった職人が指導しながら、ネットワークのメンバーが参加者たちをサポートした。

修繕体験を終えた参加者からは、「修繕作業だけで

左官を体験する参加者

なく、講師の先生方の話も面白かった」という声が多く聞かれた。湖北古民家再生ネットワークにとっても、職人技に興味をもってもらえるような話をしたり、実際の技術を見せたりすることができたことは大変魅力的であった。また、工務店からも、「職人にとってもいい勉強になり、原点に戻れた」という声が聞かれたことは大変うれしく思っている。

そして、何よりも大きな成果は、参加者たちが町家を修繕しただけでなく、木之本のファンとしてリピーターになったことである。参加者同士や職人とのコミュニケーションが築かれ、この修繕体験で生まれた人間関係が今後の空き家活用の発展にもつながるという期待がもたれた。

最後に、地元住民や移住を希望する都市住民を対象に、まちあるきワークショップや修繕体験の成果を報告するとともに、修繕を終えた空き町家の見学会を開催した。これによって、空き家の所有者だけでなく、地元住民、修繕に携わった者、そして外部の利用者が二〇年、三〇年と使いながら手を加えていけば、一〇〇年、二〇〇年空き家を生かすことにつながるという可能性を提示することができた。すなわち、北国街道の町並みという地域資源をもつ地元の自治会や行政に対しても、町並み景観を継承する手法を提言することができたと思っている。

修繕した町家の具体的な活用法としては、将来的には住居として利用されることを期待しているが、当面は生活体験施設として活用しながら、その運営の仕組みと維持管理の方法を検討していくこととなった。町家再生塾への参加者には三泊四日まで無料で宿泊できるという特典を付与し、利用期間の過ごし方、必要な設備、妥当な宿泊料などを尋ねるアンケートも実施した。

その後、二〇〇九年、湖北移住交流支援研究会(1)が「木之本町地域住宅モデル普及推進事業（生活体験施設整備)」に取り組むことになったが、この事業では、移住を希望している都市住民が要望する「気軽に利用できる生活体験施設」を整備し、地域住民がスムーズに都市住民を受け入れられるようにするための出会いの場の創出を目指している。

このような事業の後押しもあって、町家再生塾で修繕した町家をさらに約一〇〇〇万円かけて改修し、ウラドマと便所のあった所に新しい台所と風呂を整備した。以後七年間、湖北古民家再生ネットワークが管理しながら、北国街道木之本宿の町家暮らしを体験できる住宅として活用していくこととなっている。

長浜の空き町家を活動拠点に

二〇〇九（平成二一）年には、「おうみNPO活動基金まち普請事業助成」の採択を受け、長浜市の市街地で空き家になっていた町家を借りて改修を行った。改修費は七一〇万円で、六〇〇万円の助成金を得て、残りは湖北古民家再生ネットワークが負担することになった。

二〇〇九年二月から約三か月かけて改修し、同年七月から古民家再生の相談窓口を開設した。また、都市住民と湖北地域のニーズをマッチングする拠点として、「湖北移住交流支援研究会」から二〇一〇年四月に改名された「いざない湖北定住センター」の事務局を置いて、移住や二地域居住を希望する都市住民に対する一次

(1)　八九ページの「コラム6」を参照。

的な相談窓口も設置した。都市住民も地域住民もアプローチしやすい長浜市街地に拠点を構えたことで、情報集積の場とともに発信源にもなり、地域資源の保存・継承、都市と地方の交流などを通じての地域づくりを展開することが可能となった。

改修した町家は、かつて店舗付き住宅として使われていたときに前面部分に半間が増築されていた。まずはその増築部分を解体し、前面を伝統的な長浜町家の様式に改修することにしたが、地域住民と都市住民の交流の場として活用するとなると多くの人々が利用するため、耐震壁や仕口ダンパー（地震による揺れをしなやかに吸収する装置）などで補強を行った。内装のほうは、以前の改修で使われていた合板などを自然素材のものに取り替えるなどして、気候風土にも適応した町家に改修することができた。

現在は、一階を「いざない湖北定住センター」の事務局スペースとして活用し、二階は「湖北古民家再生ネットワーク」のメンバーに転貸することで家賃を補てんしている。また、湖北古民家再生ネットワークが月に一～二回定例会を行っているほか、古民家再生のモデル住宅として見学会を開催するなどの活用が図られている。

湖北古民家再生ネットワークの活動拠点

余呉型民家の再生

二〇一〇（平成二二）年には、「平成二一年度住まい・まちづくり担い手事業」の助成や支援を受けて余呉型民家の修繕体験を行った。

余呉型民家は、土間の「ニワ」、土座の「ニュウジ」、床張りの「ネマ」、「ザシキ」の三室からなっている。ニュウジとは土間を少し掘り込み、籾殻やわら束を敷き詰め、その上に筵《むしろ》を敷いた床のことである。ニュウジとニワの境に間仕切りはなく、「大黒柱」と「エビス柱」に架け渡した梁と、その上に十字に交差する梁を張ることによって大きな空間を構成している。このような構造をもつ湖北の民家を「余呉型民家」と呼んでいる。その名の由来の地でもある長浜市余呉町には、今でも多くの余呉型民家が残っている。高時川の上流に位置する丹生《にゅう》地域に佇み、二〇〇九年に空き家となった一棟の余呉型民家が修繕体験の舞台となった。

都会から湖北地域の空き家に移り住みたい人を支援していくために、住めるように空き家を試験的に整備すると同時に移住希望者が地域に通い、住民との交流を働きかけて地域の活性化を促すように仕向けた。そこで実際に住めるようにするためには、自ら何ができるかを体験してもらうとともに湖北地域に息づいている「結いの精神」を学んでもらい、湖北地域への移住により大きな関心をもってもらう必要がある。

このときも、地元の工務店の協力を得ながら新建材が張られた部分を解体し、茅葺き屋根に茅を補充する差し茅、土壁塗り、床の張り替えなどの修繕を行った。毎回遠くから足を運んできて熱心に修繕に取り組む参加者の姿に、サポート役のネットワークのメンバーも驚きを隠せなかった。地域における空き家の存在は、景観

修繕体験を行った余呉型民家の外観

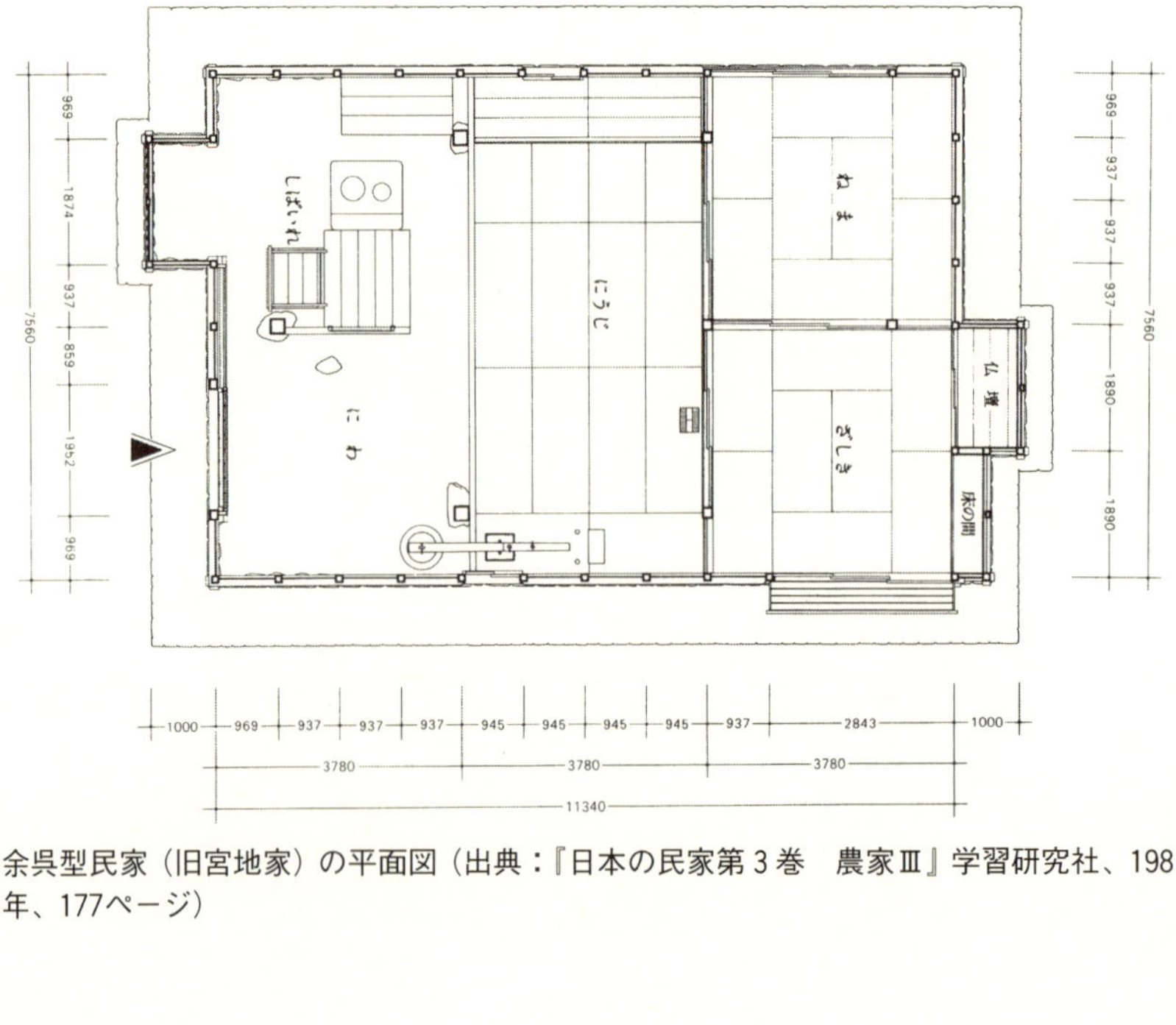

余呉型民家（旧宮地家）の平面図（出典：『日本の民家第３巻　農家Ⅲ』学習研究社、1981年、177ページ）

を損なうだけでなく、防犯、防災上の問題や倒壊などによる事故を引き起こす可能性もあるが、こうした都市住民との交流によって地域のもつ価値を再認識できるきっかけとなったことはまちがいない。

また、湖北古民家再生ネットワークにとっても、湖北地域独特の民家である余呉型民家の再生を初めて試みることができたことは大きな成果であった。とはいえ、依然として古民家の空き家は多く、このまま放置しておいたら失われていくばかりである。

丹生《にゅう》地域の最北に位置する菅並集落は、トタンを被っているものの茅葺き民家が一定の向きに建ち並び、素晴らしい景観を現在に伝えている。茅葺き民家の研究者である筑波大学の安藤邦廣先生も、「重要伝統的建造物群保存地区に選定されている茅葺き民家集落に匹敵するものがある」と評価されているほどの景観である。菅並集落の民家五八棟のうち、四四棟が茅葺きの民家である。そして、空き家となっている二〇棟の民家のうち、茅葺き民家が実に一六棟も占めている。将来、これらが失われてしまうことは非常に残念なことである。

しかし、この地域には「結いの精神」が息づいている。今回の修繕体験に注目していた地域住民が、京都の茅葺き職人の指導のもと

菅並集落の景観

で行っていた差し茅を見ながら、「そんなやり方はここのやり方と違う」と言っていた。この言葉のとおり古民家はその地域の文化を色濃く映し出しているものであり、修繕の仕方も地域によって異なるのが当然である。そうしたことが分かる人たちが今もなおこの地域に暮らしていることこそ、地域の文化が継承されている証《あかし》である。そして、その文化を未来へ誰が継承していくのかということが大きな課題となっている。

湖北地域にある空き家の所有者に行ったアンケートでは、人口増加や地域の活性化を望む声や、そうなるためのアイディア、そして空き家の維持管理に対する悩みや地域に対する愛着などの回答が見られた。こうした所有者の思いを地域住民も受け止め、所有者とともに地域住民が一丸となって空き家の活用について考えることが必要である。

古民家再生から地域再生へ

古民家を残す価値として、歴史的・文化的・景観的・建築的な価値以外にも環境保全に寄与するという価値がある。たとえば、平均的な木造住宅一棟を解体すると約四〇トンのゴミが出ると言われているが、これは四人家族の一般家庭が四〇年間に出すゴミの量と同じである。ということは、古民家の部材を再利用すれば解体廃棄物が少なくなり、環境負荷を軽減することができるということである。また、木造住宅を長く使うことでCO_2が固定され、地球の温暖化を防止することにもつながる。さらに、再生工事の際に地域産の木材を使用することで循環的な資源利用にも貢献することが可能となる。

現代では、ハウスメーカーなどの注文住宅が増え、地域独自の伝統的な建築や工法技術が失われつつある。しかし、地元の設計士や大工などの職人が担い手となって古民家の再生を行えば、地域に雇用を発生させることができるだけでなく、伝統工法に地元の職人がかかわることによって地域において技術が継承されることにもなる。さらに、古民家の住まい手が地域独自の文化を再評価し、古民家に住み続けることに誇りをもつことで古民家は継承され、集落景観が維持されるということを認識しなければならない。

住まい手の都合によって空き家となった古民家を、解体することなく賃貸や譲渡することで新たな交流が生まれる。さらには、人口減少に歯止めをかけ、集落機能の継承にもつながっていく。そう考えると、古民家は貴重な地域の資源であり、それらを活かしていくことによって地域再生につながることになる。

ただし、古民家の再生はあくまでも手段であって目的ではない。古民家の再生も含め、多様な主体が参画しながら地域住民が主体となった地域づくりを進めることで地域を高めることができる。衰退する地域のもつ価値に再び光をあて、地域を取り巻く「自然環境」と育まれてきた「地域文化」の重要性を社会に示し、それらを次世代に引き継いでいくことが、地域の自主・自立的な発展と日本の持続的な発展につながることになろう。

（近藤紀章）

コラム 6　いくつもの湖北、ひとつの湖北

折りに触れて疑問に思うことがある。滋賀での暮らしは豊かであると言うが、それは本当だろうか。同様に、「豊か」を「便利」、「恵まれている」、「幸せ」と置き換えてもよいが、本当だろうか。日本の至る

所で地域再生や地域活性化が叫ばれており、滋賀にも「それ」が必要だと言う。それも、本当だろうか。いったい誰が、何のために「それ」を望んでいるのだろうか。

一つのヒエラルキーに従属するシステムは分かりやすい。さかのぼると、田中角栄元首相が発表したマニフェスト「日本列島改造論」（一九七二年）では、過疎過密、経済格差の是正、故郷を全国的に再建することが叫ばれていた。しかし、「それ」によってモルヒネを打たれ続けていたことに気づかなければ、もはや地域に未来はない。

自らを含む地域の価値を客観的に判断することは難しい。これまで、必ずしも外部から人を受け入れていくことが地域づくりの前提とはならなかったわけだが、従来の定住を前提とした住民の定義だけでは支えきれないほど地域づくりは多様なものとなっている。だからこそ、地域の担い手となる多様な住民がそれぞれの立場から地域をいかに愛しているのかを自らの言葉で語り、表現していく方法が求められている。その一つの可能性が「田舎暮らしフェスタ」にある。

これまで、滋賀県の湖北地域では、行政や大学と連携しなが

2009　田舎暮らしフェスタ　「田舎暮らし体験住宅を見る」
（長浜市木之本町杉野）

ら空き民家などの地域資源の把握や、暮らし体験プログラムを通じて都市住民との交流が行われてきた。二〇〇九年には、こうした活動を支援する「湖北移住交流支援研究会」[2]（現・いざない湖北定住センター）が設立された。なかでも、田舎暮らしフェスタは、各地域でバラバラに行われてきたイベントを、同じ日の同じ場所に集めるというものである。

前日もしくは午前中に、各地で交流イベントが実施されている。そして、午後には廃校となった小学校をメイン会場として、ゲストや移住者によるトークショーが行われる。その横で、各地域や民間事業者などがブースを出展しながら、都市住民や近隣地域で取り組む団体と交流を図っている。二〇一〇年からは運営方法が、地元の住民、民間業者、行政、隣接する高島市や彦根市の関係者など出展者で部会を構成する実行委員会方式となった。

このフェスタの意義は、「東北学」を提唱する赤坂憲雄氏[3]の表現を借りるならば、「いくつもの湖北」を認識して共有する場である。それぞれの集落や団体が、ツアーやブース出展を媒介にして外なる世界に対

（2）湖北地域への移住・二地域居住を促進するため、個人や事業者、関係機関などにより組織された団体。湖北古民家再生ネットワークや滋賀県立大学、行政との連携により、田舎暮らしを希望する都市住民と湖北地域とのさまざまな交流事業に取り組む。二〇一〇年四月に「いざない湖北定住センター」に改名された。〒五二六－〇〇五六　滋賀県長浜市朝日町八－二三〇。電話：〇七四九－五〇－一〇一九。

（3）（一九五三～）東北芸術工科大学教授、東北文化研究センター所長を経て学習院学教授。東北一円を聞き書きのフィールドとして、新たな列島の民族史の地平を開くために「東北学」の構築を目指してきた。二〇〇七年ドゥマゴ文学賞、二〇〇八年芸術選奨文部科学大臣賞などを受賞。著書に、『東北学――忘れられた東北』（講談社学術文庫、二〇〇九年）、『東西／南北考――いくつもの日本へ』（岩波新書、二〇〇〇年）などがある。

して地域を開き、互いの異質さや価値観をすりあわせ、取り込みながら共存する道をさぐるという場となる。

しかし、われわれ人間の欲望にはかぎりがない。さらには、ホモ・ディスポーザル（捨てる人）である。ホモ・モーベンス（移動に価値を置く動民）による「さかんに対話、交流し、ボーダレスになっていく経済を中心とする流動と交流の移動のエネルギーが摩擦や対立を生みながらも同時進行し、共生するイメージ」[4]の時代は、合理主義的な考え方や近代的思考という借り物の思想を盾にとって、地域までも切り捨てる時代がやって来るかもしれない。だから、今こそ、われわれは「地域哲学」という言葉の意味をとらえなおす必要に迫られている。ささやかでも、大きな流れにあがなうために。

「私が『地域哲学』といっているのは、このようなことである。一人一人が自分のことを自分の価値基準で考えてみることである。自分自身と対象との間に人工物をいれないことである。自分の体と自分の心で直接考えてみることである。そしてそのような個人が作る地域は地域でまた自分のことを考えてみることである。地域は一つの固有なもの、判断力のある主体としてそれ自体で考えてみることである[5]」

（4）黒川紀章『ノマドの時代』徳間書店、一九八九年、二一五～二一六ページ。
（5）高谷好一『多文明世界の構図』中公新書、一九九七年、二一一ページ。

第4章

八幡堀からまちづくりへ

――近江八幡

（川端五兵衛）

現在の八幡堀（白雲橋東側）

秀次がつくった町

近江八幡市は琵琶湖に面し、人々は古くから豊かな水と緑の恵みを活かしながら今日まで営々と歴史を刻んできた。その足跡は縄文時代にまでさかのぼり、古代の条里制や中世の城館と荘園の様子も色濃く伝えている。大きくまちが発展するのは、一五八五（天正一三）年、豊臣秀吉の甥でのちに関白となる豊臣秀次（一五六八〜一五九五）が八幡山に城を置き、その麓に四三万石の城下町を開いたときにはじまる。

秀次は、城の外堀である八幡堀の両端を琵琶湖につなぎ、「八幡《はちまん》山《さん》下《げ》町《ちょう》中《ちゅう》掟書《おきてがき》十三《じゅうさん》箇《か》条《じょう》」を出し、町を「楽市」（諸役の免除）とするとともに、商人の寄宿、湖上を通行する商船の八幡浦（八幡堀）への寄港を命ずるなどの経済政策を打ち出した。

しかし、一五九五（文禄四）年、謀反という冤罪で秀次が自害すると、すでに京極高次（一五六三〜一六〇九）に引き継がれていた八幡山城は廃城となり、町人たちは一挙に城下町商人としての特権を失った。この突然の悲運によって目覚めた町衆は、「子々孫々に至るまで諸侯との連携をつけてはならない」という自治の意識と自主独立の気概に燃え、町人の町・在郷町としての再生を遂げていくことになった。

近江商人の町並み

三五年前――一本のどぶ川だった八幡堀

八幡堀は、江戸期から昭和の初めに至るまで八幡商人の経済を支える物流の大動脈となり、往時は最大二四〇石（三六トン）の船が往来したという。現在の高速道路を走る大型トラックさながらの輸送量である。

八幡堀の川幅と水深は、実に八幡商人の経済のバロメーターとも言えた。この八幡堀が陸上交通の発展に伴い、その機能を失うのは第二次世界大戦後のことであり、八幡商人がこれまで町内にあった本宅を東京や京阪神へ移したのと時を同じくしていた。昭和四〇年代（一九六五〜）に入るや、戦後の復興を終え、経済の高度成長とともに生活排水の富栄養化によってもともと勾配の少ない運河である八幡堀にはヘドロが堆積しはじめ、四〇年後半には市内を横断する約二キロメートルの川底はおよそ五万立方メートルに及ぶヘドロで埋まり、夏ともなれば、周辺住民は悪臭に加えて蚊やハエそれにウシガエル（食用ガエル）の鳴き声に悩まされた。

このような状況に耐えかねた地元自治会は、ついに一九六九（昭和

1973（昭和48）年の八幡堀

四四）年、これを行政の怠慢によるいわゆる「公害」だとし、市に対して、二四〇〇名の署名を持って改修の陳情書を提出した。市は、これを市民のニーズでありコンセンサスであると錯覚し、県・国に八幡堀の改修を要望した。その結果、国は堀の中央に連接ブロックによる排水路を設け、その両側を埋め立てて都市施設（散策道および駐車場）として利用するという方式を決め、予算措置とともに一九七三（昭和四八）年から着工する計画を発表した。

ちなみに、一九七一（昭和四六）年、国の指導する長期構想計画策定のため、市の依頼で近江八幡青年会議所（以下ＪＣ）が行った市民意識調査によれば、路上駐車解決策として八幡堀を埋め立て、公園と駐車場を造るとする意見が約三〇パーセントを占めて第一位であった。

「景観」への目覚め

しかし、ＪＣのメンバーの考え方は違った。つまり、堀は「汚れた」のではなく市民が自ら「汚した」のであり、「埋まった」のではなく「埋めた」のであるという加害者としての位置に立って、その責任と対策を考えるべきだとした。

一九七二年、ＪＣは「堀は埋めた瞬間から後悔が始まる」のスローガンのもと、八幡堀の全面浚渫をかかげて市民を対象として署名運動を開始し、わずか三日間で七五〇〇名の賛同を取りつけた。これがきっかけとなって、京都大学の西川幸治助教授(1)（当時）の指導を得、ＪＣの八幡堀の保存修景運動は当時全国に例のない

「まちづくり運動」として発足した。その運動の趣旨は次のとおりである。

❶八幡堀は今日ある八幡の原点である。過去の物流の動脈という経済的価値を離れて新しい価値観を創り出すために八幡堀の復元をするべきである。

❷八幡堀の汚れは市民の心の汚れであると反省し、市民の心のリトマス試験紙としてとらえることが市民の義務である。

❸堀は埋めた瞬間から後悔が始まる。

❹市民意識調査による「堀を埋めて駐車場に」、「市の将来図は工業都市に」などは一過性の流行性ニーズである。本態性ニーズこそ真のニーズである。

❺本態性ニーズとは地域の歴史とともに市民の心に培われ宿しているものであり、市民のアイデンティティから発せられるものなのである。

❻この本態性ニーズこそ、これからのまちづくりの方向付けを示すための最大のモメントである。

八幡堀の保存修景運動の基本的なスタンスは、「懐古《ノスタルジア》」からの動機ではなく、失ってはならないもの、伝承しなければならないものとはっきり位置づけることが運動の本質である。つまり、八幡堀は、先人の精神伝承のバックグランドとなり得るものであると考えた。また、「観光資源」として八幡堀を位置づけるのではないこと、要するに他人に見せるための保存修景ではなく、文化遺産としての美しい景観を現代を生きる市民自ら

---

(1)（一九三〇～）彦根市出身。都市史専攻。二〇〇一～二〇〇五年、滋賀県立大学学長を務める。京都大学名誉教授。

の生活の場に活性化させることが狙いであるとした。

一九七三（昭和四七）年、ようやく市の立ち合いのもとに一級河川八幡川の管理者である県との話合いがもたれ、次の回答を得た。それは、あくまでも全面浚渫を訴える私たちJCに、次の四項目について満足する回答が得られるなら見直しに応じるというものであった。

❶全面浚渫後の具体的な復元図を示すこと。
❷五万立方メートルのヘドロを二次公害なしに回収処理する方法はいかに。
❸四〇〇年経過した石垣は、ヘドロを抜き去っても崩壊しないか。
❹巨費を投じ、あえて全面浚渫する意義と必要性は。つまり、何のために行うのか。

県はこの質問に対するJCの回答期限を設けないまま、翌一九七三（昭和四八）年から市街地の西側に位置する豊年橋より埋め立て工事を着工した。工事の進むなか私たちは、これらの質問に対して次のように対応した。

❶京都大学建築学科（西川幸治助教授・当時）の保存修景研究室の指導で修景図を作成する（「よみがえる八幡堀　冊子」五〇〇〇部、一九七四年一〇月）。建設省、建設大学校の副読本として採用される。
❷ヘドロ処理メーカー三社の協力により、調査報告書を作成し、二次公害なしに処分できることを証明した。
❸試掘調査の結果、城郭の石垣と同様に基底部に直径約四〇センチメートルの松の胴木を発見し、築造時の強度を確認した。

❹近江八幡のまちづくりの最終目標を「死に甲斐のあるまち」とし、八幡堀の保存修景をまちの都市空間の重要な構成要素として位置づけた。

一九七五（昭和五〇）年九月、私はJCの理事長として四つの回答をもち、県土木事務所を訪問した。埋立工事はすでに二〇〇メートルが完了していた。私は所長に対する説明のなかで、とくに八幡堀の保存修景の目的、すなわち何のために行うのかについて、懐古や観光のためではないことを説明するとともに、八幡堀は市民にとって、「死に甲斐のあるまちづくり」のためのアイデンティティの源泉であると定義づけた。

私の説明に耳を傾けられた岡澤八日市土木事務所長（当時）から、信じられないような回答が返ってきた。所長は、「私は首になるかもしれないが」と前置きされたうえ、工事の中断と予算の返上を確約されたのであった。異例の大英断であり、奇跡とも言うべき回答であった。当然、武村正義知事（当時、一九七四～一九八六年まで）も所長の職を賭しての決断に大変驚かれた。

ところが行政側は、予算返上によって工事は打ち切るが、新たな浚

1983（昭和58）年の八幡堀

渫予算の確保はＪＣの責任にある、とした。そこで私は、メンバーと二人で建設省（現・国土交通省）の増岡康治河川局長（当時）に直接陳情するために上京し、一級河川である八幡川の浚渫工事の必要性を説明して予算を願い出た。

当時、一級河川の予算づけのプライオリティ（優先順位）は、人命財産に甚大なる被害を与えるものからとされていた。したがって、私どもの主張する文化的な保存修景予算は、全国の一級河川の洪水対策が完結したあとということであり、主旨は理解するが時期についてはお答えできないということであった。私が「八幡堀は築城に際して開削されていまや四〇〇年、その半値の二〇〇年ぐらいお待ちしますのでよろしく」と言ったところ、「さすが近江商人」と局長は腹を抱えて大笑いをされ、直訴は終わった。

翌年の一月中旬、第二の奇跡（？）が起こった。河川局から県を通して予算づけの回答が寄せられたのだ。増岡局長に、私どもの心情が伝わったのである。

工事は一九七六（昭和五一）年三月に着工され、一九七九年一二月に完了した。その後、再び一九八二年四月に国土庁の「水緑モデル地区整備事業」の指定を受けて石垣の修景が行われ、今日の姿によみがえったわけである。

ところで、河川局長さんと言えば、一九九九（平成一一）年、私が市長時代に日野川改修の陳情のために近隣の市町長と国土交通省に伺った折、竹村公太郎河川局長（当時）に特別に時間をいただき、一九七三（昭和四八）年の湖中堤計画（幅三五メートルで上流の蛇砂川から下流の長命寺川の間に堤をつくる計画）について話をしたことがある。その際、計画が実現すれば水郷地帯がすべて破壊されることを説明したところ、沈痛な面差しで「胸の痛い話だねー」と語られた。

局長から、県を通して湖中堤計画を中止し、変更することに決定したとの連絡があったのはわずか二か月後であった。三六年前に立てられた国の一級河川に関する計画が白紙還元されたのである。これは、第三の奇跡であった。そして、ついに二〇〇五（平成一七）年七月に湖中堤計画の中止と湖周堤による代替案が公表された。この決定を受けて市は、同月に風景計画を国土交通省に提出し、翌年一月、文化庁から重要文化的景観の第一号に選定されたのは周知の事実であり、本市の景観行政が大きく踏み出す第一歩となった。

繰り返すが、前述の八幡堀の岡澤土木事務所長、増岡河川局長、そして西ノ湖の竹村局長という国・県関係者三名の大英断がなければ、本市の重要文化的景観を中心とする景観保全は成り立っていなかったのである。しかし、誠に残念ながら、岡澤氏と増岡氏はいまや故人となられた。謹んでご冥福をお祈り申し上げるとともに、紙面を借りてここに改めて深甚なる敬意を表し、心から感謝を申し上げる次第である。

死に甲斐のある終《つい》の栖《すみか》とは

私は、一九九八（平成一〇）年一二月、市長に就任した。当時、二一世紀社会の予測される条件としては、人口減少（少子高齢化社会）、ポスト工業化社会、高度情報化社会（グローバリゼーション）が挙げられた。これらの予測できる条件をクリアし、そのうえに立って将来に夢をつなぐまちづくりの方向について考えた。

❶工業化について――本市は、一八八九（明治二二）年、国鉄の駅を二キロメートル遠ざけることにはじまり、昭和四〇年代にはじまった名神高速のインターチェンジさえ遠のけ、工業化の波に乗り遅れた。したがって、

このことは逆に言えば、ポスト工業化、脱工業化とは無関係のまちとも言える。

❷情報化・ＩＴ化に対処するインフラの整備について――一九九六年から、民からＣＡＴＶ事業を受け継ぎ、他市に先駆けて全市域光ファイバー網を整備した（沖島一軒湖底ケーブル敷設）。

❸少子高齢化（人口減少）について――少子高齢化による課題は子育てと介護にある。これを解決する方策の一つとして在宅勤務（テレワーク）が考えられる。本市では、ＩＴ社会への対応としてすでに全市域に光ケーブル網を敷設していたが、この情報インフラを活用し、「まず隗《かい》よりはじめよ」と市職員の在宅勤務の試行に取り組んだ。言うまでもなく、全国初の取り組みであった。

本市の目指す、ここで生涯を終えたいという「終《つい》の棲《すみか》」のまちづくりにとって、この「在宅勤務」と「美しい風景」は、その扉を開くための重要な鍵となった。パソコン一台あれば職場に出勤しなくてもよく、住んでいる所、移動した所のすべてが職場になる。つまり、これまでのように職場まで出勤する必要がなくなることから、日本中どこに住んでいてもよいという勤務形態が生まれることになった。

単身赴任の時代は去り、家族ぐるみの移動がはじまるのである。そうなると、在宅勤務者（テレワーカー）は、これから先、家族とともに生涯を送るにふさわしい場所を探しはじめることになるだろう。その場所こそ、「死に甲斐のある終の栖」にほかならない。

テレワーカーのファーストチョイスのまちを目指す！

では、そのとき、彼ら在宅勤務者は何を基準に「終《つい》の栖《すみか》」を選ぶのだろうか。テレワーカーにとって「住みたい」と思う魅力あるまちの最大の条件は、ホスピタリティーがあふれる市民性をはじめ、歴史や文化に恵まれ豊富な自然環境と美しい風景のあるまちだと私は考えた。つまり、都市基盤整備や運営といった「ハード」や「ソフト」のみならず、これまで行政のすき間となっていた「ウエット」な部分こそ、今後のまちづくりの中核をなす要素であると考えたわけである。

幸い当市には、長い伝統と市民の豊かなパーソナリティー、また人的風土に恵まれているという他に誇りうる条件を備えている。加えて、京阪神の大都市を背景に控えるという地理的条件もある。もし、都市のインフラや利便性、また生活環境が似たようなものであるとするならば、最後の決め手は「美しい風景のある処」だと考え、そこで当市のまちづくりの目標をテレワーカーのファーストチョイス（第一選択肢）のまちと定め、「風景（景観）は都市の究極のインフラである」として、景観への取り組みを市のもっとも重要な政策と位置づけた。

目指すところは、多くの世の人々から近江八幡市が生涯を終えてもよいとする「終《つい》の栖《すみか》」と呼ばれ、憧憬さえ抱いていただけるような「波打ち際の詩情あふれるまち」を実現することであった。

波打ち際とは

今から約一〇〇年前の一九〇一（明治三四）年、国木田独歩（一八七一〜一九〇八）は『武蔵野』を刊行している。このなかで独歩は、「集落が郊外の林や田圃の中に突入して人間の生活と自然とが配合され一種の光景を呈しているところ」に魅力があり、その理由を「町外れの光景は、何となく社会というものの縮図でも見るような思いになるからである」と述べ、重ねて「そこには大都会の生活の名残と田舎の生活の余波とがここで落ち合って緩やかにうずを巻いているようである」と表現し、そのまちはずれを「波打ち際」と称した。このような「波打ち際」にあふれるような詩情を武蔵野に感じ、独歩はかぎりない愛着を示したのである。

このような観点に立って振り返れば、近江八幡市には琵琶湖や水郷、国内の淡水湖内で唯一の住区をもつ沖島、また大規模干拓農地の広々とした風景、さらに伝統的な農村集落や城下町である旧市街地、それとは対称的な新市街地や駅周辺の大規模商業地域、古墳群や戦国城跡、そして工場団地、山あり川あり林あり、多彩な風景があたかも線引きされたかのようにそれぞれが固有の顔をもつ区域としてまとまり、しかも互いにその接する所に「波打ち際」を演出していることに気づく。「波打ち際に詩情あふれるまち――近江八幡」の由来である。

風景条例と風景計画

市民から「屋上看板の増加で周囲の風景が見苦しくなった」、「農村集落に奇抜な外観の建物が混在し違和感でいっぱいだ」など、景観破壊を危惧する声が高まってきた。また、去る二〇〇三（平成一五）年に市民を対象に実施したアンケート調査の結果によると、「景観を守るための決まり事をつくるべき」とする回答が九一パーセントを占めた。そこで、本格的な景観政策の第一歩として景観条例の制定に着手することにした。

私は、「景観とは、人間の生活と自然とが入り込み醸し出された文化的景観（風景）であり、そこに住んでいる人々の情感を満たしてくれるもの」であると定義し、景観条例の名称を「近江八幡市風景づくり条例」とした。また、その目的は、いわゆる観光資源としてではなく、「市民の日常生活における情感を満たす究極のインフラであると同時に世代を越えて美しい原風景を共有するためである」とした。そのうえで、「風景はまちの品格を表し市民のアイデンティティの源泉」であるとし、終《つい》の栖《すみか》のまちづくりの本質から逸脱することがないように留意した。なぜなら、景観保全を進めるうえでもっとも陥りやすいまちがいがここにあるからである。

このような経過をふまえ、二〇〇三年末、景観条例策定懇話会を設置し、二〇〇五年三月「景観行政団体」となり、同時期に「近江八幡市風景づくり条例」を制定した。これに基づき、次のような景観への取り組みを全国で初めて展開し、今日に至っている。

❶二〇〇五年七月、風景計画の策定（国土交通省

❷二〇〇六年一月、八幡堀や西の湖の水郷地帯が「重要文化的景観」に選定（文化庁）
❸二〇〇六年一二月、景観農業振興地域整備計画決定の公告（農水省）

景観に対する住民意識の段階論

このように、景観行政を最重点政策として展開し、一方では市民も市の政策課題として取り上げる以前から自主的に広く活動の輪を広げてきた。そのような経過のなか、私は市民が景観に対する意識を、時の経緯や運動の経過とともに変えていくことに気づいた。時系列にまとめると次のとおりである。


第一段階（無関心の段階）——ふるさとは遠くにありて想うもの。

第二段階（気づきの段階）——誰かに言われたりテレビで流れる。

第三段階（景観の公共性を認識する段階）——第三者評価による自信や誇りとともに風景はみんなのものと納得する。

第四段階（この風景は自分のものという主張の生まれる段階）——傷をつけたら私が許さない。

第五段階（啓蒙する側に立つ段階）——風景の保存・修景のリーダーとなる。

風景再生への取り組み（リバーシブル・デベロップメントのすすめ）

本来、観光とは物見遊山を意味せず、その語源は周の『易経』の「国の光を観る」[2]にあって、その光とは、まちの佇まいや住民の目の輝きを指すと言われている。したがって、景観をいわゆる観光資源としていたずらにその経済効果を求めるとすれば、それはかつての工場誘致の轍《わだち》を踏むことになり、かえって貴重な景観を傷つけることになりかねない。そうでなくても景観は脆弱なものであり、時とともに目減りをすると言っても過言ではない。そこで、これからはむしろ景観の再生産こそが重要となる。

韓国ソウル市内を流れる清渓川《チョンゲチョン》の復元のニュースを聞いたとき、私は正直言ってわが意を得た感じがした。それは、もちろん、全長五・八キロメートルというスケールの大きさやスピーディーな工事に対してではない。過去に投資された公共事業、つまり三〇年前に川を蓋で覆い、建設された高速道路を取り払って元に戻したという点についてである。というのは、これこそ私が永年主張してきた本格的な「リバーシブル・デベロップメント（reversible development・可逆的開発）」の海外版であると思ったからである。

さて、「リバーシブル・デベロップメント」とは、文字どおり可逆的、つまり上下、左右、表裏、前進後退

（2）「観国之光、利用賓于王（国の光を観るは、もって王の賓たるによろし）」を語源とし、大正時代以降から「観光」という言葉として定着するようになった。その意味は、「その国の光（政治、文化、風俗など）を観察して、よく治まっていることを観ること。それによって王の人徳を知ること。そして、その国がよく治まって光輝が観られたならば、王の賓客として迎えられ、仕えるのが相応しい」とされている。

すべてが可能な状態を意味する。たとえば、馬車と自動車が袋小路に迷い込んだと仮定しよう。立ち止まったままの馬車を尻目に、自動車はギアをバックに入れて楽々と抜け出すことができる。馬車と自動車の本質的な違いは、動力源にあるのではなく後進装置（リバースギア）の有無にある。「リバーシブル・デベロップメント」の意義がここにあるわけだ。

わが国では、通常、いったん公共投資が行われた事業（工事）は、やり直し、つまり手戻り工事がされないのが常識となっている。それは、先に行った事業を否定することになり、「行政の無謬性《むびゅうせい》」という誤った固定概念からも好ましくなく、加えて二重投資につながるという危惧からである。

しかし、人口減少、ポスト工業化、本格的な情報化、加えて環境や景観に対する人々の感覚の変化などに目を向けるとき、公共事業であっても、とくに自然に手を加えたものについてはいったん元に戻し、再出発するというリバーシブル・デベロップメントの手法が必要ではないだろうか。「複雑系」という言葉で表される現代社会にあって、これからの公共事業には、最初からその可逆性を織り込んだ計画こそ大切であろう。

さて、リバーシブル・デベロップメントの成功例として韓国の清渓川の復元を紹介したわけだが、これに先立つこと三〇年（一九七五年）、当市の八幡堀は埋め立て工事を伴う改修を中断し、いわゆる手戻り工事を実施したことで全長約二・五キロメートルの全面浚渫が行われた。時あたかも高度成長期にあり、堀の埋め立て工事はモータリゼーションの進展に対応した駐車場化など、まさに時代の流れにこたえた事業であったが、全面浚渫というまったく正反対の歴史的景観の保存修景という方向に転換されたのは、青年会議所を中心とする市民の要請にこたえた当時の国や県の関係者らの異例の英断によるものであった。

昨今、この八幡堀の修景保存事業が、市民のアイデンティティの復活とともにリバーシブル・デベロップメントという意味で、わが国の行政史上画期的な事業であったことを再確認している。そして、リバーシブル・デベロプメントと言えば、当市にはいまひとつ忘れてはならない事例がある。先にも述べたように、西ノ湖の湖中堤計画の廃止に伴う湖周堤の計画であることは言うまでもない。

死に甲斐のある「終《つい》の棲《すみか》」のまちづくりへ

私はこれまで繰り返し、「まちづくりとは、子孫にどのような環境を残すかについて考え行動すること」であり、言い換えれば「子孫が常にときめきを覚えることのできる環境を残すこと」であると言ってきた。これが、まちづくりの本質であると考えたからである。

そして、よいまちの基準とは、「都市のインフラや住み心地のよさによるのではなく、自らのまちを愛し、その発展のためには、わが身を顧みることなく尽くそうとする人たちがどのくらい住んでいるのか。その割合による」と定義し、そのうえで、よいまちの最終目標を「死に甲斐のあるまち」とした。

「死に甲斐」とは、生き甲斐や働き甲斐の総括であると同時に、地域社会と密接な関係をもつものである。私はこれを「属地性」と言っているが、この点で他と異なる。死の間際になって、もし「こんなまちで死を迎えるとは……」と後悔するようなことにでもなれば取り返しがつかない。その瞬間、長い生涯がまったく無意味になるからである。だからこそ、死に甲斐のあるまち、すなわち満足して死を迎えられるまちを目指すべきだとしたのである。

これまで近江八幡市は、いわゆる営利目的だけの観光客誘致策を行ってはこなかった。それでも、昭和四〇年代に年間五万人程度であった観光客が二〇〇六（平成一八）年には二九〇万人を超えるに至ったのは、市民のためのいいまちづくりが進んでいるからだと自負している。つまり、まちづくりがしっかりできていれば「観光客はあとでやって来る」と言っても過言ではないと考えている。

観光にやって来た人々は、歴史的なまちの佇まいや美しい自然はもちろん、日常の営み、市民の目の輝きや生き生きと働く姿など、まち全体が放つ「光を観て」初めて心を動かされるのである。観光の語源である「国の光を観る」とはまさにこのことであり、究極の観光客というのは近江八幡市の進めるまちづくりに賛同して、ここで生涯を終えてもよいと考え、この地を終《つい》の栖《すみか》と決めて移り住んでこられる人たちだと思う。まさしく、「観光は終の栖の内覧会」である。

コラム7 ヴォーリズ建築保存・再生運動――人が人のためにつながる～ （石井和浩）

近江八幡市の仲屋町に、ヴォーリズ建築の旧八幡郵便局がある。一九二一（大正一〇）年に建てられた和洋折衷の建物は、一九六〇（昭和三五）年に郵便局としての使命を終えたあと、しばらくは用途を変えて活用されていたが、昭和後期に入って人手から離れたあとは老朽の途をたどっていた。

十余年ほど放置されていたその建物は、雨漏りがひどく、内部は湿気が漂い、カビ臭く気だるい空気が立ち込めており、人間にたとえると死に絶える寸前であった。ヴォーリズ[3]自身が直接かかわっている感性の響きがうかがえる建物であったが、どこか寂しく、時が止まっているようであった。

旧八幡郵便局の保存に関して、近江八幡市がヴォーリズ博物館として利用したいと検討していたが断念されたという経緯があり、駐車場にという話も浮上していた。しかし、まちのランドマークとして、多くの市民の思い出であるこの建物を保存し、コミュニティースペースとして地域再生のシンボルにできないかといった思いが広がり、所有者の同意のもと、一九九七（平成九）年に調査・清掃を行うこととなった。

ヴォーリズの魅力に引かれ、彼の精神と建築遺産を次世代に語り継ぎたいとの思いで有志六人が集まり、週末を利用して二トントラック三八台分ものゴミを搬出した。ゴミがなくなり、次第に風や光が差し込みはじめると、人を包み込む優しいヴォーリズの精神がそこにあり、穏やかに時の流れが動き出すのを感じた。

（3）（William Merrell Vories, 1880～1964）アメリカ・カンザス州出身、二四歳で来日し、県立商業高校で英語教師の傍らキリスト教の伝道に取り組む。教職を解かれ設計事務所を設立。大丸百貨店、関西学院大学などを設計するほか、「近江兄弟社」をつくり家庭薬の事業を行い、収益で学校などを運営。近江八幡の最初の名誉市民。

改修前　旧八幡郵便局ファサード改修工事　改修後

保存・再生を遂行するにあたり、修理には五〇〇〇万円という多額のお金が必要であると分かったが、まずは一四万円の資金からはじめよう、自分たちの手で進められることからでいいと、ガラス拭きやペンキ塗りからはじめていった。市民や学生の協力のもと、今日までにファサードの復元、一階内装・屋根の修理を終えることができた。また、改修のプロセスを市民と共有し、その間もヴォーリズに関する「ヴォーリズの住居と音楽」などのイベントを開催しながら、市民・学生のまちづくりの拠点「ヴォーリズサロン」としても利用してもらった。

有志六人ではじまった保存・再生活動も、現在は「NPOヴォーリズ建築保存再生運動一粒の会」[4]として団体を形成し、まちの遺産であるヴォーリズ建造物の保存・再生をまちづくりの原動力としていこうと活動を展開している。

ヴォーリズは、作品集『W.M.VORIES & COMPANY ARCHITECTS（ヴォーリズ建築事務所作品集）』

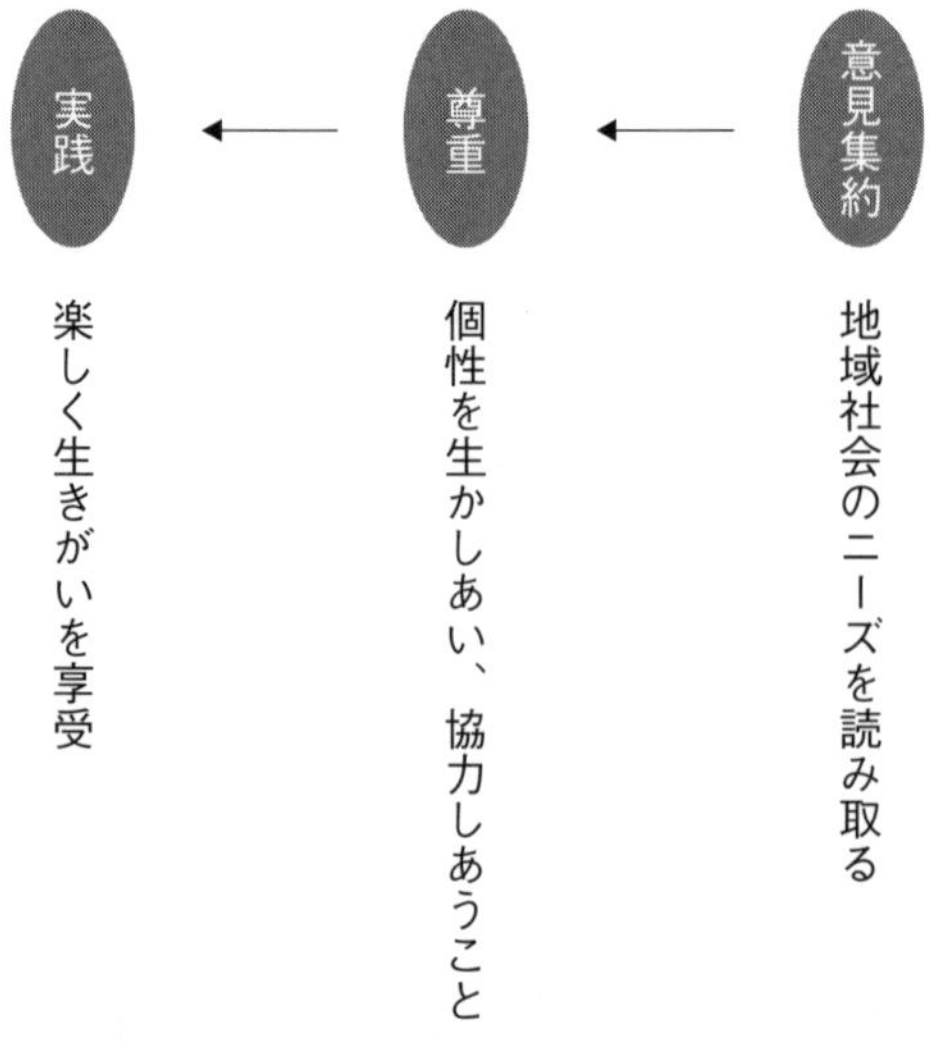

図4−1　旧八幡郵便局保存・再生活動から学んだまちづくりにおけるポイント

（城南書院、一九三七年）の「序言」で「建物の風格は人間の風格と同じく、その外見よりもむしろ内容にある」と述べている。建物、とくに住宅を子どもの人間形成にかかわるもっとも重要なものと位置づけていたが、住宅のみならず、学校、病院、会社を整備し、地域社会全体を通して人やまちが自立性を養うべく環境を整えていった。彼は慈愛の精神をもって事業を成し遂げ、何よりもコミュニティや協力を大切にしていた。

まちや建物といった「先人の生きてきた証《あかし》」からそこに暮らしてきた人々の思いをくみ取り、生かすこと、それこそが真のまちづくりだと考える。まちを魅力的にしていくためには、そこに住み、生活する人が地域の資源を発掘し、いかに生かしていくかを考え、楽しみながら地域生活の質を向上していくために実践することが重要となる。これらの保存活動を通して、自分たちのできる範囲のことに取り組むことで市民の自治が醸成され、継続することでそれが地域のアイデンティティとなるのではないだろうか。また、建物のみを保存して継承するだけではなく、それらの歴史的建造物が語る「心の遺産」を後世へ継承していくことも必要であろう。

人が人のためにつながり、人が育ち、人を育てる地域として、まちづくりに携わっていきたいと願っている。

（4）旧八幡郵便局の保存再生運動を展開することによって、ヴォーリズが私たちに残し語りかけるものを後世に伝承すべく、活動を展開している。一九九八年旧八幡郵便局保存再生運動一粒の会発足し、二〇〇〇年に特定非営利活動法人ヴォーリズ建築保存再生運動一粒の会へ改名。〒五二三—〇八六二　近江八幡市仲屋町中八番地、電話・FAX　〇七四八—三三—六五二二　hitotubu97@ex.bw.dream.jp

第5章

城下町の町並み保存とまちづくり——彦根

(山崎一眞)

江戸期の町並みの花しょうぶ通り商店街

彦根市の旧城下町地区は、豊かな歴史と文化を刻んだエリアである。それを象徴するさまざまな遺産・遺構が数多く残されており、これらが彦根の誇るべき素晴らしい景観の基本要素となっている。しかし近年、これら遺産・遺構の消滅が著しく、このままではそれらの景観が損なわれるうえに当地のアイデンティティや固有価値の消滅が懸念される。

このような問題意識から、二〇〇三（平成一五）年に開催した国際会議を皮切りに、景観の保全と再生を目指した歴史まちづくり活動が開始された。本章は、これまでの活動を振り返り、その成果にたって地域デザインという考え方を提唱するものである。

彦根旧城下町地区の歴史と近世遺構

当地区は、奈良・京都と北陸、そして美濃・尾張に通じることから歴史上長きにわたって戦略的要衝の地であった。とくに、一六〇〇年の関ヶ原の戦いで功績を認められた井伊藩が彦根山に城を築き、城下町を設けたことが画期であったと言える。

現在まで残されている近世遺構としては、天守を含む城郭施設、藩主・重臣・中級・足軽組のそれぞれの屋敷および藩校遺構があり、近世の城郭や武家屋敷の基本的な構成を保持している。また、城下町機能を補完する遺構としては、堀（内・中堀）、水路、付け替えられた芹川に加えて、脇街道と宿場町、そして城下の各所にある寺院などが挙げられる。さらに、かつて伝統的建造物群保存地区の調査対象とされた地区や、脇街道沿

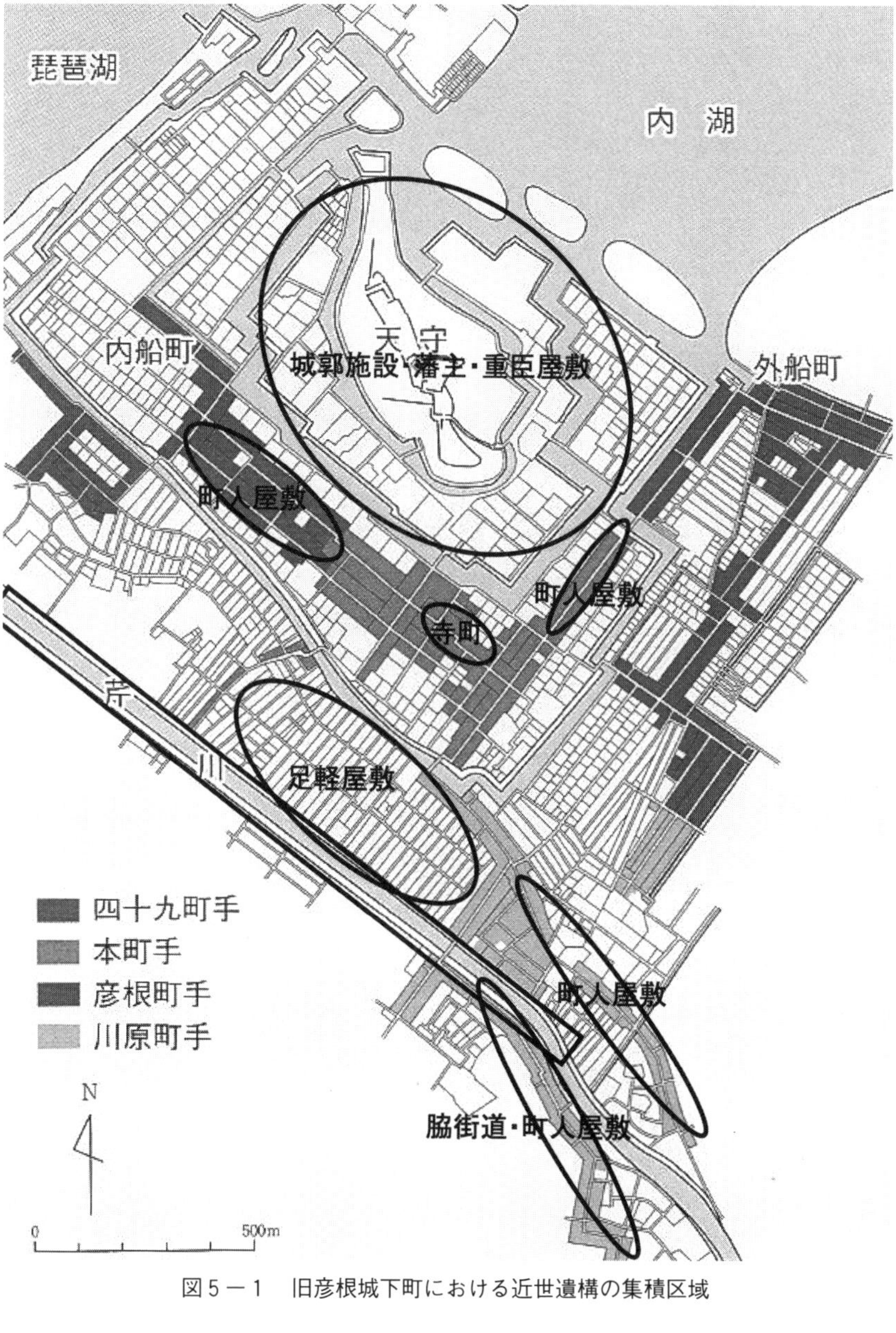

図５－１　旧彦根城下町における近世遺構の集積区域

い の地区などのように、町人屋敷の遺構が相当数見られる（図5－1参照）。

このように、この地区は近世城下町の基本機能をワンセット保持することから、わが国のなかでも江戸時代の姿をもっともよく残している歴史遺産都市という特徴が認められる。

彦根歴史まちづくりに向けた組織の立ち上げ――発端としての日仏景観会議

二〇〇三（平成一五）年に、滋賀大学が中心になって「日仏景観会議・彦根」[1]を開催した。その目的は、「日本の景観について、フランスとの情報交流を行いながら、国際的視野にたって議論することにより、ひろく景観に対する意識の向上を図るとともに、優れた景観の形成に寄与すること」で、テーマは「時のデザイン」とされた。その理由は、都市景観を守り育てるためには、各時代の歴史の掘り起こしに加えて、市民にそれを知って楽しみ慈しみ、未来に向けて働きかけていくという姿勢を醸成し、行政をはじめとする関係者がそれに協力・支援していくというようなダイナミズムが必要だと考えたからである。

市民が参加しやすい祝祭日に設定された会議初日は、彦根の価値の再発見を目指して「歴史解説」、「まち探索」、「懇親」を行った。歴史に関する説明を聞いたうえで、その痕跡を残すルートをボランティアガイドの人たちの案内のもとに巡っていった。これまでは彦根城内だけのガイドがほとんどであったこともあって、この「まち探索」によって城下町にも関心が寄せられるようになった。また、幕末期から明治にかけての古写真や戦前の写真と現在の状況が対比できるパネルを作成し、街角博物館（一時的に開放してもらった建物）で「パネルでみる風景の変化展」を開催した。風景の変化に驚き、現在残されているものの希少性が認識された。会議の二日目は、シノン市（Chinon・フランス・ロワール川沿いの世界遺産の古城都市）での景観政策とその効果についての講演をシノン市の都市計画担当者から聞き、彦根において参考になる点について参加者で議論を行った。この討論をふまえて「未来に向けた彦根宣言」が採択され、実現に向けた努力を確認した。ちなみに、宣言の内容は以下に記す五つである。

❶世界遺産にふさわしい彦根都市ビジョンの作成
❷彦根らしい都市景観の考え方や制度の研究と実現努力
❸歴史・文化や技術の調査・研究、教育と学習
❹街なか観光や街なか居住の振興
❺永続的な「彦根景観フォーラム」の組織化

「未来に向けた彦根宣言」を実現すべく、早速二〇〇四（平成一六）年八月、「NPO法人彦根景観フォーラム」[2]が設立された。日仏景観会議にかかわったメンバー（滋賀大学・滋賀県立大学の教職員、彦根市・商工会議所・観光協会の職員、建築士会・商店街連盟・ガイド協会のメンバーなど）が主たる会員となって発足したわけだが、現在、推進組織として以降の活動を支えている。

（1）　地方都市での実践的な会議と、専門家や関係機関との交流を図る東京での会議からなる国際会議のこと。六回目となるこの年は、滋賀大学講堂を主会場として彦根で開催された。
（2）　城下町彦根の景観の維持・向上を目的として設立された特定非営利活動法人。http://hikonekeik.exblog.jp/

彦根歴史まちづくりに向けた実践活動

まちの歴史を知ったうえでの小さな旅

「彦根景観フォーラム」では、歴史講演会、まち歩きなど、日仏景観会議と同様のイベントを毎年実施している。歴史講演会ではこれまでに、「幻の湖東焼」、「朝鮮通信使」などをテーマとして取り上げてきた。講演会によって歴史的な位置づけを知ったうえで、その話にちなんだ名所や旧跡をガイドの説明を受けながら「小さな旅」として散策した。また、講師の話は地域の歴史を語るものとして冊子にし、誰もがいつでも読み返せる状態にしている。

それ以外にも、江戸期・明治期・大正期・戦前期に建てられた古民家を地図上にプロットし、逐次アップ・ツウ・デイトするだけでなくデジタルデータ化も進めている。そして、伝統的な建造物がいつでも復元・活用できる状況をつくり出すために正確な実測図面づくりを行い、往時の景観の状況を示す古写真を探し出してそれらのデータ化を図っている。これらの基礎的情報と往時の土地利用規制を重ね合わせたところ、歴史的風致を今に残すゾーンが析出された。

空き古民家を再生活用する活動――ひこね「街の駅」

第3章でも述べられたように、歴史まちづくりを進めていくためには、現在空き家状態になっている古民家を今後どのように活用するかを、自ら実験することによって再生活用のモデルを示していくという努力が必要となる。このような観点から取り組んでいるケースを紹介していこう。

歴史的風致ゾーンを構成している「花しょうぶ通り商店街」から、「一五〇年前に寺子屋であった町家が現在使われていない。街のランドマークなので是非活用したい」という相談があった。当物件は、彦根城からも彦根駅からも離れた近隣商店街のなかにある。地元の滋賀大学・滋賀県立大学と協力してエリアマーケッティングや建物実測調査を実施し、商店街メンバーも参加したワークショップにおいて「街の駅」という構想を考案した。この構想は、わざわざ花しょうぶ商店街に来てもらうために、「人と情報が集まり散ずる街中プラットホーム」にしようというものである。

国の助成制度などを用いて建物の改修やトイレの水洗化などを行い、二〇〇五年九月にオープンした。一号店の「寺子屋力石」は「学び」をテーマとしており、創造性を高める学習・研修、散策者への情報提供、そして生活者の居場所提供などを行っている。学習・研修の主な活動内容は、NPOのメンバーが講師を務める商人塾、教職志望の学生による子どもたちを対象とした学舎、陶芸教室、甲冑教室、俳画教室、水彩画・版画・写真展、談話室、茶話会、喫茶コーナー、展示ボックスなどである。

これら活動のなかから、手づくり甲冑や、島左近（一五四〇?～一六〇〇?）と石田三成（一五六〇～一六〇〇）のキャラクターが誕生している。また、これらを事業化するためにLLP(3)を組成して、二号店の「戦國丸」を二〇〇八（平成二〇）年八月に開設した。「彦根城築城四〇〇年祭」および歴女（歴史好きの女性）の出現もあって、全国各地から多くの人々が訪れるほどの人気を博し、「街の駅」の経営が順調になっただけで

(3)（Limited Liability Partnership）事業を目的とする組合契約を基礎に形成された企業組織体。

なく商店街も活気を呈してきた。この事業は、ＬＬＰおよび地元商店街の人々が次々と仕掛けるイベントと相まってより規模の大きい魅力に富んだ事業に成長し、いまや彦根を代表する人気スポットとなっている。

人と人をつなぐ活動——談話室「それぞれの彦根物語」

二〇〇七（平成一九）年三月から「彦根城築城四〇〇年祭」が開催された（一一月二五日まで）。「ＮＰＯ法人彦根景観フォーラム」はこれに協賛する事業として「あそび博」を考案し、一年前の二〇〇六年一月から準備をはじめることとした。「あそび博」とは、市民プロデューサーによって地元の人しか分からない「通」なまち遊びを表出し、多くの人々が楽しみながら街の魅力を発見するというイベントである。

市民プロデューサーの発掘と、「通」なまち遊びの発見がこの企画のキーとなる。そこで行った仕掛けは、市民の誰もが気楽に話せる「談話室」の開催であった。話しやすい雰囲気のなか、コーヒーを飲みながら自分が楽しみで行っている活動を紹介してもらい、それを話の種にしてみんなで語り合うというものである。これは「それぞれの彦根物語」と名づけ、二〇〇六年五月から開始している。

月に数回、土曜日の朝一〇時半から一二時まで「寺子屋力石」で開き、これまでに七〇回以上開催している。初回から二〇回までが一つの区切りとなったが、その時期にテーマとなったのは、内曲輪・城郭関連、芹川関連、脇街道関連、足軽組屋敷関連、佐和山関連などであり、この時点で主要な活動の場が鮮明に浮かびあがってきた。また、語り部として、教員、ＮＰＯメンバー、郷土史家、学芸員、建築関係者、女将、地元企業の経営者などが登場したのである。

談話室の様子
（テーマ：茶道を楽しむ）

表５－１　初期の「それぞれの彦根物語」

回	月日	お　　話	語り部
1	5.13	「その後の直弼：20世紀に生きた郷土の偉人」	教員
2	5.02	「私の好きな彦根のスポット」	教員
3	5.27	「林檎・ワリンゴ・彦根りんご」	学芸員
	6.10	景観シンポ（彦根の脇街道と善利組組屋敷）	教員
4	6.17	「彦根で出会ったもの」	NPO
5	6.24	「彦根あれこれ」	NPO
6	7.01	「井伊直弼～新しい人間像をさぐる」	郷土史家
7	7.15	「お茶と庭」　－白露庵見学　茶室と茶庭－	教員
8	7.22	「ヴォーリズ建築と再生」	建築士
9	7.29	「伝統的木造建築と私」	棟梁
10	8.05	「青い目で見る彦根：30年以上彦根に住んでいる経験」	教員
11	8.19	「江戸時代、彦根の女性の旅－自芳尼『西国順拝名所記』から－」	教員
12	8.26	「絵本から広がる世界『私のギャラリーに、ようこそ！』」	画家
13	9.02	「水戸から見た『桜田門外の変』　－彦根と直弼－」	NPO
14	9.09	「新しいまちづくり型観光」	経営者
15	9.16	「料亭の女将が語る『一期一会』」	女将
16	9.23	「当世観光の裏事情」	経営者
17	10.28	「佐和山を10倍楽しむ法」	NPO
18	11.04	「女将が語る『袋町今昔物語』」	女将
19	11.18	「伝統的建築物群保存地区（伝建地区）のまちづくり」	学芸員
20	11.18	「私達のボランティア支援について」	NPO

人と地域をつなぐ活動――ひこね「あそび博」

「それぞれの彦根物語」において取り上げられた場所を語り部に案内してもらうという機会を、「プレ彦根あそび博二〇〇六」として開設した。当時は三コースであったが、本番となる二〇〇七（平成一九）年春と秋には、それまでの蓄積を活かした一一コースを新たに追加し、合計一六回の「まち遊び博覧会」を実施した。具体的には、「芹川堤の自然と遊ぼう」、「脇街道・七曲がりで遊ぼう」、「善利組屋敷界隈で遊ぼう」、「内曲輪・城郭で遊ぼう」、「佐和山周辺で遊ぼう」などである。

どのコースも、会員を含めて多くの人たちの協力があったことで実現された。まち遊びの先頭に立って、地域の暮らしや歴史・川や植物などをガイドしてくれた語り部、未公開の社寺や建物・自宅や作業場を見せてくれた人たち、さらには茶席を設け、私蔵の絵画や書を展示してくれた人、そしてこれらの人々をつなぎ、ていねいな案内資料をつくって「楽しいまち遊び」をプロデュースしてくれた人の力にも目を見張るものがあった。

ひこね「あそび博」の最終回は、善利組足軽屋敷を巡るコースとなった。そこで、初めて消滅の危機にあった辻番所と足軽屋敷が公開され、その後、辻番所と足軽屋敷を買い取るというトラスト運動へと発展していくのである。

歴史的建造物を守る活動――足軽辻番所

江戸時代、彦根城の外堀と芹川に挟まれた芹橋地区には足軽屋敷が七〇〇戸立ち並んでいた。この地区のほぼ中央部に、現在でも「辻番所」を備えた足軽屋敷（以下、足軽辻番所）が佇んでいる。足軽辻番所は、野に埋もれているものの歴史的な背景を証言する貴重な遺産である。

二〇〇七年夏、この足軽辻番所の売却話がもちあがった。本来は、市が買い取って所有し、市民の資産として自主的に運営すべきところである。所有者の事情を考えると迅速な行動と決断が必要であったが、行政のスピードではその対応にも限界がある。そこで、「歩く足軽博物館構想」を掲げて市民からの浄財を集め、併行して売買交渉を進める、念願がかなった暁には市民による自主運営を前提として市に寄付するという道筋を想定してトラスト運動を展開した。想像以上に多くの市民や行政・議会に熱い思いが伝わり、運動開始の一か月後には約六〇人が発起人となって「彦根古民家再生トラスト」の設立総会を開くことができた。そして、同年一二月の議会で「文化財保護基金」が制定されるに至った。「足軽辻番所のような案件に対処するため」という説明を読むと、この活動が大きな影響を与えたことは明らかである。

集めた資金と基金を組み合わせて、市民と行政の協働によって当初の思いが実現できないかと考え、資金の市への寄付、それを使った「市による買取・民による自主運営」を提案した。市当局の決断で市による買い取りが決まり、二〇〇八年八月に市の所有となった。現在は、トラスト運動をともに行った地元住民のみなさんと協力連携して、永続的な自主運営の仕組みを築いている最中であるが、早速「足軽辻番所の会」が立ち上がっている。

公的計画との共振

当市のシンボルである彦根城は、一九九二（平成四）年にわが国が世界遺産条約を締結した時点で暫定リストにすでに登載されている。しかし、それ以来長年にわたって本格登録への動きは見られなかった。それが、前記のまちづくり活動の影響もあって、本格登録に向けた機運の高まりが見られるようになってきた。「彦根城および城下町の世界遺産登録」が初めて彦根市の公的計画に記載されたのは、二〇〇七年三月にまとまった「彦根市都市計画マスタープラン」であった。これを受けて、同年六月に「彦根市景観計画」が策定され、「城下町景観形成地域」が設けられた。これは、彦根の旧城下町全域を、歴史的景観を重視する地域に指定するものである。

その直後から市長もメンバーに加わった「世界遺産懇話会」が設けられ、世界遺産登録のコンセプトの検討がはじまった。そのコンセプトにおいて、城郭内曲輪ゾーン、商人町人ゾーン、足軽組屋敷ゾーン、脇街道ゾーンが、世界遺産城下町のコアゾーンに想定された。これ以後、市をあげての歴史的遺産や文化、産業、自然を本格的に調査する段階に進んだ。

また、二〇〇八年五月の国会でいわゆる「歴史まちづくり法」が制定された際、彦根市が提案した「彦根歴史まちづくり計画」が政府の一号認定を受けている。この計画において、足軽辻番所が保存修理の対象となった。また、「花しょうぶ通りゾーン」、「七曲ゾーン」が伝統的建造物保存地区の指定に向けた調査を行うことになった。このように、市民活動からはじまった彦根歴史まちづくり構想の実現が、地元の行政はもとより国の政策とも共振していったのである。

歴史まちづくり実践を踏まえた地域デザインの提唱

ここまで、ほぼ一〇年にわたる歴史まちづくり実践の内容と成果を述べてきた。これらをふまえて、地域デザインを提唱したい。

「地域組織を立ち上げ、独自の構想を掲げて地域課題に立ち向かい、社会実験とその成果の確認に立って、新たな挑戦を続ける活動」(4)を「地域デザイン」と呼んでいる。本章で示した実践記録は、「ＬＬＰひこね街の駅」、「彦根古民家再生トラスト」、「足軽辻番所の会」などの多くが地域組織を立ち上げ、「街の駅」構想・ひこね「遊び博」構想・「歩く足軽博物館」構想などを掲げて、身の丈にあった実験を繰り返すという、小さく生んで大きく育てる活動であった。そして、これらの活動は間断なく連続して続けられた。このような一連の挑戦の連なりが地域発達で、これらが地域に根づけばそれ以降の持続的な発展が期待されることになる。

そして、この考え方を進めるにあたっての地域デザイナーの役割は、「きっかけをつくり・それを支え・自立を促し・見守る」という地域を発達させるための介添者的なものとなる。主役はあくまでも地域の人たちであり、地域デザイナーはその人たちの力を引き出し、結び付けて行動を促すコーディネーターとなる。このような行動を通じて、地域の人たちの意識の覚醒や変革が生じてくる。「力づけ・励まし・見守る」ことによって地域力が高まり、自己増殖が生まれるわけだが、実践記録がこのことを示している。ただし、このような役

(4)　山崎一眞『びわ湖世界の地域デザイン』サンライズ出版、二〇一〇年。

割を担う地域デザイナーには、多くの知識と経験、人や組織とのネットワークが必要とされるほか、やり抜くという意志と気概が重要となる。

近江は、「琵琶湖世界」とも言うべき奇跡の小宇宙である。そのしつらえは、湖面の広がり、対岸の稜線、際立つ季節感、地域らしい風情、街道と水を介した山と湖のつながりなどから成っている。そのしつらえを活かした長年の生業を通して、見事な山林・里山・田園・湖辺がつくり出されてきた。そして、縦横に走る街道の往来を通して、時代を画する英傑や近江商人などの輩出を見ることとなった。つまり、「自然」と「歴史」と「文化」が一体となって、近江の壮大な文化的景観が形成されてきたわけである。この素晴らしい琵琶湖世界が、美しい年輪を積み重ねて次世代に継承されていく、このような持続的な発展の仕組みづくりを急がねばならない。

市場経済のグローバル化、地球環境問題の深刻化、少子高齢社会の進展など、時代の大潮流は自然と人間との関係、人と人との関係に大きな影響を与えており、今後どのような暮らしや生き方をするのか、地域主権や経済のあり方をどのように変えていったらよいのかが問われている。言うなれば、地方分権時代における制度設計を考えるにあたって、地域をどのようにデザインするのかと迫られているのである。

そこで登場するのが「地域デザイン」であると筆者は考えている。この考え方に立って、地域デザイナーの育成を図り、琵琶湖世界の持続活動が各地で活発に行われることに尽力したいと考えている。

第6章

歴史的資源を生かしたにぎわいのまちづくり——長浜

（吉井茂人）

大手門通りの賑わい風景

よみがえった長浜

長浜は、JR東海道線と北陸線の分岐点米原駅から北に三つ目の駅である。駅前通りを東へ進んだところに北国街道が南北に走り、北へ入った一つ目の辻から谷汲街道が東へ走っている。

この一帯に広がる中心市街地に、複数の商店街が存在している。かつては「浜行き」と言われ、湖北を中心とした近郷の人々の買い物や憩いの場であり、かなり繁栄していた。しかし、都市構造の変化に伴い、昭和五〇年代から六〇年代（一九七五〜一九八五）にかけて衰退が目立つようになった。これらの商店街の再生過程が、実は長浜のまちづくりのドラマとなった。

長浜市は、二回の市町合併（二〇〇六年二月・二〇一〇年一月）を経て、人口は六万一〇〇〇人から一二万五〇〇〇人となった。今、長浜の中心市街地は、衰退していた昭和期には想像できなかったくらいの変貌を遂げている。

ながはま御坊表参道

一九七五年以降、車社会時代に拍車がかかり、市街地にあった行政機能、文化機能などの公共公益施設および民間施設の郊外移転が加速された。このため、さまざまな機能を有していた中心市街地には商業機能のみが残ることになり、これに伴って中心市街地が衰退し、まちのなかから人々が姿を消すこととなった。

それが今では、官民一体となったまちづくりの推進により商店街が地道な取り組みを続け、黒壁（のちに詳述）のパワーある事業展開が相乗効果を生み出し、ほとんどゼロであった入込客数が年間二〇〇万人となる賑わいを回復したのである。

多くの人々が訪れることでビジネスチャンスが生まれ、市民に刺激を与えるだけでなく心の支えともなり、民間投資が促進されるようになったわけである。

黒壁ガラス本館と大手門通りアーケード

長浜市の地勢・歴史・経済基盤

長浜市は滋賀県の東北部に位置し、西は琵琶湖に面している。中心部の市街地は姉川によって形成された扇状地沖積平野であり、地勢は平坦である。この地を昔は「今浜」と言い、一四五六（康正二）年に今浜港が開かれてからは、北陸道と畿内を結ぶ水陸交通の要地として重視されてきた。

一五七三（天正元）年、今浜領主となった羽紫秀吉（一五三七～一五九八）が京極氏の古城を修築し、翌年に地名を「長浜」と改めた。秀吉は小谷城下から商工業者や社寺を移し、町民の屋敷年貢を免除するなど、城下町を整備して長浜繁栄の基礎を築いた。

彦根藩領となった江戸時代に城は彦根に移され、長浜は純然たる町人のまちとなって商工都市として発展し、それとともに長浜の町衆の自立した精神が育まれていった。毎年四月に開催される「曳山祭り」は四〇〇年以上の伝統を誇り、一二基の山車《だし》は当時の町衆の財力と心意気を示している。

長浜市は、湖北一市一二町（現在は市町合併により二市）の産業経済の中核都市として発展してきた。地場産業としては、江戸時代から続く絹織物の浜ちりめんやビロード・花緒産業が栄え、郊外には米作を中心とした農村地帯が広がっている。その一方で、早くからカネボウ（KBセーレン）、ヤンマー、三菱樹脂、日本電気硝子などが立地し、一九八七（昭和六二）年に長浜キャノンを誘致して以来、多くの企業誘致を行ってきた。さらに近年では、長浜バイオ大学の開学に伴い、大学隣接地のサイエンスパークにバイオ・インキュベーション施設や研究所を設置するとともに新たな企業誘致を行ってきた。

このように、第一次、第二次産業の発展による経済基盤と懐の深い商圏を抱えて、中心市街地の商店街が栄えることにより、地域固有の町衆文化と地域コミュニティおよび伝統産業を育みながら都市の魅力を形成してきた。

まちの変化と方向性の理念

一九七九（昭和五四）年秋、中心市街地に立地する二つの大型商業施設から郊外への出店申請があった。当時、車社会が加速され、すでに市域の郊外への拡散が進み、都市中心部の重心移動が起こりつつあった。また、産業界全般が低調であり、都市全体の活性化策が求められていたときである。しかし、この出店申請は中心市街地の商店街の人たちに強い危機感をもたらすことになり、活性化策と出店申請の調整が進むにつれて都市活性化の考え方が一つの方向に収斂《しゅうれん》していった。

四年後、市政四〇周年を迎えた一九八三（昭和五八）年、三層五階の城が長浜歴史博物館として再興された。きっかけとなったのは、「長浜に城を造ってくれ」と一億五〇〇〇万円もの寄付を受けたことである。それが原動力となり、多くの市民から寄付が集まり、その総額は四億三〇〇〇万円に達した。四〇〇年ぶりの再建を祝い、「長浜出世まつり」と銘打って各種のイベントが練り広げられたが、この盛り上がりがまちづくりの端緒となり、その後の事業推進の大きなエネルギーとなった。

翌年の一九八四年三月、個性と魅力あるまちづくりを進める「博物館都市構想」が策定された。これは、市民が育んできた文化や伝統的なまちの雰囲気を現代の生活のなかに生かして、まち全体を博物館のように魅力あるコトやモノで覆い、個性のある美しいまちとして住み続けようというものである。この構想が市民にも共有され、その後の中心市街地活性化事業に拍車をかけることとなった。

まちづくりの三つの流れ

博物館都市構想のもとに進められたまちづくりの試みには三つの流れがあった。その第一が、商店街、商工会議所、市とが一体となり、商業振興と中心市街地商店街活性化を目指す方向である。垂直型思考を水平型思考に変え、時の流れを検証することによって都市の魅力創出の方向性を示すとともに、事業具現化の仕掛けとして次の三つの事業を継続して行った。このことがまちの人たちに理解され、その後の事業実施の端緒となったわけである。

❶まちかど整備事業（一九八六年より）——当時、地方都市にもかかわらず表通りに緑がないということが指摘されていたため、毎年三〇〇万円の事業費でまちなかの一角にポケットパークを整備することにした。土地は地元が提供し、なおかつ維持管理も地元住民が行うこととした。そのほか、快適な空間づくりのためにモニュメントも対象とした。

❷民間交流使節団（一九八六年より）——毎年、商業者と非小売商業者を含む十数人を編成して、全国のどこかの町で活躍している人を探し、その場所に腰を据えてじっくりと学んでくる制度で、人的ネットワークの

拡大を目標とした。

❸商業観光パイロット推進事業（一九八七年より）――ファサード整備として二〇〇万円を助成する支援策である。町並みに配慮した統一改装をするとなるとエネルギーと時間がかかってしまう。統一改装も目指すわけだが、それと同時に個店改装も促していこうとする制度で、これによって店の表部分を古い町並みに調和させようとしたわけである。シャッターを取り払い、夜でも灯りが見えるようにするショーウインドーを設けて長浜の歴史・文化などを表現する。また、観光客への無料休憩所を設けるほか、地場の素材を使って商品開発をするなどの条件で支援を行ってきた。

第二は「二一市民会議」である。青年会議所のOBが中心となって、JR直流化、長浜ドーム球場の建設、大学誘致など、大きな夢プロジェクトを提案した。この市民運動は、プロジェクトを具現化する息の長い活動となっただけでなく、多くのまちづくりリーダーを生み出すことにもなった。黒壁設立時の主力メンバーも、ここから生まれている。

第三は、株式会社黒壁の設立である。一九〇〇（明治三三）年に建てられた洋風土蔵建造物（旧第百三十銀行）の保存問題がきっかけとなって、実業家、地元企業、そして市の出資により、第三セクターとして設立された黒壁は、パワーあふれる事業展開でまちづくりの力強い牽引車となった。

まちづくりの経過

中心市街地の活性化は、市議会・市・商工会議所三者の強い認識と中心市街地商店街の危機感のもとで推進されることとなった。一九八七年に行われたた中央駐車場の整備が、表参道商店街の統一改装（一九八八〜一九九〇年）や大手門通り石畳事業（一九八九年）につながり、黒壁のオープンへと展開していった。その後、一九九一年九月には、悲願であった長浜発着の電車が実現した。黒壁のダイナミックな事業展開が牽引役となって商店街の環境整備が加速され、二〇〇〇年一〇月には曳山博物館がオープンした。

人と人の信頼関係をもとに動く現場主義がこうした一連の事業の大きな推進力となっており、地域資源の存在も見逃すことができない。二〇〇六（平成一八年）の「改正まちづくり三法」が施行されるまでのプラン策定やハード事業の展開は**表6-1**のとおりである。

また、ソフト事業の展開については、一九八三（昭和五八）年四月、長浜城歴史博物館のオープンに伴って「長浜出世まつり」を豊公園一帯で行ったことがきっかけとなり、一九八四年から地場産業の振興と商店街活性化を目的とした「きもの大園遊会」が創出された。これは、一般から募った一〇〇〇名の女性に振袖姿でまちを練り歩いてもらうというものである。また、一九八七（昭和六二）年には、同じく一般公募した二五〇〜三〇〇人の芸術家に商店街内に出店してもらうという「芸術版楽市楽座《アートインナガハマ》」がはじまり、両イベントは全市的な事業として現在も継続されている。

一方、表参道商店街では、一九八九（平成元）年から大通寺境内において「馬酔木《あせび》展」が開催されるように

表6－1　商店街の取り組み

	西　暦	'85	'86	'87	'88	'89	'90	'91	'92	'93	'94	'95	'96	'97	'98	'99	'00	'01	'02	'03	'04	'05	'06	'07	'08～
プラン策定	長浜地域商業近代化地域計画策定	―						―																	
	各商店街C・I事業〔六商店街〕			―	―	―	―	―	―																
	各商店街基本計画策定〔二商店街〕								―			―													
	長浜市中心市街地核再生プロジェクト構想			―	―	―	―																		
	長浜市中心市街地活性化基本計画														―									―	―
	TMO事業構想														―										
	都市再生モデル事業																						―		
	長浜市中心市街地活性化協議会																								―
ハード事業の展開	中央駐車場整備			―																					
	ながはま御坊表参道商店街整備				―	―	―																		
	大手門通り商店街石畳化整備					―																			
	博物館通り商店街景観形成整備											―	―	―	―	―	―								
	ポイントカードシステム（SUCCES　CARD）長浜倶楽部㈱											―													
	曳山博物館開設																―								
	大手門通り商店街アーケードリノベーション〔小振法〕													―											
	空き店舗対策モデル事業													―											
	プラチナプラザ開設事業													―											
	ゆう壱番街商店街御前地区ファサード整備														―										
	ゆう壱番街商店街祝町地区アーケードリノベーション																			―					
	大型空き店舗対策支援事業〔まち家横町〕																				―	―	―		

なった。一九九七年には、ゆう壱番街で「ゆう歌舞伎」(1)を行うようになり、二〇〇〇年からは「灯りの散歩道」と称して、各商店でつくった灯りを通りに並べて、夜間の賑わい創出のためのイベントを開催している。そして、大手門通り商店街では、二〇〇二年より「大手つくりもん夢生物語」(2)を開催している。このようなイベントでは、絶えず地元で地道に活動しているグループと連携するほか、空間演出として協力をいただいている草月流のみなさんとも協働して交流の場づくりを行ってきた。

このようなハード・ソフト両面での展開の基盤構築を、一九八七(昭和六二)年よりC・I事業(商店街イメージアップ事業)として行ってきた。そして、一九九六年に「秀吉博」という八か月のロングランのイベントを成功させたことが、プラチナプラザ(3)と、まちづくりの関係者が集まれる場所としての「まちづくり役場」(4)の設立につながった。さらに、一〇年後の二〇〇六年には「一豊・千代博覧会」を成功させ、二〇一一年には「浅井三姉妹・江」のイベントを開催して多くの人々で賑わった。

黒壁の事業展開——まちづくりの視点と成果

一九八七(昭和六二)年に旧百三十銀行、通称「黒壁銀行」の解体案が浮上した。この建物は一九〇〇(明治三三)年に「第百三十銀行長浜支店」として北国街道の札の辻に建てられた土蔵造りの洋風建築で、この外壁が黒漆喰仕上げであったことから「黒壁銀行」の愛称で人々に親しまれてきたものである。先にも述べたように、市民の間から保存を望む強い声が上がり、黒壁銀行を保存活用することで活性化の拠点施設とするべく、一九八八年四月、「第三セクター株式会社黒壁」が誕生した。資本金の一億三〇〇〇万円は、民間から九〇〇〇万円、市が四〇〇〇万円を出資している。設立までの議論をふまえて、「国際性」、「歴史性」、「文化芸術性」をコンセプトとし、黒壁はガラス工芸を軸に事業展開することになった。

一九八九年七月一日、建物を原形復旧した黒壁ガラス館とガラス工房、レストラン、トイレの四施設がオープンした。その後、周辺地域にステンドグラスや世界のガラス芸術を展示する美術館、郷土資料館、古美術を扱う店や郷土料理といった多彩な店が集まり、ノスタルジックな趣が漂う「黒壁スクエア」を形成することになった。黒壁ガラス館を一号館としてスタートし、現在では二九号館までとなっているが、店舗のほとんどが空き家や空き店舗を修復したものである。現在、黒壁の出資金は四億四〇〇〇万円となり、民間で三億円、市が一億四〇〇〇万円の構成となっている。

大型店問題に端を発した長浜市のまちづくりではあるが、単なる商店街の活性化の枠組みにとらわれず、都市活性化という視点で中心市街地の活性化を図ってきたことが地域経済の効果を高め、このまちづくりの特色でもある非小売商業者の人々からの投資へとつながっていった。これは、言うまでもなく、長浜の誇る曳山文化をはじめとするさまざまな文化とまちへの愛着があったからであり、時代の節目節目でその変化に対応する

---

(1)　ベースは子供歌舞伎の曳山まつりにある。スタッフ・役者は一般公募とし、男も女も歌舞伎を楽しむことを目的として開催している。

(2)　通り全体では草月流での飾り付けを行い、各商店では商品などを活用して人・風景・動物などをつくり、ウィンドーに展示して観光客に見てもらうというイベント。

(3)　五五歳以上の人が五万円を出資し、商店街内の空き店舗を使って野菜・おかず・リサイクル工房や飲食店を経営している。

(4)　一九九七年に設立し、一九九八年にNPO法人化した。住所：〒五二六–〇〇五九　長浜市元浜町六–一二。

長浜人気質が受け継がれている証《あかし》でもある。黒壁のダイナミックな事業展開は、まさに現代版町衆の力の結集であり、強力な核施設となった。

都市機能とは「人と物と情報の集積」と言われているが、空き家や空き店舗を活用することにより、都市機能の増進と回復を図ってきた。二〇〇一（平成一三）年には、専門家から見たまちづくりの第一位に再びなったが（〈日経新聞〉二〇〇一年二月五日付より）、厚みのある魅力創出にはまだまだ課題や問題点が山積している。事実、今日まで多種多様な事業主体による投資が相乗効果を生むことによって成果をあげてきたが、真の界隈性への回復には至っていない。たとえば、以下の五つの課題が挙げられる。

❶中心市街地居住人口の減少――一万六六四一人（一九七〇年）→一万三七七人（二〇〇九年）。

❷高齢化の進展――高齢者比率二九パーセント（市全体は二三・一パーセント）。

❸地元客の来街者数の減少――要因として、駐車場・道路幅員・業種構成・営業時間などが挙げられる。

❹来街者の停滞傾向――空き店舗を活用したいという引き合いの減少。

❺住環境の悪化――二〇〇八（平成二〇）年八月の中心市街地活性化協議会における調査では、空き家・空き店舗・建物が取り壊されたあとに小さな駐車場になった所や空き地が七二二もあり、中心市街地エリア（一八〇ヘクタール）が虫食い状況となっている。

まちづくりへの再チャレンジ

毎年、能力の範囲内で投資を重ねることによりまちが絶えず変化してきたが、これが新たな情報発信につながり、来訪者の極端な落ち込みとならずまちの賑わい性を継続してきた。活性化してきた中心市街地は「観光」という切り口で評価を得ているが、私たちが行ってきたことは、あくまでも都市活性化と中心市街地再生（商業観光）を目的としたものであって観光商業を目指したものではない。黒壁事業にしても、工房を最初から抱えて「ものづくり」への視点をもちあわせたものである。

とはいえ、外的要因による来街者数の減少傾向などが課題となり、問題となっているのも事実である。つまり、内的活性化を目指しているものの外的要因に大きく影響されているわけである。これでいいのだろうかと、これまで絶えず不安を抱いていた。そんななかで、タイミングよく「まちづくり三法」の改正がなされた。地方都市の中心市街地にかかわる者にとっては、この法律改正は画期的なものであった。

一方で、住生活基本法も施行され、今後のまちづくりにおける法的な期待感が生まれた。この機会を失することなく、今日までの投資が無に帰することのないように、真の界隈性の回復と持続性のあるまちづくりを推進するべく市と商工会議所双方が準備に入った。

商工会議所側では、二〇〇六（平成一八）年に都市再生モデル事業（新まち家スタイル）への応募を行った結果、採択されるという幸運に恵まれた。専門家も含めた委員会を設け、まちなか居住推進のための計画策定を行い、まちづくり三法改正の研修会とまちづくりフォーラムを開催したほか、商店街の人々とのまちづくり懇談会を開催した。一方、市側では、診断・助言事業の採択を受け、今後の活性化策の検討を行っている。

二〇〇七年一月一〇日には、中心市街地活性化基本計画策定委員会が設置された。商工会議所では、中心市街地商業活性化サポート事業を受け、まちづくりの検証と研修および事業診断を行うとともに、今後の事業について検討を行った。そして、二〇〇八年一月に法定中心市街地活性化協議会を、株式会社黒壁と商工会議所が共同で設置した。

活性化協議会では三部会（駅周辺整備・まちなか居住・交流人口拡大）を設け、一年間にわたって民間事業について実態調査・候補地の抽出・ゾーニング・具体的事業の企画を行い、市に対して提案を行った。市はそれを受けて活性化基本計画をまとめ、二〇〇九年五月に国へ申請を行った。その結果、同年六月三〇日に認定を受けることができ、次なる展開への期待感が生まれた。

具体的な事業は、特別認定まちづくり会社として民間二社が経済産業省大臣の認定を受け、二〇〇九年度、不動産の所有と運営の分離方式で**表6－2**に示したような九事業を行った。

右記事業については、二〇〇八年三月に施行された「長浜市景観まちづくり計画」、「長浜市景観条例」の審査を受けるとともに、景観に配慮すべく統一デザインコードに基づいて実施されている。また、中心市街地活性化基本計画の事業は**図6－1**（一四四ページ）のとおりである。さらに、長浜の特色として多様な事業主体（一四五ページの**表6－3**参照）が中心市街地の活性化に取り組んでいる。

表６－２　特定民間中心市街地活性化事業（空き家・空き店舗・敷地利用）

株式会社新長浜計画（1996年設立）
- 万珍軒リニューアル事業
- 町家ホテル新築事業（季の雲ゲストハウス）
- 黒壁新回廊整備事業（飲食・物販・回廊）
- ぶら坊リニューアル事業（飲食）
- まちの駅整備事業（地産地消）
  運営：株式会社長浜まちの駅（2010年４月設立）
- 駐車場一体的・補完的整備
  ２ヵ所（お旅所・豊国神社前）

神前西開発株式会社（2009年８月設立）
- 店舗併用コミュニティ施設（新築）
- クラフト工房（改修）（伝統的技能の継承と情報発信）
- 駐車場の運営

「長浜季の雲」

店舗併用のコミュニティ施設

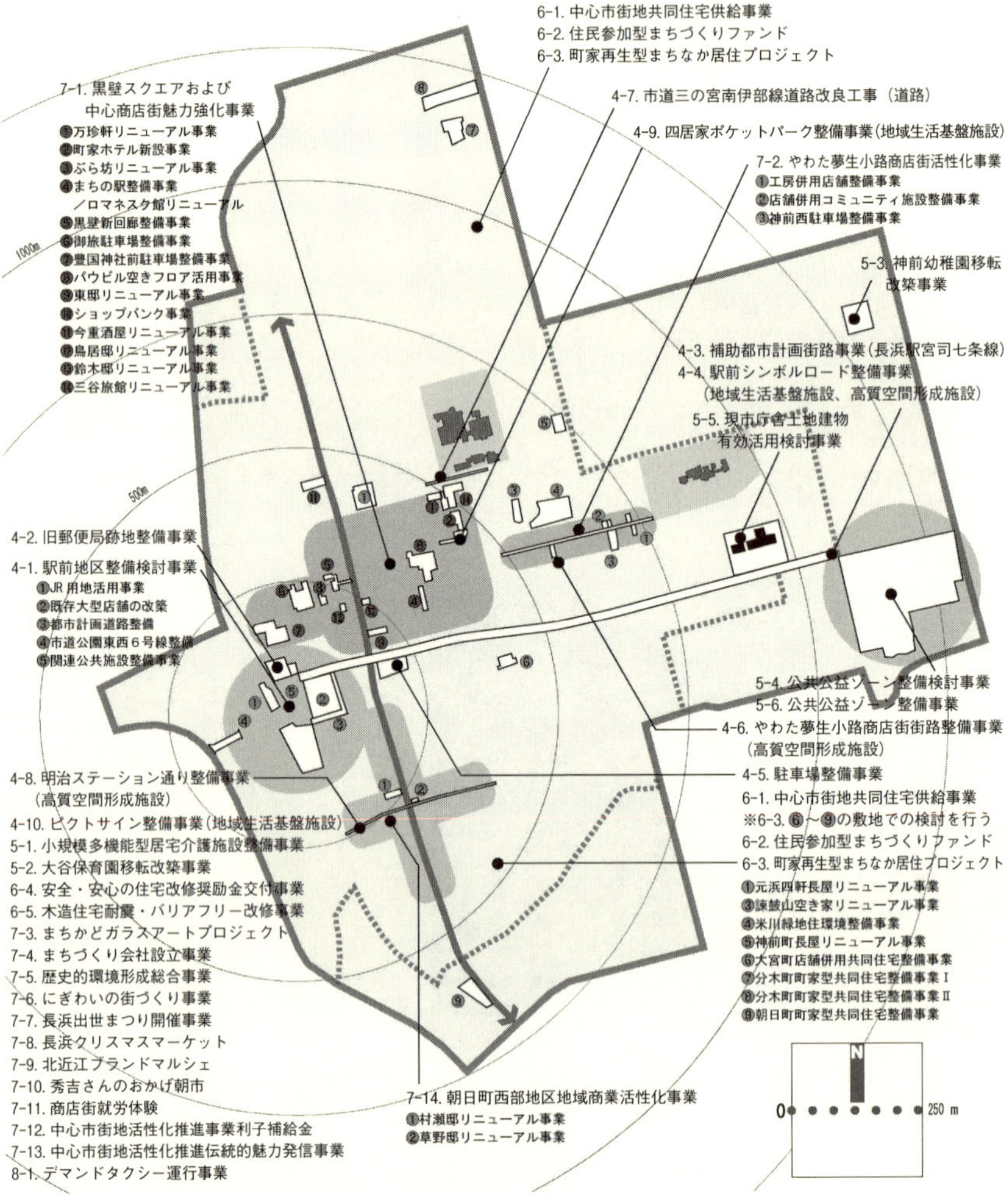

6-1. 中心市街地共同住宅供給事業
6-2. 住民参加型まちづくりファンド
6-3. 町家再生型まちなか居住プロジェクト
7-1. 黒壁スクエアおよび
中心商店街魅力強化事業
❶万珍軒リニューアル事業
❷町家ホテル新設事業
❸ぶら坊リニューアル事業
❹まちの駅整備事業
／ロマネスク館リニューアル
❺黒壁新回廊整備事業
❻御旅駐車場整備事業
❼豊国神社前駐車場整備事業
❽パウビル空きフロア活用事業
❾東邸リニューアル事業
❿ショップバンク事業
⓫今重酒屋リニューアル事業
⓬鳥居邸リニューアル事業
⓭鈴木邸リニューアル事業
⓮三谷旅館リニューアル事業
1000m
500m
4-7. 市道三の宮南伊部線道路改良工事（道路）
4-9. 四居家ポケットパーク整備事業（地域生活基盤施設）
7-2. やわた夢生小路商店街活性化事業
①工房併用店舗整備事業
②店舗併用コミュニティ施設整備事業
③神前西駐車場整備事業
5-3. 神前幼稚園移転
改築事業
4-3. 補助都市計画街路事業（長浜駅宮司七条線）
4-4. 駅前シンボルロード整備事業
（地域生活基盤施設、高質空間形成施設）
5-5. 現市庁舎土地建物
有効活用検討事業
4-2. 旧郵便局跡地整備事業
4-1. 駅前地区整備検討事業
①JR 用地活用事業
②既存大型店舗の改築
③都市計画道路整備
④市道公園東西６号線整備
⑤関連公共施設整備事業
5-4. 公共公益ゾーン整備検討事業
5-6. 公共公益ゾーン整備事業
4-6. やわた夢生小路商店街街路整備事業
（高質空間形成施設）
4-8. 明治ステーション通り整備事業
（高質空間形成施設）
4-5. 駐車場整備事業
6-1. 中心市街地共同住宅供給事業
※6-3. ⑥～⑨の敷地での検討を行う
6-2. 住民参加型まちづくりファンド
6-3. 町家再生型まちなか居住プロジェクト
①元浜四軒長屋リニューアル事業
③諫皷山空き家リニューアル事業
④米川緑地住環境整備事業
⑤神前町長屋リニューアル事業
⑥大宮町店舗併用共同住宅整備事業
⑦分木町町家型共同住宅整備事業Ⅰ
⑧分木町町家型共同住宅整備事業Ⅱ
⑨朝日町町家型共同住宅整備事業
4-10. ピクトサイン整備事業（地域生活基盤施設）
5-1. 小規模多機能型居宅介護施設整備事業
5-2. 大谷保育園移転改築事業
6-4. 安全・安心の住宅改修奨励金交付事業
6-5. 木造住宅耐震・バリアフリー改修事業
7-3. まちかどガラスアートプロジェクト
7-4. まちづくり会社設立事業
7-5. 歴史的環境形成総合事業
7-6. にぎわいの街づくり事業
7-7. 長浜出世まつり開催事業
7-8. 長浜クリスマスマーケット
7-9. 北近江ブランドマルシェ
7-10. 秀吉さんのおかげ朝市
7-11. 商店街就労体験
7-12. 中心市街地活性化推進事業利子補給金
7-13. 中心市街地活性化推進伝統的魅力発信事業
8-1. デマンドタクシー運行事業
7-14. 朝日町西部地区地域商業活性化事業
①村瀬邸リニューアル事業
②草野邸リニューアル事業
N
0
250 m

図６－１　長浜中心市街地活性化基本計画エリアと主要プロジェクト

表6－3　長浜のまちづくりに関わる民間組織

会社名	設立	資本金（円）	事業内容
長浜まちづくり株式会社	2009年8月	7,200万（市　3,000万・商工会議所　1,000万・民間　3,200万）	中心市街地エリア内トータルマネージメント・地域全体のネットワーク化
株式会社新長浜計画	1996年6月	8,000万	テナントミックス・駐車場経営
神前西開発株式会社	2009年8月	200万（自治会出資・地域生活者との協働）	テナントミックス・駐車場運営
株式会社長浜まちの駅	2010年4月	500万	まちの駅（地産地消）運営会社
株式会社黒壁	1988年4月	4億4,000万（市　1億4,000万・民間　3億）	ガラス製造販売・美術館・テナントミックス
NPOギャラリーシティ楽座	2002年12月		芸術版楽市楽座アートインナガハマ運営
NPOまちづくり役場	1998年1月		人材育成・マップ作成・黒壁グループ協議会事務局
株式会社トライメイト	1988年	6,250万	進学塾（大型空き店舗入居）
長浜倶楽部株式会社	1995年6月	5,050万	ポイントカード運営・受託業務

地域資源について

資源は、地域に古くから内在する（自然・農林・水産・地域社会・産業）潜在的資源と、近年つくられてきた顕在的資源（観光・スポーツ・コンベンション施設）とに分類される。また、「産物」、「人物」、「風物」の三つに分類されることもある。地域資源を活用するためには、資源の内的・外的評価および活用資源と未使用資源の整理が必要となる。柔軟に思考の枠組みを変えて多様性をもち、固有性の維持に留意するとともに新たな資源の創出も同時に必要と考えられる。

都市は、「人・もの・情報」の集積であり、都市魅力とは「住む・働く・遊ぶ・学ぶ」の要素が重要である。資源活用では、時間とお金をかけて長い間培ってきた地域固有の土地・町・町衆コミュニティの魅力を引き出すことであり、また地域生活者と産業との連携も忘れてはならない。地域資源を活用したまちづくりにはストーリー性と仕掛けが大切となるため、さまざまな人々と議論を行い、強い意思をもって自己責任で具現化しなければならない。さらに、スピード感と一元化されたセンスある情報発信が大事である。今日までのまちづくりは、活用可能な地域資源が多く存在していたおかげであり、そのことにより地元の合意も得られることができた。

これまで二十数年にわたって、中心市街地の再生にかかわることができた。その間、地元の人々や研究者、そして国をはじめとする行政関係の人など数多くの出会いがあり、その人々に幅広くさまざまな分野のことで指導を受け、助けられ、支えられたおかげで事業の推進を図ることができた。やはり、計画策定・事業企画・

事業の具現化、そして迅速な行動には人的ネットワークと信頼関係が必要となる。
まちづくりにもっとも重要なことは、事業の企画力があって具現化する強い意志をもった人の存在である。そして、粘り強く次への展開を訴えて準備できる人も必要となる。

（奥貫　隆）

コラム8　歴史と景観を生かした長浜市のまちづくり

長浜市は、一九八三（昭和五八）年に市制四〇周年事業として長浜城歴史博物館を完成させたことを契機に、歴史と伝統を現代に活かし美しく住む「博物館都市構想」をコンセプトとする独自のまちづくりを展開してきた。以来、三〇年に及ぶ活動をとおして、「長浜御坊表参道」、「北国街道」、「大手門通り」、「ゆう壱番街」、「博物館通り」を次々と再生していった。

これらの事業と並行してまちづくりのソフト事業である「黒壁スクエア」がスタートし、一九八九（平成元）年の第一号店オープン以来、現在は三一店舗まで拡大している。まちなかの空き店舗や空き地を再生活用したガラス工房、美術館、ギャラリー、レストラン、カフェなどが「長浜ワールド」とも言える新しいまちの空気をつくり出している。また、年間二〇〇万人を超す来街者の四〇パーセント強がリピーターというのも長浜の特色となっている。

まちづくり活動を支えてきたのは、企業や市民が主役の伝統的な気風である。それには二つの理由がある。一つは「町年寄十人衆」による「自治組織」の伝統であり、もう一つは秀吉の時代に遡る曳山祭の伝統である。これらが町衆文化を育み、今につながっている。一九七九年に国の重要無形民俗文化財の指定を受けた「子供歌舞伎」は、その象徴的存在である。

長浜の旧市街地は、秀吉が築いた城下町、北国街道の宿場町、大通寺の門前町として三つの歴史・文化・暮らしを現代に継承している。旧市街地のもつ地域特性を活かし、これまでのまちづくりの実績をもとに長浜市は、二〇〇八年一一月に施行された「地域における歴史的風致の維持及び向上に関する法律（通称、歴史まちづくり法）」に基づく「歴史まちづくり計画」を二〇〇九年一二月に策定し、認定された。歴史まちづくり計画は、地域が継承する文化財の保存・活用をまちづくりの視点から計画的に進めることと、地域固有の歴史や伝統を反映した人々の活動を評価し、支援するソフトな事業を展開することが採択の条件としており、ハードルは高く、全国で採択された都市は一九都市にすぎない（二〇一〇年一一月現在）。

長浜市中心市街地。景観計画および歴史まちづくり計画の重点地区。

長浜市の歴史まちづくり計画では、文化的価値の高い大通寺を中心に形成された旧市街地の形態を活かしたまちづくりと曳山まつりを継承する一三の山組の活動による地域文化の継承を柱に計画区域を設定し、今後のまちづくりのための事業を構成している。

長浜市は、二〇一〇年一月、旧虎姫町、高月町、木之本町、余呉町、西浅井町を編入合併し、面積（六八〇平方キロメートル、琵琶湖を含む）で高島市に次いで二番目（琵琶湖を除く五三九平方キロメートルは県下最大）、人口（一二万二七〇〇人）で大津市、草津市に継いで三番目の市となった。新たな長浜市は、湖上の竹生島、北国街道の木之本宿、己高山を中心とする観音の郷、余呉湖の川並、奥琵琶湖の菅浦などの歴史的・文化的資源を数多くもつこととなった。

また、これらの資源は景観的にも優れており、長浜市は、二〇〇八年に策定した景観まちづくり計画について新市域全域を対象とする計画に変更し、二〇一一年一月にそれを公表した。このなかには、琵琶湖の水運を利用し、近畿、北陸、東海の交通の要衝として発達してきた北国街道や塩津海道の宿場町の町並み景観や、飯浦、塩津浜、月出、菅浦、大浦など固有の文化的特徴を留める集落景観などが新たに含まれている。

市民や企業が主体となって先導してきたまちづくり活動を、行政が将来的なビジョンを示しながら導く長浜市の事業手法は、地域主権が問われるなかで、明日のまちづくりモデルとして今後も注目される。

第7章

自転車が生きるまち

（近藤隆二郎）

農作業にも輪タクは使えるかもしれない（2007年５月余呉にて）

ひこねエコエコって?

「エコエコって何だ?」。それほど自転車の愛好家でも専門家でもなかった私が、なぜ「彦根市エコエコ(エコロジー&エコノミー)自転車とまちづくり委員会の委員に?」と、当初は戸惑った。

二〇〇一(平成一三)年八月に開催された最初の委員会に行くと、「これはやばいなあ」と思った。いわゆる「充て職」の委員が少なく、自転車に対して熱い想いのある公募委員が多かったのだ。そんな委員会に追い打ちをかけたのが低予算で、コンサルタント委託ができず、担当課と委員とが手弁当で進めるという実状だった。今考えると、素人集団だったからこそのよさを発揮できたと思っている。

委員会の本来の狙いは、放置自転車問題などへの提言だった。朝から晩まで張り付いて放置現場を委員たちで調査したりしたが、熱心ではあるが自由奔放(?)の委員会は、よい意味で論点がどんどんと拡張していった。そのため、それらの提案をコンサルタント役としてまとめざるを得なくなり、かなりの時間を費やして「提言書」(**表7-1参照**)として作成した。

中島一彦根市長(当時)に提言書を渡して初年度は終えたが、この熱いチームを解散するのは惜しいということで、「ひこね自転車生活をすすめる会」を二〇〇二年九月に設立した。ちょうど、彦根市から自転車マップ製作の委託もあり、二年目も忙しく動き回ることとなった。このような経緯から、ひょっとしたら自転車は単なる移動手段だけではなく、ライフスタイルを変革するための切り口となるアイテムになり得るのではないかと思った。

「彦根市エコエコ自転車とまちづくり委員会」は二〇〇二年に第二期に突入し、具体的な実行計画をつくりあげた。放置自転車問題が発端であったため生活環境課が担当課ではあったが、走行空間としては道路課、交通システムだと交通対策課、レンタサイクルは観光課といったように各課を横断することとなった。身近なアイテムで関係部署が横断的になるということは、自転車というツールの興味深い点でもある。

表7－1　彦根市エコエコ自転車とまちづくり委員会編「自転車のまちづくり推進に関する提言書」の目次

ひこね自転車生活をすすめる会（ヒコジテ）

「ひこね自転車生活をすすめる会」の設立趣意書は次のとおりである。

「自転車は機動性が高く、誰でもが手軽に利用できる乗物であるため、私たちは通勤・通学や買物といった日常的な交通手段として広く親しんできました。近年では、地球温暖化の防止策のひとつとして、環境面でもクリーンであり、かつ健康増進にも役立つ乗物として世界的にもその重要性が注目されています。今、私たちは、環境に配慮したライフスタイルへの変換に率先して取り組むことが求められていますが、自転車を中心としたライフスタイル（自転車生活）は、そのひとつのモデルになるものと考えます。そのような自転車を利用した生活（自転車生活）についての実践と提案を行うことにより、自転車文化の普及をとおして環境にやさしいまちづくりに貢献することを目的として本会を設立します」

会報誌「自転車生活」を発行するとともに、彦根サイクリングマップづくりやびわ湖一周サイクリング（ビワイチ）、花見サイクリングなどを進めていった。県内ではじまっている他の自転車まちづくり団体とも連携しながら、滋賀県全域での活動にしていきたいと考えていた。

実施したサイクリングで印象に残るものは、海津の桜と組み合わせた「シップ&サイクリング」である。琵琶湖を抱える滋賀ならではの観光と移動パターンを実験したもので、参加者にはとても好評だった。現在では、琵琶湖汽船が「サイクルージング」と称して推進している。

とはいえ、「自転車生活」というコンセプトはなかなか広がらなかった。サイクリング好きには好評だったが、参加するのはいつも同じ顔ぶれだった。この時期に「自転車マンダラ」を描いたのも、移動ツールとしてだけでなく、暮らしのなかに位置づけることで自転車の可能性について提示したかったからである。そして、このような状況を一段上げるきっかけとなったのが「ベロタクシー」であった。

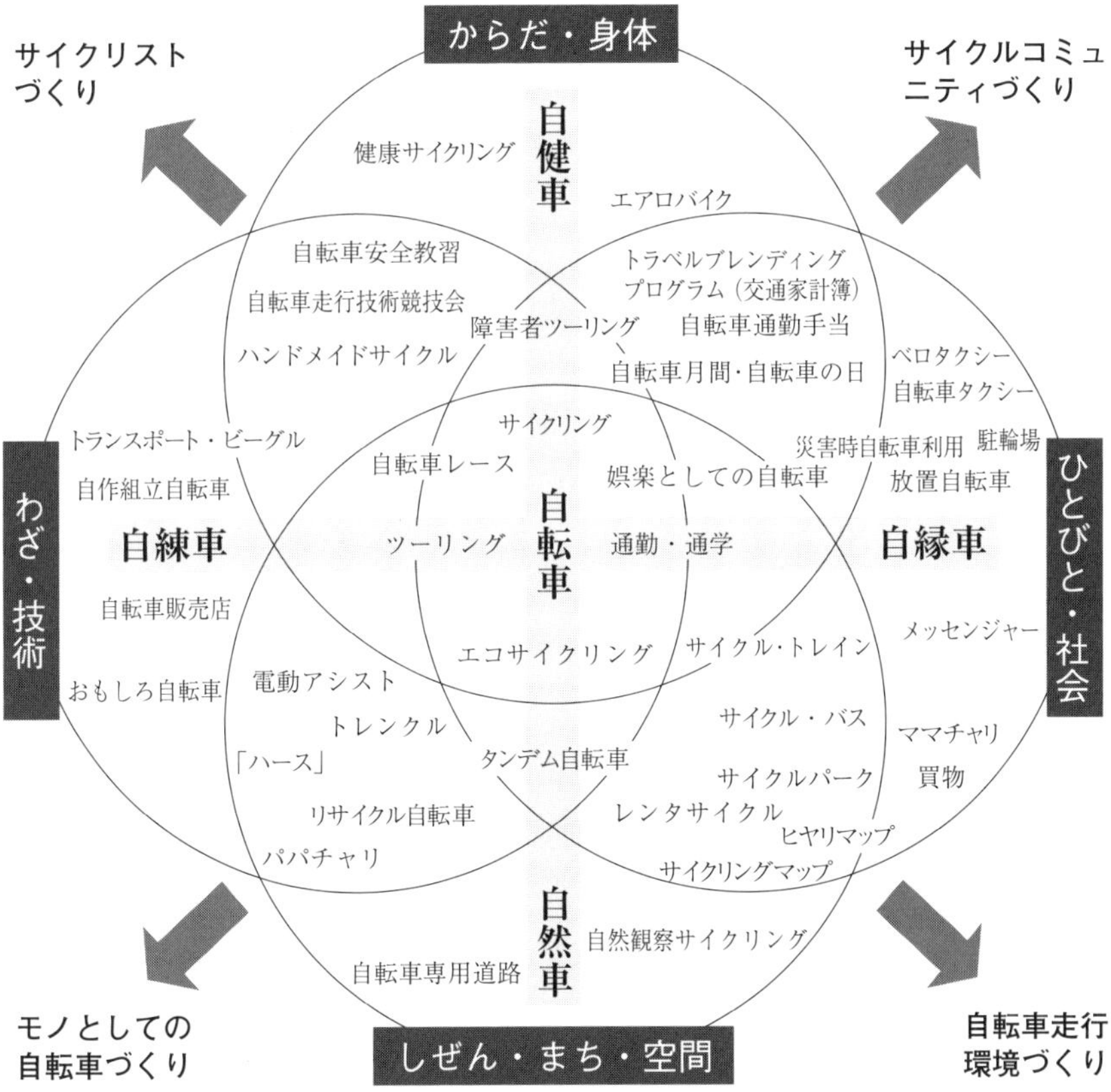

自転車生活のマスターコンセプト

図７－１　自転車マンダラ

ベロタクシーって?――シガリンタクへ

二〇〇二（平成一四）年に京都市から走りはじめたベロタクシーは、二〇〇五年当時、近畿圏では神戸、大阪、奈良へと広がっていた。「人を運ぶ自転車」、それこそ自転車の可能性を開くものとして、近未来的なフォルムとともに注目していた。広告モデルという事業性にも引かれ（図7-2参照）、何とか滋賀でも走らせられないかと動き出したわけである。

二〇〇五年二月から「シガリンタク！」と名付けた勉強会を数回開催し、「ベロタクシージャパン」[1]の細尾ともこ氏に講演してもらった。それによって、走行までには二つの大きな壁があることが分かった。一つは法律という壁である。法律上ベロタクシーは自転車であり、お客を乗せると「二人乗り」になる。道路交通法上、自転車の二人乗りは禁止であり、滋賀県では条例施行細則を変更する必要もあった。そこで、道路交通法施行細則の改正を滋賀県警や滋賀県公安委員会に訴えていくことからはじめた。

もう一つは車体価格という問題で、ドイツ製ベロタクシーは、諸費用を含めると一台当たり約一五〇万円もしたのである。法制度とともに初期費用の重さも考えると、ベロタクシーはすぐに取り組める事業ではないというのが正直な感想だった。

条例変更に向かって県議や県警担当者に相談しているうちに、二〇〇五年秋のある日、滋賀県湖東地域振興局の冨田博文補佐（当時）から連絡が入り、壁の一つであった車体購入費について、「検討中ではあるが、県がサポートできるかもしれない」という話を聞いた。しかし、「NPO法人といった法人格が必要です」という条件もあったのだ。

このときを境に、私自身の地域活動に対する姿勢も変わってしまった。つまり、外部者としてあれこれ意見を言い放っては去る「お気楽な立場」から、「運営」をしなければならないという、逃げることのできない現場にずーっとかかわることになったわけである。

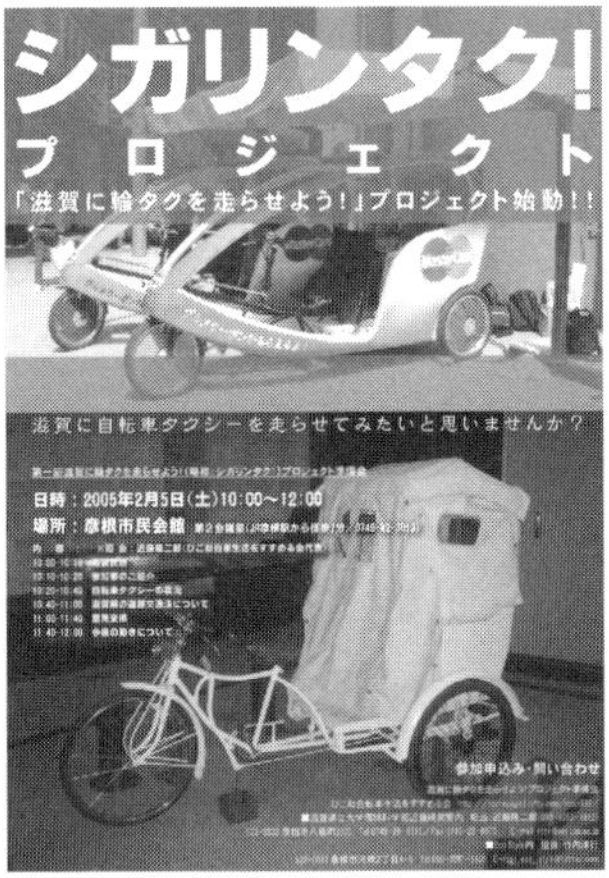

第1回「シガリンタク！」のチラシ

（1）正式名称は「NPO法人 環境共生都市推進協会」。〒一〇三―〇〇〇四 東京都中央区東日本橋三―九―一一 FROM EAST TOKYOビル四階。電話：〇三―五六四五―一〇九〇。ベロタクシーは現在、長野・福島・愛知・神奈川・島根・岩手など、全国各地で運行されている。

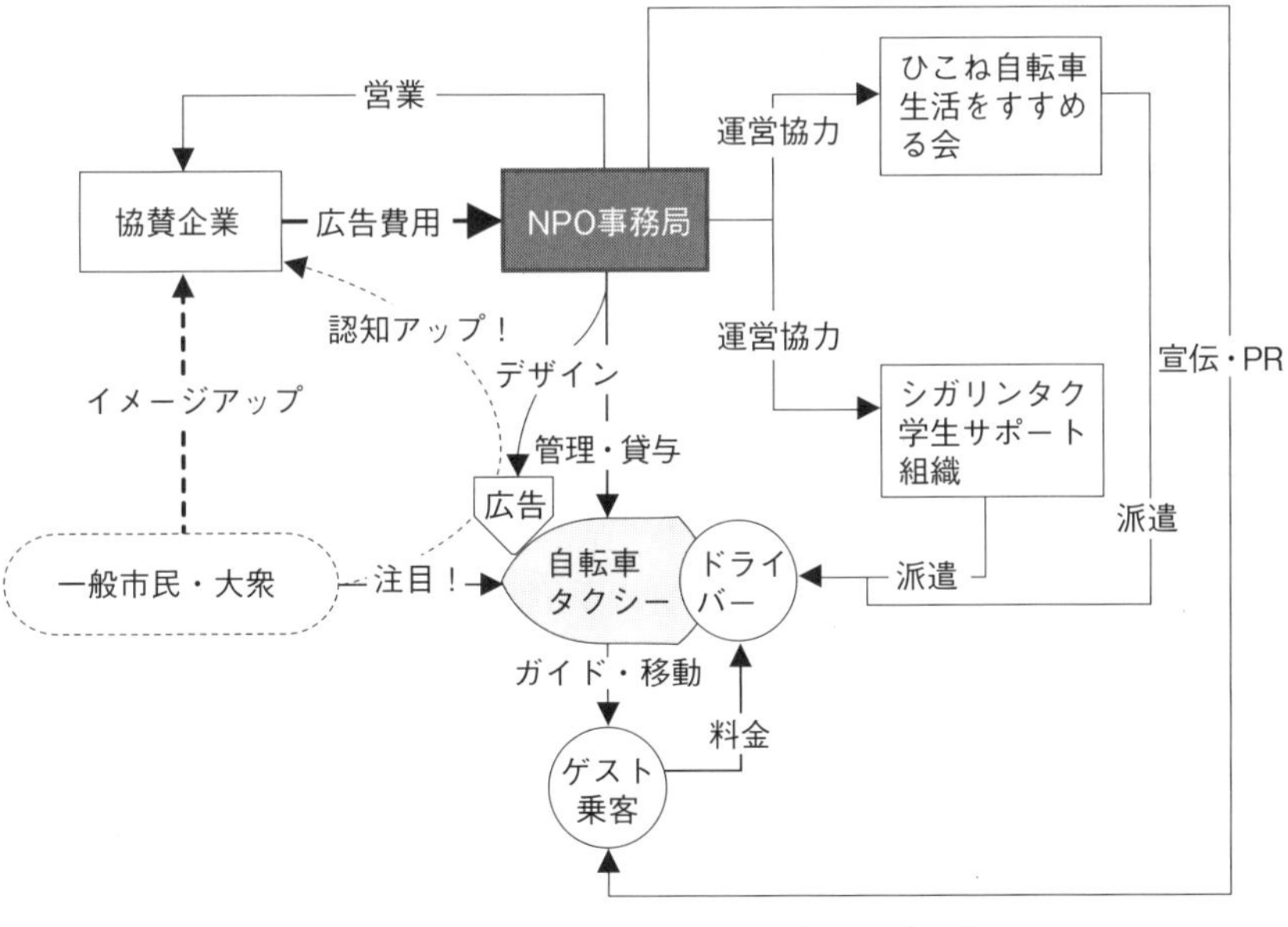

図7－2 ベロタクシーのビジネスモデル図

五環生活の設立

そして、二〇〇六（平成一八）年、「NPO法人五環生活」を設立することになり、二〇〇七年三月から開催される「国宝・彦根城築城四〇〇年祭」にベロタクシーを間に合わせようというスケジュールを立てた。六月に設立総会を終え、法人化を申請して最初に取り組んだのがドイツからの車体購入手続きだった。税関手続きやドイツからの輸送など、スタッフであった三田村奈美さんが県担当の北村友利さんとともに獅子奮迅の活躍をしてくれた。滋賀県と彦根市が半額ずつ負担して新車二台を、そして市民募金によって中古一台を購入させていただいた。

最大の壁だった道路交通法施行細則の変更にはやきもきした。県や県警も前向きに検討していただき、彦根署との協議は何十回にも及んだが、「変更された」という情報がなかなか入ってこなかった。何度となく、公告を見ては落胆するという日々が続いた。そして、二〇〇七年二月、運行直前にようやく変更の連絡が入った！（**表7－1**参照）。とはいえ、滋賀では初の運行なので、彦根市と五環生活とが申し合わせ書を交わし、彦根署に提出するという手続きを経て運行する体制をとることにした。

ドイツから送られた車体が三月一七日に到着し、三台そろった姿は壮観で、心が沸き立ったことを覚えている。難航していた車庫探しも、彦根市中央商店街にある物件を事務所も兼ねて借りることができたため、車体、車庫、法制度といったハード面が無事にそろった。

同時に押し寄せてきたのが、ドライバーの確保と研修、広報宣伝、そして広告営業といったソフト面での業務である。東京での研修、ドライバーマニュアルの作成、運行に際して必要となるさまざまな書類作製など、すべてが手探りの状態ではあったが、「間に合わせる」という一念でエコスタイル自転車店の竹内洋行さんや学生スタッフとともに怒濤のごとく進めていった。その間、奈良や喜多方、神戸などでベロタクシーを運行する先輩たちにもいろいろと助けていただいた。

もっとも苦労したのが広告営業である。私自身が、県内にある企業数十社にアポをとって営業をした。無駄になった企画提案資料と車体広告デザイン案が山のようになったが、結果的には、関西電力から最初の広告をいただき、次いでロイヤルオークホテル、大阪ガスにもスポンサーになってもらい、車体へのラッピングができた。

初年度（二〇〇七年度）は、順調な運営実績を出すことができた。「国宝・彦根城築城四〇〇年祭」のオープニングの日、嘉田由紀子知事にも乗車いただいたこともあってマスコミやメディアが多く取り上げてくれたこともその理由である。実際の運行では、専従ドライバーた

表７－１　滋賀県公報平成19年２月23日号より

公　安　委　員　会　規　則

滋賀県道路法施行細則の一部を改正する規則をここに公布する。

平成19年２月23日

滋賀県公安委員会委員長　　吉　　田　　　　修

滋賀県公安委員会規則第１号

滋賀県道路交通法施行細則の一部を改正する規則

滋賀県道路交通法施行細則（昭和53年滋賀県公安委員会規則第２号）の一部を次のように改正する。

第７条第１項第４号ケ中「第15条」を「第12条」に改める。

第12条の見出しを「（軽車両の乗車および積載の制限）」に改め、同条第１号の表二輪または三輪の自転車の項第３号中「第48条の８」を「第48条の14第２項」に、「乗車させている」を「乗車させる」に改め、同号の次に次の１号を加える。

(4)　運転者以外の者のための乗車装置が設けられた三輪の自転車（２人以上で駆動するためのペダルその他の装置が設けられたものを除く。）に、その乗車装置に応じた人員を乗車させる場合

付　則

この規則は、公布の日から施行する。

ちがプロ意識に徹してくれたせいか、おたおたする事務局を尻目にすごい売上を出してくれた。いまだに、この年の売上は抜けないでいる。

二年目（二〇〇八年）には「彦根リキシャ」の開発を行った。竹内さんと仲間、滋賀県立大学印南研究室とがコラボし、地元彦根の仏壇職人さんの技術を用いながらつくりあげた車体である。「彦根という城下町にはリキシャが似合う」という声や「視界が広い」といった声が多数聞かれ、人気のほうも順調に上がってきている。

その一方で、広告営業は苦戦を続けた。二年目となるとパブリシティも下がり、企業側からもなかなかよい返事がもらえなかった。あるスポーツ大会の広告がほぼ決まっていたが、最後に覆されたということもあり、契約書を交わすまでは気が抜けないということをこのときに悟った。

そして三年目（二〇〇九年）は、「長浜輪タク」と「べんりんたく（福祉輪タク）」を開始した。長浜輪タクは、県下一の観光客数である長浜で走らせれば利用者も多いだろうというやや安易な発想であった。地元依頼で長浜リキシャも製作して実験的に走らせたが、案の定、結果は芳しいものではなかった。

長浜はコンパクトな観光地のため、大型バスで乗り付けて買い回り

嘉田知事がベロタクシーに乗車

を短時間で行うという観光スタイルが多く、ゆっくりと輪タクに乗るだけの時間的な余裕がほとんどないのである。事務所が彦根という遠隔運行にも課題があり、二〇一〇年春に一時休止となってしまった。

一方、「べんりんたく」のほうは、ある意味では原点回帰であった。私たちは、観光だけを目的として運営をしたいわけではない。観光だけなら、もっとコース開拓をし、さまざまな機関とのタイアップによって利用数と客単価を上げることが重要となる。しかし私たちには、市民の足として普通に使って欲しいという思いがあった。その原点に立ち返る意味で、まずは「一期一会輪タク」を開始した。福祉施設に協力いただき、入所されているおばあさんたちを輪タクに乗せて彦根城などをゆっくりと案内するというものである。

初体験の乗車にみなさん喜んでいただき、なかには「これって輪タクやんなあ」と昔を思い出す人もたくさんいた。足腰が悪くなると散歩もおっくうになる、とはいえ車での移動は味気ないという人々にとっては、ゆっくりした速度でのんびりと外気を感じながらの移動は楽しかったようである。ある施設の方が「介護は五感です」と言っていたが、音や匂いを感じながらの輪タク体験は、過去を想起しながらの五感を利用しての時空の旅であったと言えよう。

長浜リキシャ

彦根リキシャ

その後、国土交通省によるコミュニティ創生支援モデル事業に採択され、高齢者向けの「べんりんたく」として拡大スタートした。会員制かつ予約制だが、徐々に利用者が増えている（月間八〇人ほど）。一人暮らしの方からは、「ドライバーとの語りが楽しい」といった声も聞かれたほか、メディアにもかなりの数で取り上げてもらった。

ドライバーの人件費を考えると、乗車料金を一キロ三〇〇円に抑えるためには、どうしても助成金などに頼らざるを得ない。市議や自治会、市担当者、社会福祉協議会らとともに、いかにこの事業を継続するかを模索している。サポーター制度なのか、福祉助成金なのか、いずれにせよ、多くの人々の認知（応援）と利用がその鍵となっている。

福祉サービスで気づいたのが地域での循環である。輪タクの広告も、大企業に代わって地域の店舗や会社が出す方向に変わってきたのである。広告を出したお店のおばあさんがべんりんたくの利用者だったということもあり、地域に根付いていくことで「もちつもたれつ」という関係を実感することができた。「町内会の運動会に出てや」、「協賛広告出せない？」といった依頼が事務所に寄せられるようになり、広告収入は下がったが、つながりは増えてきた。そして、べんりんたくは「CB・CSOアワードおおさか2010」(2)で優秀賞を受賞した。

輪の国びわ湖推進協議会設立へ

輪タクとは別の柱として注目したのが、琵琶湖一周サイクリングの「ビワイチ」である。琵琶湖一周は、自転車好きにとってはあこがれのコースであり、実際にこれまで数多くのサイクリストが走りに来ていたが、そのような人々に対するサポートがほとんどなかった。滋賀県庁にも「びわこビジターズビューロー」[3]にもほとんど情報がなく、道路課が「ぐるっとびわ湖サイクルライン」というマップを配布していた程度でしかなかった。つまり、「右回りがよいの？　左回り？」、「一周するのに何時間？」といった疑問にすら答える所がなかったのである。

ビワイチの受け入れ体制を整え、しまなみ海道のように自転車ファンづくりをしていこうと、「輪の国びわ湖」と名付けたプロジェクトを立ち上げた。その目的は次のとおりである。

自転車の持つ楽しさや可能性を爆発的にアピールする場として、滋賀が誇る「びわ湖一周サイクリング」をキーとしてムーブメントをつくり、自転車利用者を増加することを目的とする。関係主体との推進協議会を構築し、自転車情報を集約したｗｅｂの開設や広報ＰＲ、キックオフ・イベント開催を通じて、関係団体との協働のもと、県内外に対して自転車生活の素晴らしさを気づき、理解し、そして体験し、生活に取り入れてもらうことにより、滋賀が「輪の国」になることを目指す。

（2）　大阪商工会議所が二〇〇五年度より他団体との共催で行ってきた「おおさかＣＢアワード」と、大阪ＮＰＯセンターが二〇〇七年より行ってきて「OSAKA CSO アワード」が一つになって、二〇〇八年度より、社会や地域の課題解決に向けて取り組む事業活動を表彰している。

（3）　滋賀県を訪れる人々が楽しめるようにさまざまな活動を実施している社団法人。観光パンフレットなども多数取り揃えている。住所：〒五二〇－〇八〇六　大津市打出浜二－一「コラボしが21」六階。電話：〇七七－五一一－一五三〇。

「おうみＮＰＯ活動基金」に採択された二〇〇九年にキックオフイベントを開催し、公式ウェブ製作とビワイチ認定システムの基盤づくりを行った。さらに「平成二一年度地球温暖化防止に係る国民運動におけるＮＰＯ・ＮＧＯなどの民間団体とメディアとの連携支援事業」にも採択され、ＦＭ滋賀とラジオを媒体としたＰＲ活動を具体的に進めていった。

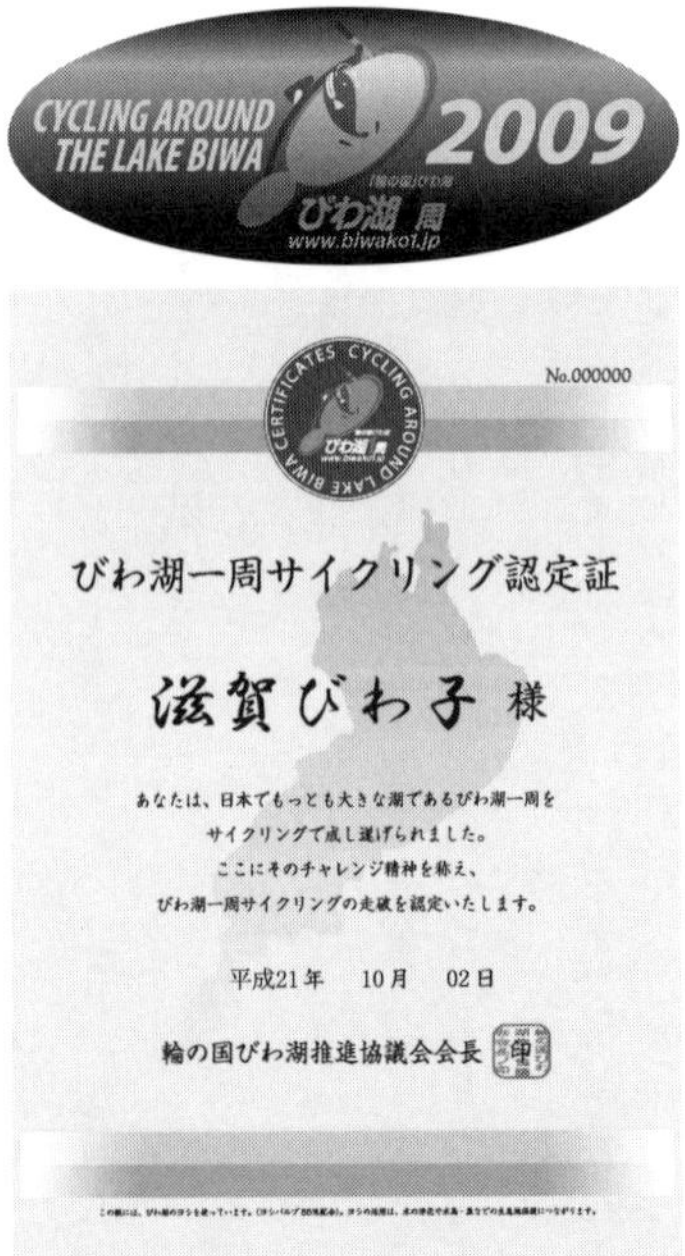

ビワイチ認定証とステッカー

ビワイチの認定証は、早朝の無人でも可能なＱＲコード認証を使うことにした。二〇一〇年は約四〇〇人に認定証を発行したが、ヨシ紙の認定証と各年度で変わるステッカーは好評であった。自転車で来店したらちょっとしたサービスが受けられる「自転車協賛ショップ」も想像以上に参加店舗が多く、日常的な自転車利用を促進する仕組みともなった。また、滋賀県の「提案型ふるさと雇用事業」にも採択されたことで一名分の人件費と事業費が得られ、基盤整備を固めるだけの事務局体制が整った。

輪の国びわ湖には、五環生活だけでなくさまざまな団体や個人もかかわって欲しいということもあって（**図７－３**参照）、二〇〇九年に「輪の国びわ湖推進協議会」を立ち上げた。その公式Ｗｅｂは月間ビューが七万件を超え、「滋賀Ｗｅｂ大賞**2010**」の優秀賞（地域活動団体部門）も得られたほか、ウェブ広告掲載の依頼を受けるまでになっている。また、メルマガ登録者数も増加しており、県の内外からビワイチへの熱気が伝わってくる。

　さらに「輪の国びわ湖協賛ショップ」として、ビワイチ沿いのホテル・旅館やカフェなどとの連携も進めている。よく言われることは、「なぜ、君たちがしているの？」、「県や観光協会がすべきでは？」である。しまなみ海道や浜名湖サイクリングは行政中心の協議会で運営されており、怒濤のキャンペーンを行っている。つまり、観光資源として売り込みに必死であるわけだが、それに比べるとどうしても遅れをとってしまっているのが現状であり、正直言って悔しい。

　また、道の駅などからサイクリストに関する苦情を受けることが多くなった。以前は文句の言い先がなかったが、私たちの活動が知られるようになったことでこちらに寄せられるようになったわけである。これからは、サイクリストのマナーなどについても、よいつなぎ役となって啓蒙活動を続けていきたいと考えている。

「輪の国びわ湖」の運営面もやはり厳しいものがあ

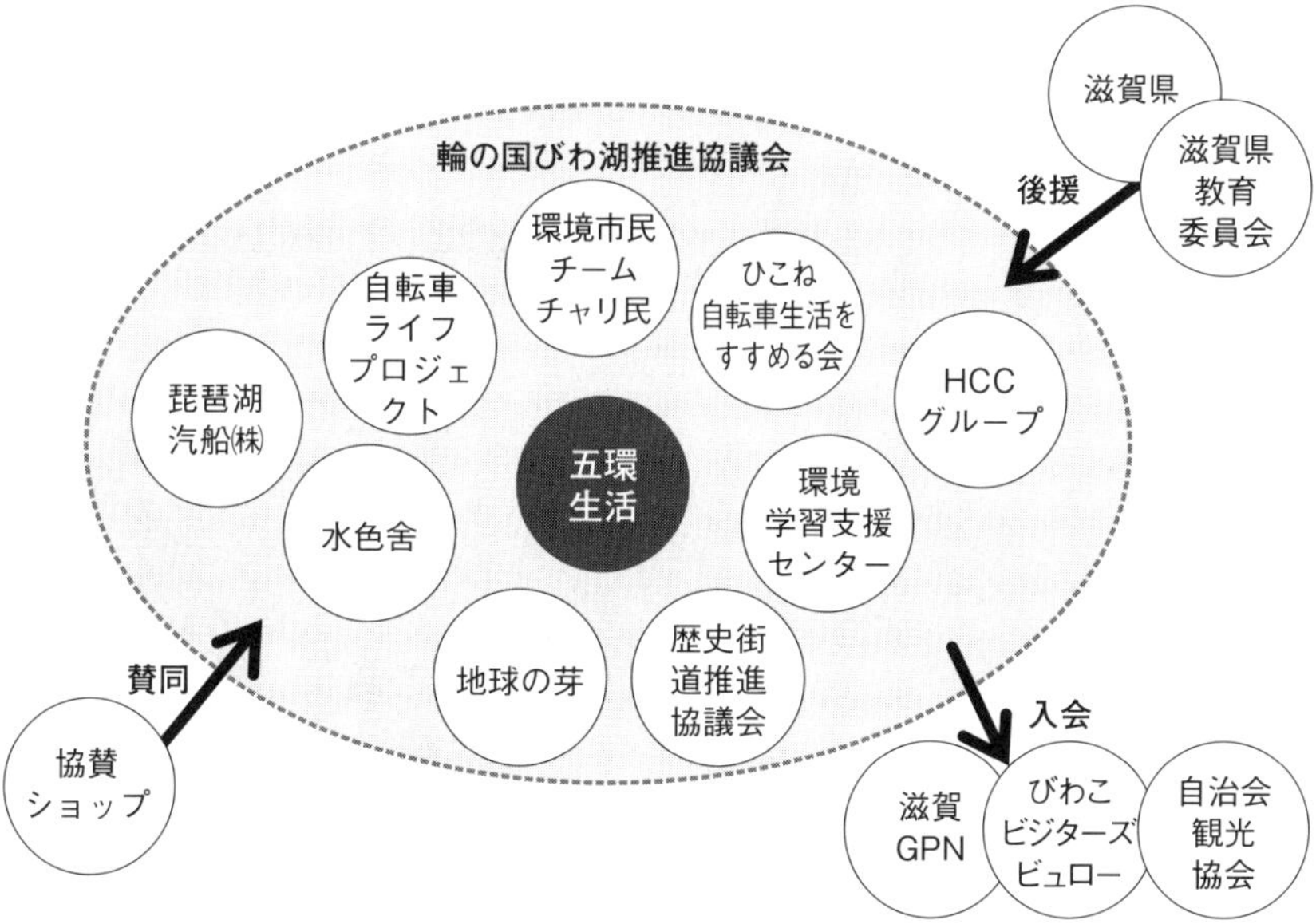

図７－３　輪の国びわ湖推進協議会の組織図（2010年当時）

る。認定証、レンタサイクル、協賛金、イベントなどが主な収入源だが、まだ人件費には届いていない。好評のスポーツバイクのレンタサイクルは今後の柱となるだろうが、これからの活動をさらに広めるために、二〇一一年春には『ぐるっとびわ湖自転車の旅』（京都新聞出版センター）を出版した。

自転車が生きるまちへ

県内の他市町でも自転車政策が進められている。東近江市は「銀輪ビズ」として自転車通勤を進めているし、大津商工会議所は「なぎさ散走」というサイクリング事業に取り組んでいる。湖東定住自立圏ではバイコロジーマップが作成され、近江鉄道のサイクルトレインを活性化すべく近江湖東ネットが「ポタリング」としてPRしている。また、草津市では、電動アシスト自転車を事業所に貸し出すという実験も行っている。そして滋賀県も、二〇一一年度には自転車利用に関する協議会を立ち上げることになっている。

旧八日市市が一九七三（昭和四八）年に全国初の「自転車都市宣言」をしたことや、著名となったビワイチを擁する滋賀県は、自転車ブームのなかでアドバンテージをもっていると言える。本章の締めくくりとして、今後の滋賀県における自転車まちづくりの方向性を整理しておく。

❶滋賀における自転車の基本ビジョンをつくる——「五環生活」や「輪の国びわ湖」といった団体と観光業界、レンタサイクル業界、さらには自転車通勤をすすめる企業、行政など関係者で、自転車をキーとする動きが県下でバラバラにならないように基本コンセプトをしっかりと共有しておくことが重要となる。

❷全県下的なネットワーク展開を探る——県民運動とするためにも、ビワイチを盛り上げるためにも、県下各地で自転車に関するさまざまな動きがあることが望ましいし、それらをネットワークしていくことも重要である。各市町の自転車政策の活性化と連携も必要である。

❸ターゲットごとの深化展開を図る——自転車通勤者（ジテツウ）も大きなテーマであり、人事総務の判断や福利厚生の面からの条件整理やメリットも把握しなければならない。また、高齢者に対する自転車や親子自転車、観光客といったターゲットごとの特性把握と政策展開も重要である。

❹ビワイチブランドを育て上げる——滋賀における自転車のブランディングは、単なるスポーツではない自転車文化として打ち出さ

図７－４　未来予想図に描いた働く自転車

なければならない。たとえば、地産地消×サイクリングをコンセプトとした「グリーンサイクリング」や、四国遍路のお接待のように、県民の方々がサイクリストに対して愛情をもって接していただけることがビワイチブランドには必要となる。

❺ビワイチブランドを実験し発信する——ビワイチブランドの活性化としても、継続的な実験発信をしていきたい。たとえば、農作業自転車や自転車屋台といったワークサイクル（働く自転車）のニューモデルを発信することである（**図7−4**参照）。また、特殊な用途向けの車体が普及するためには、自転車シェアリングのような共有の仕組みも実験発信していくと楽しいものになるだろう。

第8章

まちづくりと図書館

（巽　照子）

暮らしのなかに図書館を（八日市図書館）

笑顔のすてきなおばあさん

一九九七（平成九）年、図書館開設の準備のために大阪から旧永源寺町に赴任した私にとって、町に住む笑顔のすてきなおばあさんとの出会いは仕事をするうえで心の支えとなった。

当時、私は図書館建設の準備をしながら公用車に三〇〇冊ほどの本を積んで町内の三三か所を巡回し、どのような図書館を望むかと、多くの人々からさまざまな意見を聞いて回っていた。そんなある日、いつも赤いリンゴのようなほっぺをした田井中げんさんと出会った。そのとき彼女は「私は、働くことと本を読むことが大好き」と言っていたが、それ以後、「いつもいつも、よい本を運んでくれてありがとう」と言いながら、曲がった腰をさらに折り曲げて深々と頭を下げ、雨の日も雪の日も見送ってくれることとなった。

勤めていた大阪の職場では、正直なところ、「ありがとうございます」という言葉がなかなか出てこなかった。しかし、げんさんとの出会いによって、笑顔とともに「ありがとうございます」という言葉が自然と出るようになった。人間にとって一番大切なものは人を思いやるやさしさであり、本当の豊かさとは何かということを教えられた思いがした。

げんさんの日々は、木々や風が発する自然の声に満ちあふれて、さまざまな生命たちといっしょに生きているという安心感と喜びがある。鈴鹿の山々が育む大自然がげんさんの笑顔を生み、暮らしを豊かにしている。どんなに科学が進歩しても変わらないもの、どんなに暮らしが便利になっても人間にとって変わらないもの、そして身体を動かして働く喜び、季節を感じる喜び、「人として変わってはいけないもの」を教えてくれたのがげんさんであった。

げんさんの一生は、自然いっぱいの暮らしの場で働くことと、本を愛するなかで生まれてきたやさしさと知恵である。私にとっては、げんさんとの出会いが図書館づくりの原点となった。

小さなまちにも図書館を

「八日市の子どもたちは、図書館へ行くとたくさんの本と相談にのってくれる専門の人（司書）がいて、夏は涼しく、冬は暖かい環境で過ごせるが、同じ子どもなのに永源寺の子どもにその環境がないのはおかしい。八日市のような図書館をつくりたい」と、当時の町長である久田元一郎氏が話していたのが印象的で、私が準備室長として赴任するきっかけともなった。

一九八一（昭和五三）年以降、県内での図書館設置に向けて大きな力となったのが県の図書館振興策である。県内の文化水準を向上させるために県内の市町村に図書館を建設して、生涯学習の拠点、文化の拠点となる整備を進めていった。現在では八八パーセントの設置率となり、利用率は東京都を抜いて日本一となっている。

その大きな要因は、「図書館とは何か」、「まちの暮らしに役立つ図書館づくり」を関係者（首長、教育、議員、財政担当者）に話し、研修の機会をもったことである。そして、建設のために補助金を出し、準備の段階から図書館経営について考え、経験のある司書を配置するために人材の推薦までしていた。また、図書館の「命」となる資料費の援助を一〇年間にわたって行ってくれるということで、各市町村が図書館建設に積極的になったということもある。

しかし、永源寺町が実施しようとした一九九七（平成九）年は、国の図書館建設補助金が廃止された年であった。永源寺町においても「まちに一番欲しい施設」として図書館の声が上がったが、なかなか実現に向けて踏み出すことができないでいた。財源のない小さな町がやっと決断した矢先のことで、「さて、さて、どうしょう。県からの補助金は大丈夫か」と心配し、県にお願いに行ったところ、全国の都道府県では廃止の傾向があるなか、従来の金額の半額にはなったが支援してくれることになった。

国の建設補助金の廃止決定は、一万人以上の市町村での設置率が三割以上となり、一定の水準に達したとの認識のなかで打ち出されたものだった。未設置の多い一万人以下の町村のことを、国はいったいどのように考えていたのであろうか。

日本全国において、農山村は七割を占めている。これらの地域は、都市を支えながら日本の国土全体を守っている重要な空間である。今、それが非常に厳しい状況になっている。なぜなら、農山村で生きていくための能力開発をする仕組みとか意気込みなどが、子どもたちに伝えられていないのだ。このような自然空間のなかで、子どもたちが訓練されていないというか、鍛えられていない。そこに住むそれぞれの人には思いがあっても、その手立てが見つからず、財源もなく苦しんでいるのである。

この国の動きに怒りを覚え、そのためにも日本一の図書館をつくって、子どもからお年寄りまでが元気になり、「住んでよかった」というまちにしていこうと決意を新たにした。

ほんものの図書館づくり

「こんな小さなまちの財源のない所に、図書館なんて金食い虫だよ。必要な人は自分で本を買っている」、「年寄りの多いまちだから、屋根つきのゲートボール場のほうが喜ばれる」と、当初は図書館建設になかなか理解してもらえないときもあった。しかし、子育て中の若いお母さんたちを中心にした、「確実な情報がほしい」、「子どものときに本の中でたくさんの人に出会い、やさしくなり、人間の素晴らしさや世界の広さを知ってほしい」、「このまちに住んでよかったと、子どもたちが自信のもてるようにしたい」、「ここには公民館がないから、図書館を生涯学習の拠点にしょう」という願いが支えになって、役場の職員も積極的に図書館づくりにかかわるようになった。また、若い人たちもいっしょにまちづくりにかかわるようになり、一人ひとりが責任をもって活動できる場として図書館建設に対する期待が広がっていった。

少子高齢化、過疎化していく状況が進みつつあるこのまちで、持続的に生活を維持することはなかなか厳しい。子どもが中学校を卒業すると、年寄りを残して家族で引っ越しをするというのが現状である。厳しい時代だからこそ、今何が大切かを見誤らないように、地域づくりについて学習することにした。

その一つが、日本を代表する民俗学者である宮本常一（一九〇七～一九八一）氏の著書『宮本常一著作集』である。宮本氏は、地域を知るためには地域の歴史を知らなければならない。そして、地域の歴史を知るためには地域の民俗を知らなくてはいけない。自然は寂しい、しかし人の手が加わると暖かくなる、と言っている。これらの本を読むことによって、自分たちがどういう生き方をしてきたか、またまちづくりとどうかかわればいいかを考えはじめるようになった。そして、五〇年後、この地域で生き生きと活動できるような空間や仕組みを考えていくこと、そのためには想像する力を掘り起こしていくことが大切と考えるようになった。

もう一冊、『結いの心——綾の町づくりはなぜ成功したか』も役に立った。著者の郷田実（一九一八〜二〇〇〇）氏は宮崎県綾町の町長を務めた人で、全員参加でまちづくりを実現し、貧しかった綾町を豊かで美しいまちに蘇らせた人である。この本は、その二四年間の軌跡をまとめたものである。

当時、綾町では、照葉樹林を切り、すぐ売れるスギやヒノキに植え替えようという動きがあった。しかし、郷田氏は、自然界の仕組みを学んで森を守っていく方法を選んだ。そのことが体にやさしい農法の普及にもつながり、全国に先がけてリサイクル、リユースなどの循環型の仕組みをまちに取り入れ、住民一人ひとりの自主・自立の心を呼び覚しただけでなく、子どもの手本となる生活づくりや結いの心（行政への寄りかかりを排して、地域で助け合う）でまちを蘇らせていった。

綾町において、地域の力をつくり出す際に要となったのは公民館活動である。人々がここに集まり、学習し、実践し、その積みあげでまち全体を変えていったのである。綾町では公民館だったわけだが、永源寺町においては、生涯学習の拠点として図書館が重要であると、このとき私は確信した。

これらの学びを重ねる一方で、私は地域にある三三集落のそれぞれの暮らしを探り、保育所、幼稚園、小・中学校、行政に働く人々と対話を重ねていった。もちろん、開設準備を進めながらのことであったが、永源寺町長であった久田氏が、「図書館建設はまちが町民と協働して初めて取り組んだ事業だ」と「開館五周年記念誌」（二〇〇六年）で振り返っているのを読むたびに、やって来たことがまちがいではなかったと安堵している。

自治を支える図書館づくり

図書館の働きとしてさらに注目していったのは、自治を支える働きについてであった。住民自治が尊重されるためには、情報公開や共同参画の機会が与えられるなど「公」の働きが整っていることが条件となる。もちろん、そのなかには図書館の仕事も縫合されている。しかし私は、もっと深く、もっと広い意味で、図書館として自治を支えるという視点をもった取り組みが大切だと考えている。

図書館は一番多くの市民が集う場所である。そこで働く職員（司書など）は、貸し出し・返却カウンターやフロアーで利用者と接するとき、また利用される資料、利用者とのちょっとしたまちの話題のなかで社会の動きや地域の動き、そしてその課題などを察知する。これらから得たものを、図書館活動にどのように活かしていくかが問われている。そのためにも、地域の人々が、自らの住むまちが今に至った経緯、自らの取り組みをとおしてつくり出される未来が展望できるだけの想像力を住民自身がもつこと、そして歴史的に積みあげられてきた素材や資源、知恵と力をフルに活用して地域像を共有していくことが必要となる。

これらを実現するために、二〇〇〇（平成一二）年一〇月の永源寺図書館オープン以来さまざまな活動を展開してきたが、とくに二〇〇五年から二〇〇七年の三年間は、文部科学省の「社会教育活性化プラン」を利用して次のような活動を行った。

地元にある素材を活用してのまちづくりや人づくりに役立つ取り組みとして、生きていくために必要とされている知恵や長きにわたって地域に伝承されている生活技術、そして人と人とのつながり方などといった大切なものを次世代に伝える手法について、連続して学べる企画を展開したのである。内容としては、「地元学」の提唱者である結城登美雄氏の講演、地域をつくりあげてきた知識や知恵を浮かびあがらせる絵図づくり、山村のあり方を探る映画会・座談会などを行った。

これらの企画は、二〇〇五年二月の合併後、八日市図書館に事務局がある「人と自然を考える会」を核にして、教育委員会事務局、農業・林業、企画、生活環境、福祉などの各課の市・県職員、図書館協議会委員、教育委員、教諭、子ども読書ボランティア、NPOの方々にも実行委員会に入ってもらい、図書館がそのコーディネーター役を果たして継続的に行っている。

住民と図書館が協働して、この間に五〇近くの事業を行い、多くの市民に今後のまちづくりの知恵につながる情報を提供できたことは大きな成果であったと思っている。

人づくりと図書館

図書館は、すべての市民が自由に読書のできる環境を保証する機関である。たとえば、ゆったりと居心地のよい椅子に座って雑誌を読むとき、また自分が挑戦してみたいジャンルや抱えている課題を解決するための本を探したいときは、誰しも自由でありたいと思うだろう。そんな一人ひとりの気持ちを大切にするためには、どうしたらいいのだろうか。

職員としては、来館する一人ひとりとコミュニケーションがとれるように笑顔で迎え、カウンターやフロアーではゆったりとした時間が流れるように気を配ろうと職場同士で話し合っている。そして、書店やデパートに出掛け、ショーウインドーや季節感のあるディスプレイを見て参考にし、一人ひとりが自由に利用でき、もっと過ごしやすい空間にしようと常に考えている。

ある利用者が野の花を届けてくれ、ある人は熱帯魚のグッピーを水槽とともに持ってきてくれた。小さな花を一輪飾ることでみんなの心もやさしくなる。本も机も、そして椅子も書棚も命を吹き返してくれるようだ。図書館には、多種多様の本を中心とする世界が展開されており、豊かさを生み出していくという雰囲気がある。これこそが、人づくりに貢献することではないだろうか。以下では、そんな光景を示す事例を挙げてみた。

本との出合い——やさしい空間づくり

最近、図書館に来ると書棚から「こんにちは」と呼びかけられて、思わずその本を手に取られたという利用者に会った。「私が探している本や。これも読んでみよと気づかせてくれるし、分かりやすく本が並べられているので……」と言って、何冊も手に持って笑顔でカウンターに来られた。思わず職員も笑顔になり、「ありがとうご

生演奏を聴きながらの読書

ざいます」が自然に出てくる。

二〇一〇年の夏、とってもうれしいことがあった。ある少年が大阪に就職することになり、挨拶に来てくれたのだ。

「中学時代に永源寺に図書館ができ、学校の帰りに立ち寄り、ほっとする自由な空間で過ごせた時間は、僕にとっては何よりのものだった。何年か前、すごい写真展をこの図書館で見た。それは、高橋邦典という写真家のものだった。学校が嫌いだった僕だが、その写真から自分のことを考えた。その人の本を紹介してもらったり、バイクでスピードを出しすぎて警官に追っかけられたことを話したらとっても心配してくれて、職員の人とも親しくなれた。これは、ぼくの気持ちです」というようなことを言って菓子折りをわたされた。「お気持ちだけをいただいておくわ」と言って菓子折りを返したが、「それでは僕の気持ちが治まらない」と押し問答になり、結局いただいてしまった。ほのぼのとしたこの日を、私は忘れることができない。

いつまでも元気に暮らすために

平日の図書館、新聞雑誌コーナーに初老の男性たちが長時間にわたって居座ることが職員の間で話題になった。

「退職して、時間ができたのかしら……」

東近江市内の年齢別の利用統計を見てみると、六〇歳までは各年代ともに女性の利用が多く、男性の倍近くの数字を示している。しかし、六一歳からは男性のほうが女性を上回っている。

「何かよい就職先ないかしら。主人が定年退職して一日家にいるので、私は外に出ることにしたの。Aさんもそうしているって」、「母が認知症になり、介護で図書館にはあまり来れなくなるの。女性には定年がないわね」と言って笑いながら去っていく女性の利用者に、「体には気をつけて。家の近くまで移動図書館の『やまびこ号』が行くので、これまで楽しみにして読んでいた本や雑誌は届けますよ」と声をかけた。思わず、図書館利用の逆転状況の背景に、家事や介護が女性の肩にまだまだのしかかっているという現実を知った。

二〇〇七（平成一九）年からの三年間に、団塊の世代がどっと定年退職をしている。どうやら、日本経済の動向や社会のありようを左右することになりそうだと世間が騒がしい。定年後の生きがいや不安は、どのようなところにあるのであろうか。木津川計《きづがわけい》氏(1)は、『定年後「もうひとつの人生への案内」』という本のなかで、どんな条件に満たされたときに生きがいが得られるのかとして、「一、健康、二、経済的ゆとり、三、時間的ゆとり、四、人間的社会的つながり、五、家族の支え、六、張りのある日常」と述べている。

また、『熟年・シニアの暮らしと生活意識データ集　二〇〇六年版』のなかの「日常生活への不安の項目」では、もっとも不安なことは、「自分や配偶者の健康七二パーセント」、「資産・貯蓄への不安が七一パーセント」となっている。そして、団塊の世代の生きがいは「趣味が六九パーセント」、将来参加したい地域活動は「趣味やスポーツなどを中心としたサークル活動が五一パーセント」という圧倒的な数値が挙げられている。そして、使いたい施設としては、読書や勉強をしたり、文化教養講座が受けられる施設がもっとも望まれている。言うまでもなく図書館は、これらシニア世代を含めて、すべての市民がより良く生きていくためにある施設である。

（1）（一九三五～）高知県生まれの雑誌の編集者であり、文化芸能の評論家・コラムニスト。元立命館大学の教授。本名は坂本凡夫《さかもとつねお》。

ひろばを届ける

「館長、今年も六月ごろ、集会室貸してくれる。昨年行った写真合評会、スクリーンに写しながらやってみたいんや」と、大きく元気な声で話しかけられた。退職後にコツコツと撮っていた人たちが八日市図書館の「風倒木喫茶コーナー」で知り合ったことがきっかけとなって、写真愛好家たちの勉強会のために場を提供しているのだ。

風倒木喫茶コーナーには一〇人位が座れる肘つき椅子があり、無農薬の一〇〇円コーヒーや昆布茶を地元の陶芸家がつくった器で味わえる所となっている。気軽に利用でき、勉強できる場がなかなか見つからず、仲間も活動も広がらなかったこのグループには喜ばれている空間である。

写真愛好家が撮った写真も、このところ充実してきているようだ。仲間づくりが苦手だと言っていた人たちが、地域の祭りや子育て事業に、そして図書館行事の際には写真係としてボランティアで協力し、その活動範囲が広がっている。昨年の秋には、子ども写真教室を自ら開催し、その写真展を市内の各図書館で開催したほどである。

個々の趣味が図書館という場を通して広がり、みなさんが生き生きとしている様子を見ると、今まで出会っていなかった人と人とをつな

お茶を飲みながらの出会いの場づくり

ぐ役割も図書館が果たしていると、思わず自負してしまう。

男の料理教室

近年、団塊の世代をターゲットにした本が多く出版されている。これから先、団塊の世代の方々がどのように生きたらいいのかを決め兼ねていることを理由としているのであろう。全国の図書館でもブックフェアーなどをしているようだが、そこに展示されている本を借りていくのは男性だけでなく、「この本、お父さんに見せてあげよう」と言って女性も借りていく。

ブックフェアーに展示されている本を見ながら、「お昼の食事を自分で用意できるようにしたいのだが、何か参考になるものはないですか」とある女性に聞かれた。そこで私は、現在は公民館で開催している「男の料理教室」を紹介した。

この教室は、図書館のカウンターで「うちの孫は私のつくったダイコン料理を食べない。朝ごはんも食べないで学校に行く」とか「朝からあくびばかりして、元気のない子どもを地域で考えたい」という保育士や保健師、そして小学校の先生の声を聞いたことがきっかけとなってはじめたものである。

「食育」や「農」について図書館資料を充実させるとともに、カウンターでの声を生かすために地元の医師や保健師、保育士、幼稚園・小学校の教師、子育てグループの代表、行政担当者らに呼びかけて集まってもらい、そのうえ団塊の世代の人々にも協力してもらって、「本物の食と農」を子どもたちに体験してもらおうということになった。そのためにも、まずは自ら料理する楽しみを体験しようと「男の料理教室」を図書館と保健センターとが協同で開催することにしたわけだが、現在では、それが公民館活動として継続されている。

美しく生きることを支える図書館

『ルピナスさん』（バーバラ・クーニ／掛川康子訳）という絵本がある。物語のなかでおじいさんが、孫に「大きくなったら、夢は」と聞くと、孫は「海の見えるところで暮らすの」と答える。するとおじいさんは、「それもいいことだが、もうひとつやってほしいことがある。世の中を美しくして欲しいのだ」と言う。孫のアリスは、その後図書館で働き、おじいさんの言葉を思い出して、さまざまな所にルピナスの花の種を蒔くようになった。やがてまちは美しい場所となり、花を植える人がいる、そのことがまちを美しくするということに気づく。そしてこのことが、次の時代に引き継がれていくという絵本である。

「本物のまちづくり」というのは、豊かな想像力、感性、先を見通す力や信念がなければ不可能である。十分に学習し、住民の知恵を集め、じっくりと取り組むという姿勢や信念、情熱こそが今強く求められている。そのためには、さまざまなネットワークをもっておくことが重要となる。図書館は、これらを支える学習拠点や情報の発信地として、また人と人を結ぶ役割を果たしていく必要があると考えている。

美しく生きることを支える図書館づくりに、これからも力を尽くしていきたい。それが、滋賀県に移り住んで、図書館で働きながら「人はそこでどのように暮らし、生きたのか」をしっかりと考える時間がもて、地域の人々や行政の仲間と一緒に学習できたことに感謝するとともに恩返しになる、と思っている。

第9章 新たなコミュニティ――地域づくり協議会

（中嶋利明）

知の拠点で開催した地域と大学の交流サロン「田根・坐・ガーデン」

長浜市の地域づくり

長浜市にかぎらず、全国的に「新たなコミュニティ」が求められている。二〇〇九（平成二一）年八月、総務省に報告された「新しいコミュニティのあり方に関する研究会報告書」では、少子高齢化の進展や男女共同参画社会の形成に伴い、従来は家庭などで対応できていた保育や介護などが新たに「公共サービス」として求められる一方で、従来は公共サービスの大半を提供してきた「行政」の対応できる範囲が縮小してきたとしている。そして、そうした状況のなかで生じた「公共」と「行政」のズレを「新しい公共空間」として位置づけ、こうした新しい公共の担い手として新たなコミュニティに期待を寄せている。

しかし、この「新たなコミュニティ」は、言い換えれば「懐かしいコミュニティ」でもある。少し前までは当たり前のように行われていたご近所や自治会内での人と人の助けあい、支えあいといった地域社会を取り戻すことにほかならない。

こうした「古くて新しいコミュニティ」づくりを長浜市が目指すきっかけとなったのは、二〇〇六（平成一八）年二月に行った一市二町による最初の合併であった。このときの合併協議において、小学校区などを構成単位とし、住民自らが地区にあるさまざまな資源や特色を活かしながら、その地区の将来がどうあるべきかについて話し合い、地域の自主的な取り組みへとつながる仕組みづくりを行うことが確認された。この協議結果に基づき、同年一一月「長浜市地域づくり指針（以下、指針）」が策定され、長浜市の地域づくりの方向性が定められた。

この指針では、そうした仕組みづくりを推進するため、補完性の原理における「共助」の領域をより強固なものに充実させることとした。その後、二〇一〇年一月には一市六町による二度目の合併を経てさらに大きな市域となったわけだが、こうした信頼と絆によって築きあげた地域コミュニティのなかで互いに補いあい、支えあう地域、安心で安全な地域を築くことがますます重要となった。

地域づくり協議会の立ち上げの経緯

指針では、市が目指す地域づくりの重要な担い手として、連合自治会区域を原則に「地域づくり協議会（以下、協議会）」の設立を目指すことが定められた。この協議会は、地域住民自らが地域課題に取り組むための組織として位置づけられ、自治会長や各種団体長が中心となって設立が進められている。

二〇一〇年一月、二度目の合併後の協議会は二〇地区あまりになる予定である。このうち、二〇一一年九月現在、一八地区で協議会が設立していて、その他の地区でも連合自治会を中心に設立に向けた話し合いが行われている。まずは、市内全域における協議会の設立が急がれるところだが、同時に設立された協議会における地域づくり活動の充実とさらなる活性化が求められている。

協議会は、それぞれの地区がもつ歴史や特性を考慮する必要があることから、連合自治会区域を原則に設立することとなっている。地区ごとに抱える固有の課題に対して独自の解決法を見いだすことや、その土地ならではの魅力を活かす取り組みが望まれることから、当然のことではあるが、地区ごとに活動内容が大きく異なるほか活動の勢いにもかなり差が出てくる。

地域の自主性や独自性を尊重しつつ市域全体の活性化を目指すため、協議会同士のネットワーク化やNPOなどの市民活動団体、そして民間事業所などといかに連携するかが今後の重要な課題の一つとなっており、小さな成功例の積み重ねが必要となる。

地域課題が地域を育てる——田根地区地域づくり協議会の取り組み

現状——深刻化する地域課題への挑戦

田根地区は、小谷山の東の麓に位置する五〇〇世帯、二〇〇〇人ほどの小さな地区である。二〇〇六（平成一八）年二月の合併前は旧浅井町に属し、一九五四（昭和二九）年までは田根村として一つの地方自治体を形成していた。地区にある唯一の小学校の児童数が約八〇人と年々減少しており、高齢化率も約三〇パーセントを示し、少子高齢化、過疎化という地域課題が深刻化してきた地域でもある。

その昔、「幸せを数えたら片手で余り、不幸せを数えたら両手でも足りない」などという歌があったが、田根地区も課題を数えたら両手両足を使っても足りないかもしれない。ただ、「地域課題が地域を育てる」という視点に立てば豊富な地域資源があることもまちがいない。深刻化する超高齢社会は介護を中心とした福祉ビジネスの可能性を高めるし、増え続ける空き家や空き地は活用可能な不動産となり、獣害に至っては豊富な食材となるかもしれない。田根地区の活動は、ある種「開き直り」とも言える発想からはじまった。

種まき——協議会の誕生

合併直後の二〇〇六年五月、地域の宝である田根小学校の児童たちの登下校時の安全を守ろうと「子ども見守り隊」が結成された。この見守り隊は、単に小学校や保護者だけではなく、連合自治会や老人クラブなどさまざまな団体が協力して組織されたものである。

こうした取り組みと時を同じくして、新長浜市において指針が策定され、地域ぐるみで地域を支えようという気運が高まり、二〇〇七年三月、市内でもっとも早く協議会を設立し、その愛称を「種まき塾」とした。人と人、各種団体と団体、地域と地域などさまざまな点と点を線で結び、面として広げ、地域に大きな花を咲かせたい。そして、そんなきっかけとなるさまざまな種をまきたいという住民の想いを込めた組織の誕生である。

芽生え——大学との出合い

協議会設立後の一年間は、田根地区独自の地域づくり計画をつくることになった。さまざまな地域課題があることは分かっているが、それをみんなが共有していないこともあり、まずは地域を知ることからはじめようと「まち歩き」を行った。

知っているようで知らないことに気付いた自分たちのまちのことを、「自慢できるところ」と「なんとかせなあかんところ」に分けるようにして意見を出しあった。また、まち歩きだけでは分からない高齢者福祉や少子化の問題などを話し合うためのワークショップも開催した。この結果、出てきた意見の数は三九二件である。このなかから協議会として優先的に取り組む課題を検討し、田根地区の地域づくり計画としてまとめることになった。

計画では、田根のあるべき姿を「人とひとの心がかよい、楽しく元気な笑顔のまち・田根」としたが、こんな地域にしたいという夢はあっても、現実には両手両足でも数え切れない課題が立ちはだかっている。そんなとき、ひょんなことから田根地区と大学との交流がはじまった。それは、二〇〇七年春、ある企業の福利厚生施設として田根地区の古民家移築計画がもちあがり、相談に応じた地域住民と企業に同行した慶應義塾大学准教授との雑談からはじまったのである。

「こんな所に学生たちを連れてきたいですね」

「いいですよ。いつでもどうぞ」

軽い社交辞令のつもりが、その夏、本当に学生たちがやって来た。しかも、アメリカからマサチューセッツ工科大学（ＭＩＴ）の学生まで引き連れて、総勢三〇名もの若者がやって来たのだ。

移築そのものは実現しなかったが、相談に応じた住民が設立直後の協議会代表理事であったことから、「せっかく芽生えた大学との交流を地区全体に広げよう」と呼びかけ、その後、両大学の学生約三〇名が毎年訪れ、田根地区を対象にしたフィールドワークがはじまった。

成長――地域福祉の拠点づくり

日本や世界を代表する大学の教授と学生を迎えて田根地区の地域づくりがはじまったわけだが、学生たちはもっとも深刻な地域課題である「高齢者福祉対策」や「空き家・空き地対策」について調査研究を行い、毎年、シンポジウムという形で地域に調査結果を報告してくれた。

高齢化が進む地域でありながら福祉施設がなく、過疎化の進行によって空き家・空き地が増えてきた。この二つの課題の解決策を結び付け、空き家や空き地を活用した福祉拠点の整備という提案をもらったのが二〇〇八年である。そして、三年目には、机上の空論ではなく、提案の実現に向けた具体的な活動が必要だと話し合っていた矢先、滋賀県社会福祉事業団（特別養護老人ホーム福良荘）から相談が舞い込んだ。その内容は、「福良荘では施設内でデイサービスを行っているが、住み慣れた地域のなかでサテライト型のデイサービスも実施したいと思っている。ついては、田根の空き家を借りられないか」というものであった。

早速、空き家を探したが、見つけるのにさほど苦労することはなかった。というのも、協議会の設立準備と設立後の事務局を担った市民活動グループである「タネから花咲か塾」が、すでに二〇〇七年に「しがぎん福祉基金」を活用して水回りの改修をすませており、二〇〇八年には「子ども未来基金」を活用して子育て支援事業を実施していた空き家があったからである。しかし、この空き家を活用して高齢者デイサービス事業を実施するためには耐震工事や防火設備などの改修が必要であり、数千万円という費用がかかることも分かった。

「空き家がダメなら空き地があるさ」というような前向きな姿勢が福祉事業団を動かし、空き家の前にある空き地に新設する案が浮上した。ただ、この土地と建物の所有者は大阪に住んでいる人で、借地に関しては大きな投資ができない福祉事業団の事情もあって、土地を寄付してもらえるよう協議会が話し合いの場を設定したところ、「地域のためなら」と所有者の承諾を得ることができ、いよいよ新設することとなった。

さらに、湖北地域固有の余呉型民家の伝統を踏襲し、地域産材を多用した「施設らしくない施設」にするため、その設計には慶應義塾大学の知恵を借りることとなった。また、玄関の土間も昔ながらの三和土《たたき》(1)工法で仕上げ

(1) 花崗岩や安山岩などが風化してできた土である「叩き土」に石灰や水を加えて錬り、突き固める工法のこと。

ることとし、その伝統工法の作業を田根小学校の児童たちにお願いすることにした。ちなみに、これも大学生たちによる提案である。

こうして、二〇一〇年春に完成した地域密着型小規模デイサービスは「さくら番場」と名づけられ、地域福祉の拠点として花開くこととなった。できてしまえば一つの介護事業所でしかないが、その過程においては、地域と大学や事業者がそれぞれの役割をもち、そのもち味を十分に発揮している。

こうした多様な主体による取り組みは思わぬ効果をもたらすものである。この介護施設は認知症対応型であるため、前述した土間の三和土《たたき》作業のときには子どもたちを対象として認知症についての勉強会も開催した。これがきっかけとなり、後日、田根小学校では「認知症サポーター養成講座」を実施し、小さなサポーターたちを誕生させたのである。

認知症の問題は高齢社会においては避けて通れぬ深刻な課題であり、まさに「新しい公共」でもある。高齢者は「子ども見守り隊」として子どもを見守り、子どもたちは「認知症サポーター」として高齢者福祉を支える、そんな、お互いがお互いを思いやる「見守り・支え合いネットワーク」が今後構築できるものと期待している。

地域産材を多用した福祉の拠点デイサービスセンター「さくら番場」。
伝統工法「三和土」で土間づくりを手伝ってくれた田根小学校の子どもたち

開花――知の地域づくり

開花はまだまだ先であるが、つぼみが膨らみはじめた。学生たちのフィールドワークも、当初は夏だけであったが二〇一〇年には春と夏の二度にわたって行われた。年々充実してきた学生たちとの交流であるが、この年の夏にはMIT生の協力を得て、大学生と地元中学生が空き家で「英語キャンプ」を一泊二日で行うという企画も実施している。大学生といっしょにまち歩きをし、そこで感じたことを英語で発表するという試みは、言うまでもなく中学生にとっては貴重な体験となった。

さらにこの年は、MITからの希望で、春に三泊四日、夏には二泊三日のホームステイも実施した。春一一軒、夏七軒、合計一八軒の家庭がMIT生と慶大生の二人一組を受け入れたのである。慶大生が通訳をしてくれるので言葉の問題は解消されたが、ほとんどの家庭が初めてホストファミリーを務めるわけである。緊張と不安のなかで、都会や外国の学生たちを受け入れた。

MITは、アメリカの大学とはいえ世界各国から学生が集まっているところである。ブルガリア、サウジアラビア、南アフリカ、ナイジェリア、中国、タイなどといった世界中の学生と、過疎化といった問題をかかえている湖北の地域が交流したのだ。まだまだ不慣れなホストファミリーではあるが、これからもこうした取り組みを続けることで、「そう言えば、また泊まりに来てるなぁ」といった当たり前の風景が生まれてくればと考えている。

五年目となる二〇一一年夏のワークショップは、従来の二倍となる一六日間と長期化することになった。このときのテーマは、「地方と地方が支えあう『相互支援』の支援」である。東日本大震災により被災された地域とコミュニティの復興に向けたプロジェクトとして、慶應義塾大学やMITとともに、被災地である宮城大学もいっしょになって取り組むことになった。このほか、イタリアのヴェネツィア大学やスペインのバルセロナ大学、東京大学、早稲田大学、芝浦工業大学などの教官や学生も個人的に参加しているし、期間中には同志社大学の学生もヒアリングに訪れている。国内外の大学による一大プロジェクトが、まさに私たちの田根地区ではじまろうとしているのだ。

こうなると、これまでのような場当たり的な受け入れ態勢では限界があり、地域と大学が無理なく継続的に連携できるシステムづくりが急務となる。そんな想いを大学側にぶつけたら、早速、慶大生の一人が連携システムについて研究してくれることになった。また、すでに四月から田根の空き家に滞在しているＭＩＴ生の一名が、「里山――現代のインスピレーションとしての日本の歴史的な共同体モデル」を研究テーマとして、農業の実体験を研究に活かすと言い出した。さらに、こうした調査研究の拠点づくりのために五月から別の空き家に住んでいるＭＩＴ生からは次のような提案があった。

「日本に滞在するＭＩＴのインターン生や卒業生たちの交流の場として、田根を紹介したい」

世界の学生たちが集う知の拠点

早速、ボストンから「インターン派遣ディレクター」という肩書きをもつ女性が視察のために来日し、田根が交流の場として適当な所なのかどうかをチェックしたところ、「MITツアー」として一七名が参加することとなり、この二日間はなんと六〇名ほどの大学関係者が田根に滞在することとなった。

今回、参加者の一人から「大学生対象の英語合宿をしてはどうか」という提案があった。外国人と英語でコミュニケーションがとれる大学生は少ないという。具体的で説得力のある提案だと感心していると、「英会話教室を経営していて、大学でも英語を教えている」ということであった。なるほど、大学生事情に詳しいわけである。

とてもよい提案ではあったが、実際に英語合宿をするとなると課題も多くなる。なかなか合宿にふさわしい場所がない、などと考えていると、ワークショップが終わったまさにその夜、あるところから電話がかかってきた。「二〇一二年度に『地域交流ハウス』を整備したい。ついては、協議会も協力をよろしく」という内容であった。新たな種がまかれたようである。想定外の展開にハラハラ、ドキドキとなったが、同時にワクワクしてきた。こうした活動こそ「知の地域づくり」と言える。

世界の若者による新鮮な発想が古い地域に風を吹かせて、「古くて新しいコミュニティ」を築くことになるかもしれない。「風の人」である国内外の学生たちとの交流に地域活性化の期待が高まるが、最後は「土の人」である私たち自身が責任と覚悟をもって主体的に地域を育て、「人と人の心がかよい、楽しく元気な笑顔のまち・田根」を実現していかなければならない。そんな思いが共有できる「土の人」探しを、進めていく必要がある。

結実——夢も語れば現となる

地域づくりに「結実」などという言葉はない。常に、活動を継続していかなければならない。しかし、思いどおりに進まないのが地域づくりである。少しでも可能性があれば、とにかく果敢にチャレンジしていくことが必要となるだろう。そうした挑戦を繰り返し行えば、誰かが必ず手を差し伸べてくれる。そして、何かがはじまるような気がする。それに、「夢を求めてジタバタしていれば、きっと素敵な出会いがある」という話を聞いたこともある。単なる偶然の出会いかもしれないが、その偶然も重なれば必然となるものだ。必死にジタバタしていれば、偶然が必然に変わっていく。

「少子高齢化」、「過疎化」、「コミュニティの希薄化」などの課題は、早いか遅いかの違いはあっても全国にある多くの地域が直面する課題であろう。その具体的な解決策は地域の数だけあるのかもしれないが、取り組む姿勢には共通のものがあるのではないだろうか。田根地区の取り組みは小さなジタバタかもしれないが、何かの参考になれば幸いである。

小さな種は小さな花を咲かせ、小さな花が集まって笑顔の大輪となる。そう信じて、これからも「地域ぐるみのジタバタ」に挑戦していきたい。

コラム 9　互いが支えあう地域コミュニティの再構築に向けて――東近江市社会福祉協議会の実践

（田中光一）

筆者は、東近江市能登川地区を主な担当エリアとする社会福祉協議会の職員である。その職務は、地域住民の地域住民による地域福祉の増進活動を支援することだ、と筆者なりに心得ている。

ちなみに、地域福祉は二〇〇〇年改正の社会福祉法第四条において初めて「地域福祉の推進」として位置づけられ、法律に明文化された。言うまでもなく地域福祉は、地域住民、社会福祉を目的とする事業経営者、社会福祉に関する活動者の三者関係において推進されている。地域福祉が対象とする暮らしの課題は、基本的には労働問題、社会政策の限界、公共一般施策の不備や不足から派生し、人間らしく生き、日常生活を送ることに何らかの支障や困難を来たしている人々へのサポートとなっている。

今日の日本では、多くの地域で、人と人のつながりの希薄化や人間関係の空洞化が伸展し、独り暮らしの高齢者や障がい者などの支援を必要とする人々の孤立化、相互扶助体制の脆弱化、老人会や婦人会の休会・解散、自治会・町内会の形骸化など、一般的な公的制度や民間サービスでは解決できない福祉課題が噴出している。ここでは、こうした課題の解決に取り組んできた三つの地域事例を紹介し、今後の課題を展望したい。

一つ目は、旧来からの農村集落の事例である。この集落の高齢化率は、二〇一〇年四月一日現在三〇・六パーセント、独り暮らしや老夫婦だけの世帯が目立っている。家に閉じこもりがちになるお年寄りに交流の場を提供すること、それがこの地域の最重要課題であった。この課題に取り組んだのが、同じ地域に住むお年寄りの有志である。集落内の空き家を借り受け、気兼ねなく立ち寄れて、一日をゆったりと過ごせる「宅老所」を開設したのである。

　注目すべきは、この宅老所にはお仏壇が安置されていることである。お年寄りたちは、このお仏壇を前にして昔話に花を咲かせ、おはぎやちらし寿司などを持ち寄り、ほとんど毎週のように集っている。地域のお年寄りたちが気楽に通える宅老所、それを象徴するのがこのお仏壇なのである。

　二つ目は、昭和四〇年代に開発が進んだ住宅街の事例である。この地域では、子どもたちの遊び場をいかにして確保するかが重要課題であった。そこで考案されたのが、地域にある「自治会館の開放」であった。ここでは、遊び方、ルールづくりなど、あらゆることを子どもたちの自主性に任せ、大人はできるだけ口出しをせずに温かく見守ることに徹した。そうした雰囲気のなかで、異年齢の子どもたちが遊びを通して規律や規範、他者とのコミュニケーションや人間関係のあり方など、社会的に必要なことを学び取ってゆくのである。この試みの成果は大きく、地域に息づく生活の知恵が子ども

みんなでお勤め（読経）

たちに継承されると同時に、それを支える大人たちの生き甲斐にもつながっている。

三つ目は、自治会・老人会・女性会などといった既存の団体の活動につながりがなく、悩んでいた地域の事例である。ここでは、自治会長がそれぞれの団体がもつ福祉機能に着目し、横断的に連携できるように組織の再編を主導し、新たに「福祉推進会」を立ち上げた（下図参照）。高齢者の孤独死を防ぐための見守り、子どもたちの登下校時における見守りや声かけ、老若男女が集う世代間交流の場づくりなど、「福祉推進会」が結成されてからは多様な福祉増進活動が展開されるようになった。

こうした動きをとおして、伝統的な団体のマンネリ化や担い手不足などが解消されただけでなく、取り組みにも広がりと深みが増し、近ごろでは地域住民の暮らしの安心・安全が担保されたという声があちこちで聞かれるようになっている。

以上のように、筆者が支援を担当してきた三つの地域では、それぞれの地域特性がそれぞれに活かされながら徐々に福祉課題の解決が図られてきた。そのプロセスで筆者が心がけてきたことは、手間隙をかけて丁寧に現場とかかわること、いわゆる現場主義の姿勢を貫くこと

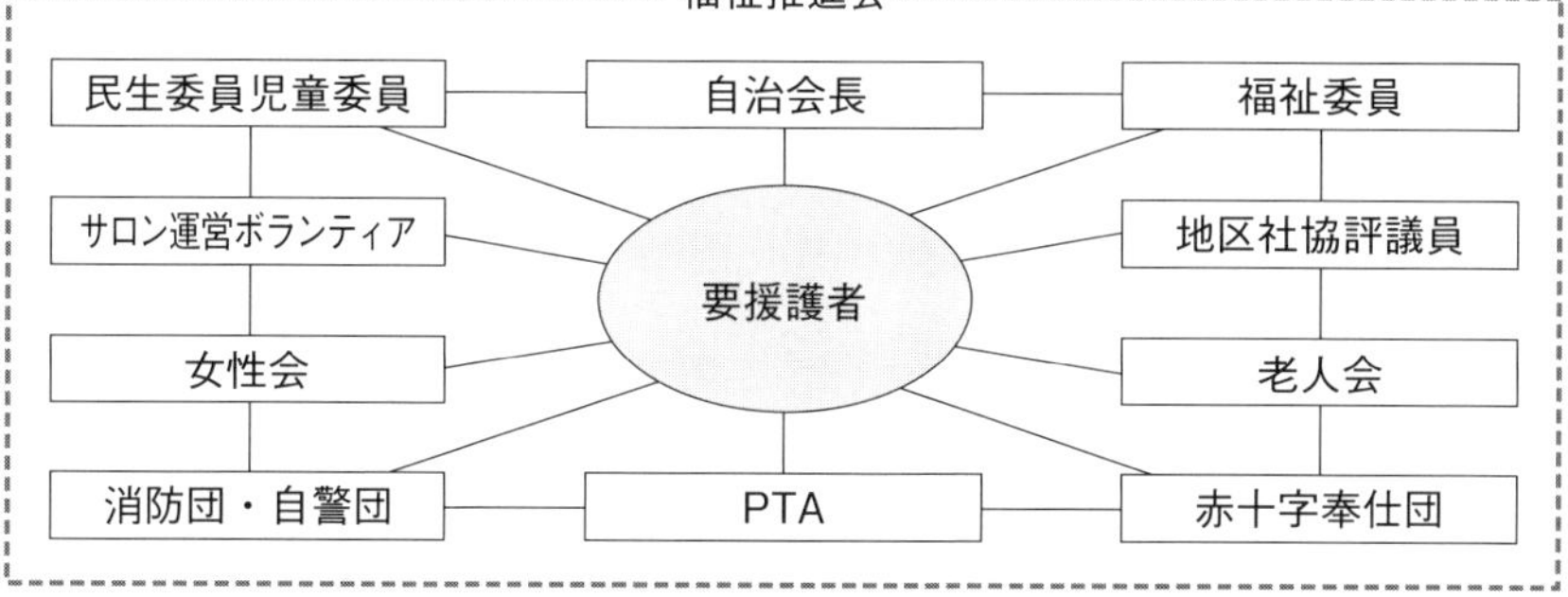

図９－１　福祉推進会の関係図

であった。

具体的には、地域に頻繁に足を運び、地域住民と直接顔を合わせ、コミュニケーションをとりながら課題を発見し、それへの対応策を住民の住民による福祉増進の方向につなげてゆくことであった。そのためとして、住民が話し合える場の設定や暮らしの課題の理解を深める研修を実施するなど、意図的に住民自身が自分たちの地域を客観的に見つめる機会も設定してきた。肝要なことは、公的な立場にいる支援者が住民にとって身近な存在になることである。そのためには、普段から地域住民の暮らしに寄り添い、地域住民と心身ともに協働することが大切である。

だが、残されている課題も少なくない。前述の事例のように、現状では地域福祉活動参加者の大多数は高齢者なのである。したがって、現状では、互いに支えあう地域コミュニティづくりに次代を担う若い世代をどのように巻き込んでいくのかが最大の課題となっている。しかし、筆者の経験からすれば、より多くの公的機関が地域住民の活動に寄り添える協働体制を整えるのであれば、地域コミュニティの再生は決して不可能ではないと考える。

第10章

市民活動とまちづくり

――「土の人」としてのコミュニティ・アーキテクトへの期待

（森川　稔）

第３回世界水フォーラムで大津を訪れた海外の方々を、「まちづくり大津百町館」でもてなす（2003年３月）

「風の人」と「土の人」

「風の人・土の人」という言い方がある。「土の人」とは、その土地（地域）に根を張り、継続的に地域づくりに取り組む人のことを言う。一方、「風の人」は、その土地に風のようにやって来て、新たな知識や知恵、そして技をもたらして「土の人」を覚醒させ、元気づける人のことである。「土の人」がいなければ地域づくりは一歩も進まないが、「土の人」だけでは視野や活動が狭くなり、閉じた取り組みになってしまうという危険がある。そこに「風の人」がかかわることにより、新たな視点や知恵や技などがその取り組みに注入され、活動そのものが外へと広がっていくと考えられる。

もちろん、ここでいう「土地（地域）」の広がりは明確なものでない。自治会や集落という単位から、小学校区、さらには市町域など、活動の内容によってその広がりは異なってくる。また、「風の人」と「土の人」とを明快に区分できるものでもない。しかし、「風の人」、「土の人」という概念は、まちづくりの担い手を考えるときには分かりやすい比喩であるし、「土の人」という言葉は、自らの地域にしっかりと根を張り、何らかの責任を負って継続してかかわっていくことの重要性を示唆してくれる。

この「土の人」、「風の人」のことを話題にするとき、私はいつも映画監督の黒澤明（一九一〇～一九九八）の名作『七人の侍』（東宝・一九五四年）のことが頭に思い浮かぶ。野武士の襲撃という危機に対処するために、「土の人」である百姓は「白い飯」という報酬を条件にして、侍という「風の人」の力を借りる。侍は野武士との戦に向けて百姓たちを組織し、戦の仕方を百姓に教える。そして彼らは、見事に野武士を打ち負かす。

最後のシーン、晴ればれとした青空のもと、何もなかったかのように総出で田植えに精を出す百姓たちの姿が映し出される。それを見た侍のリーダーである勘兵衛（演・志村喬）が「今度もまた、負け戦だったな……」という台詞を口にして、生き残った三人の侍が村を去っていくというストーリーである。

村を支えていたのは、あくまでも「土の人」の百姓であるということが思い知らされる。「風の人」である侍は、平和の訪れとともに村を去らねばならない。村の娘しの（演・津島恵子）と恋に落ちた若い勝四郎（演・木村功）が「土の人」となって村に残ることがあってもよいと思うのだが、「風の人」としての道を選んで村を去っていく。

「風の人」としての取り組み

地域再生は内発的な取り組みである。したがって、地域に住み、働く「土の人」たちがそれを担うことになる。地域主権の流れのなかで「地域の自治・自立・自考」や「住民主役のまちづくり」が重要な地域課題となっているが、そうした時代の流れであるからこそ、地域の担い手である「土の人」の役割がきわめて重要になってきていることを認識しなければならない。

本章では、とくに「土の人」としてのコミュニティ・アーキテクトへの期待と課題について、私自身のこれまでの取り組みをふまえて述べていきたい。というのも、その土地に根をはった「土の人」としてのコミュニティ・アーキテクトは、地域のコーディネーター、地域づくりの専門家としてその活躍が今後大きく期待されると考えるからである。「コミュニティ・アーキテクト」については第13章で取り上げられているので、ここでは地域づくりのリーダー・コーディネーターといった意味で使っておくことにする。

私自身について言うと、都市計画コンサルタントの仕事に三〇年近くにわたって従事し、主に自治体からの委託を中心に仕事をこなしてきた。いわゆる「都市計画・まちづくり系」のコンサルタントとして、都市計画などの各種の計画づくり、地域や商店街の振興計画づくり、地域づくり協議会の支援など、多岐多様な業務に携わってきた。

今、コンサルタントとしての仕事を振り返ってみると、一九九〇年代半ばごろから地域と直接かかわる仕事が多くなっていることに気付くが、それは「住民参加」が地域づくり推進の大きな潮流になってきたことと呼応しているからであろう。

私がかかわった仕事の一つに、兵庫県の「ため池協議会」の取り組みを挙げることができる。兵庫県にはおよそ四万四〇〇〇か所のため池が存在し、それらは農業用水施設として大きな役割を果たしている。しかし、ため池は農業用水の供給だけでなく、自然、景観、レクリエーション、防災など多面的な役割を担っている存在でもある。

脆弱になった堤体の改修を契機に、農業者だけでなく地域の住民やさまざまな団体などが参画する「地域ぐるみ」でため池の多面的な機能の保全と維持管理を進め、地域の環境資源として生かしていこうとする取り組みがはじまっている。その中心となる組織として「ため池協議会」を地域の関係者で設立し、自立した取り組みを進めてもらおうとするものである。

私自身は、一九九七年ごろから「兵庫県ため池整備基本構想」の策定にかかわり、その後、兵庫県東播磨地域にあるいくつかのため池の協議会設立と、その後の協議会運営の支援に専門家として携わってきた。そのなかの一つである加古川市の「寺田池ため池協議会」の支援には、五年近くにわたってかかわらせていただいた。寺田池は、周囲約一・五キロメートルの、自然と景観に恵まれた大きなため池である。この寺田池に関する取り組みは、私にとってかなり思い入れのある仕事となったが、それはあくまでも報酬を得る「仕事」として担ったものである。つまり、「風の人」としてのかかわりであり、仕事が終われば七人の侍のように寺田池を去っていくことになる。[1]

寺田池の改修を契機に池周辺の整備も行い、地域の資産として、保全・管理と利活用を進めることになった。協議会では、周辺住民が参加するワークショップやイベントを開催して、整備のデザインや池の利用内容、さらに維持・管理の仕組みや組織について検討を行った。

私は、協議会の進行、ワークショップやイベントの企画・実施、機関誌発行などについての支援や計画書のとりまとめを担当した。寺田池協議会は水利組合や財産区のメンバーが中心になっており、これまでにイベントの開催などは経験していたが、協議会やワークショップを開催し、そこでの意見をもとに池の整備計画や維持管理計画を行政とも連携してまとめていくという経験はなかった。このような作業には専門的な技術や知識が必要となるため、協議会のメンバーにそれを求めることはあまりに荷が重かった。

（1）　森川稔「環境資源としてのため池の地域ぐるみによる保全・管理・運営の取り組み――兵庫県加古川市の寺田池協議会の活動事例から」（二〇〇六年度日本都市計画学会学術研究論文集）日本都市計画学会、森川稔「美しいため池を守る組織づくりと人づくり――兵庫県加古川市の寺田池協議会の活動を通じて」（二〇〇七年度日本建築学会農村計画部門研究協議会・パネルディスカッション資料集）日本建築学会農村計画委員会。

幸い、こうした取り組みの経験がある加古川市の中堅職員が住民の一人として協議会に加わっていた。協議会の取り組みを進めるうえで、この職員の存在が大きかったことは言うまでもない。彼は一人の住民、つまり「土の人」として協議会の活動を担っており、私は「風の人」として協議会運営に携わったと言える。

「土の人」としての取り組み

コンサルタントとして仕事をはじめたころは、「住民参加」ということが強く意識されることもなく、地域に入って直接住民とかかわるということも少なかった。やや極端に言えば、現場にかかわることもなく報告書を作成し、その後の取り組みは行政に任せるというのが通常であったように思う。それはあくまで、地域にかかわることのない「霞の人」としてのかかわりであった。

そうした仕事に、当時、何か物足りなさを感じていた。つまり、もう少し地域と直接かかわりたいと感じていたわけである。さらに、自らも地域づくりにかかわって汗を流したい、自らが暮らすまちに対して何かできないか、「土の人」として取り組むことで新たな世界が広がるのではないか、そんなことを考えはじめたときであった。

一九九三（平成五）年六月、滋賀県市町村職員の有志による、地域や職域を超えたネットワーク組織としての勉強会「滋賀まちづくり研究所」を立ちあげるという記事をたまたま新聞で目にし、その活動に参加することにした。仕事としてではなく、一市民としてフリーの立場でまちづくりにかかわることにしたのだ。[2]

それがきっかけとなって活動のエリアやネットワークが広がり、一九九八年に大津市が実施した「大津市市制百周年記念事業」での市民提案イベントでは、大津でいっしょに活動していた仲間とともにワークショップ「みんなで・大津まちなか・まちづくり」に取り組んだ。その後、大津商工会議所が実施した、まちなか（中心市街地）を会場にした市民提案イベントにも応募し、空き店舗を会場にして「まちなか・まちづくりサロン」を開催した。

こうした取り組みを通じていくつかの市民活動に関係することになったが、ここでは私にとってかかわりの大きい「大津の町家を考える会」の取り組みと[3]、「大津市市民活動センター」開設の取り組みについて述べてみたい[4]。どちらも、私が住まいする地元大津での取り組みである。

「大津の町家を考える会」の取り組み

「大津の町家を考える会」は、一九九七年七月に設立された市民活動団体である。港町、そして宿場町として

(2)　森川稔「まち研とまち研通信」、『我らネットワーク元気人』サンライズ出版、二〇〇〇年所収。
(3)　森川稔「中心市街地活性化における市民活動団体の取り組みと課題に関する考察――『大津の町家を考える会』の活動事例から」（二〇〇二年度日本都市計画学会学術研究発表会）日本都市計画学会。
(4)　森川稔「大津における市民まちづくりの取り組み」『大津の町家・まちなか～市民によるまちづくり活動　現状・課題と可能性』（二〇〇九年三月）二〇〇九年度第三回都市環境デザインセミナー記録（都市環境デザイン会議関西ブロック）http://www.gakugei-pub.jp/judi/semina/s0903/index.htm に所収。

の歴史と文化をもつ大津の旧市街には、町家が多数存在している。町家を考える会は、こうした町家や町並みの保全・再生、そしてまちなかの活性化に取り組むことを目的にしている。設立当初は、会社員、OL、公務員、自由業、大学教員、都市プランナー、大工、学生などといったさまざまな立場の市民が八〇名ほど参加した。主な活動は、シンポジウムやフォーラム、町家見学会の開催、書籍『大津百町物語』や町家マップ「大津百町おもしろ発見地図」の発行などである。

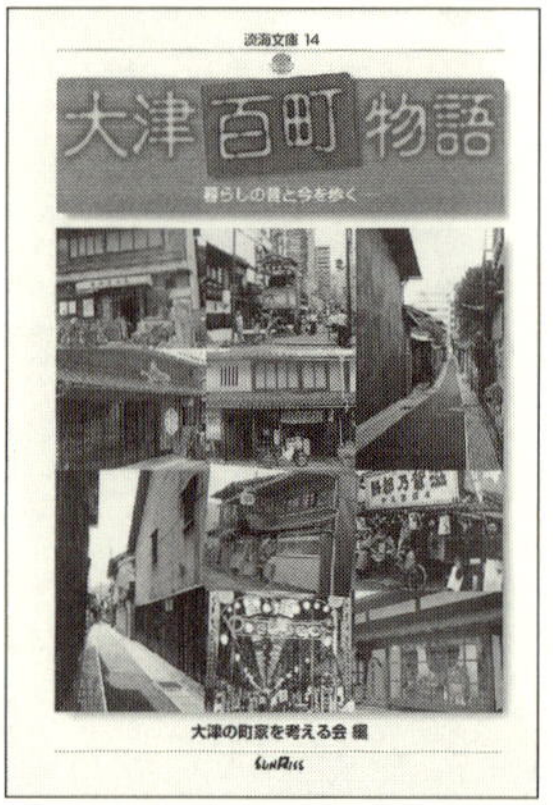

こうした取り組みを進めるなかで、当時の会長は「私たちは、考えているばかりの会です。こうした取り組みをしている間にも町家はどんどん潰れている……」と機会あるごとに口にし、会員からもこのままでいいのかという疑問が出てくるようになり、町家保全のためにわれわれも汗を流そうという雰囲気が生まれた。

また、活動の拠点になる場が欲しいとも感じていた。そうしたなかで、会員の一人が商店街の真ん中で空き家になっていた町家を見つけてきた。敷地一〇〇坪、築一〇〇年を超える本格的な町家で、一〇年近く空き家になっていた。会としてこの町家を借用することとし、二〇〇一年六月に「まちづくり大津百町館」として再生オープンさせた。

広く一般に開放するとともに、百町館を会場にして交流イベントやセミナーなどを活発に開催した。二〇〇八年の末には家主が「百町館を売却したい」という意向を表明し、一時は閉館、取り壊しの危機となったが、志ある方の申し出により「一般財団法人大津歴史的建造物保存会」の建物となり、「大津の町家を考える会」が継続して運営にあたるとともに、さらなる整備活用について検討を進めることになった。

社会科の授業で大津百町館の見学に訪れた小学生

大津百町館の入り口

こうした一連の取り組みのなかで、私は当初から百町館の運営メンバーの一人として、百町館の改修やイベントの企画・立案、助成金を獲得するための申請書作成などを数年間にわたって担当した。建築やまちづくりについての知識をもち、企画書や申請書の作成に慣れた人材が周りにいないということもあって、私がそうした役割を担うことになった。

「大津の町家を考える会」の取り組みは大津における町家の存在をクローズアップさせ、大津の中心市街地活性化に一石を投じることができたと思うが、その取り組みはまだまだ一部にかぎられたものでしかない。百町館を中心としたこれまでの取り組みを振り返ると、次のような課題を挙げることができる。

❶町家の保全や町並み形成への戦略と具体的取り組み——イベントの開催などを通じて百町館や町家の存在をPRできたことは大きいが、それが具体的に町家の保全や再生、活用につながったかと言うと必ずしも明らかでない。町家の保全や再生に向けての、次なる取り組みの検討が必要である。

❷地元自治会や商店街との連携——百町館が位置する自治会や商店街との連携がまだまだ十分にとれていない。周囲は古くからのまちであり、新参者であるわれわれが自治会や商店街と連携してまちづくりに取り組むということは決して容易ではない。このことは、「志縁型」の市民団体と「地縁型」の市民団体との連携という、市民活動にとっての大きな課題の一つでもある。

❸行政との協働——開館してから一〇年以上経過したが、行政との協働がこれまで必ずしも十分に図れていない。市民活動団体と行政との協働はこれからの地方行政の大きなテーマであり、行政との関係をどのように築いていくかが大きな課題となる。こうした課題に対処していくためには、専門的な知識や経験を有するコミュニティ・アーキテクトの参画が求められる。とくに、人間関係の構築（信頼関係）が基本となることか

ら、その土地に根づいた「土の人」としてのコミュニティ・アーキテクトの活動が望まれる。

大津市市民活動センター開設の取り組み

二一世紀は、「市民自治、市民まちづくりの時代」と言われている。市民と行政、さらには事業者が連携協働して地域を支えていくことが求められている。NPO活動も盛んになってきているが、それをさらにもう一段高めていくためには、まちづくりの担い手である市民の意識を改革し、社会への参画を進めていくことが必要となる。一部の市民だけががんばっても息切れしてしまう。市民活動の裾野を広げる必要があり、市民活動を支援するセンターが必要となる。

大津市では二〇〇一（平成一三）年七月に「市民参加推進研究会」が設置され、二〇〇三年三月に研究会から市長に提言書（「風の音・土の音からの八つの提言――市民と行政の協働による住み良い大津を目指して」）が提出された。その提言書では、「重点的な取り組みが望まれる四つの施策」のなかの一つとして、「総合的な市民活動拠点の設置」が掲げられた。この研究会に私も参画したが、当時の大津市行政は市民活動に対する理解が低く、提言書の内容が行政に生かされないのではないかと危惧された。

そこで、「市民活動センターの開設を考える会」を立ちあげ、市民の側からセンターの必要性について声を上げることにした。市民に対するアンケート調査や他都市の調査をふまえて、センター開設に関する提言書を二〇〇四年七月に大津市に提出した。大津市の担当者との活発なやりとりののち、二〇〇四年一二月から二〇〇五年三月にかけて「市民活動交流サロン」の運営実験を、大津市と市民グループが協働して行った。

こうした取り組みののち、二〇〇六（平成一八）年四月に市民活動センターがオープンした。現在では、「市民と行政の協働」が大津市行政の大きな課題の一つに位置づけられており、市民活動センターは指定管理者制度によって管理運営されている。

このセンター開設に至る一連の取り組みにおいて私は、「市民活動センターの開設を考える会」のメンバーとして会の運営や提言書のとりまとめなどにあたった。また、私が理事長を務めた「NPO法人おおつ市民協働ネット」が指定管理者として開設から五年間、センターの管理・運営を担った。市民活動センター開設への取り組みは、一人の市民として大津の市民活動を前進させるために行ったものであり、「土の人」としてのかかわりと言ってよいだろう。

再開発ビルの空店舗（元レストラン）を活用して、社会実験として開催された「市民活動団体顔見世交流サロン」（2005年2月）

「土の人」としてのコミュニティ・アーキテクトの役割と課題

住民主体のまちづくりが大きな課題となるなかで、地域づくりの専門家としてのコミュニティ・アーキテクトの役割が重要になってきている。その役割は、地域づくりについての専門的な知識や経験を生かして、さまざまな関係者の意見や活動を調整し、地域住民の参画を高めながら地域づくりの取り組みを進めていくことである。もちろん、新たな情報や技術をもたらし、「土の人」を覚醒させる「風の人」の存在が重要であることは言をまたないが、日ごろの付き合いをベースにした信頼関係によって進む地域づくりにおいては、その土地に根づいた「土の人」としてのコミュニティ・アーキテクトの役割が重要になってくる。『七人の侍』にたとえるならば、百姓のリーダー、コーディネーターが重要ということである。

こうしたコミュニティ・アーキテクトは、さまざまな職種や専門の人が担えると考えられる。なかでも、まちづくり系のコンサルタントや建築家には大きな期待がかかるように思う。東北公益文科大学准教授で、各地のまちづくりに取り組む温井亨氏は、「まちづくりにとって、今後地域に住まい、活動する建築家は重要な存在と成り得るのではないか。それは商店街に旦那衆がいなくなり、担い手となる人材が不足しているからであるし、彼らにそれにふさわしい技と能力があり、地域の人々をリードできる資質があるからである」と述べている。(5)

「寺田池協議会」で見たように、自治体職員もコミュニティ・アーキテクトとして期待される。こうした職種や立場の人だけでなく、まちや人とかかわりをもつさまざまな専門の人たちに期待したい。

---

(5)　温井亨は、「これからのまちづくりの担い手として有望なのは、ひょっとすると地域で活動する建築家なのではないか」、「知識といい、技といい、建築家は地域の人達を導いてまちづくりを行う担い手となり得るのではないかという思いを強く持った」とも記している。温井亨「まちの建築家、山形の事例から」、『日本のサスティナブルエリアデザインとコミュニティアーキテクト提言報告書』社団法人日本建築学会サスティナブルエリアデザインとコミュニティアーキテクト特別研究委員会、二〇〇九年八月所収。

「土の人」としてのコミュニティ・アーキテクトの活動について言えば、現状ではその多くがボランティアとしての取り組みになっているのではないだろうか。地域に根づいた「土の人」が取り組むまちづくり活動が仕事として社会的に認知されておらず、制度的にもまだまだ不十分な状況にあると考えられる。「まちづくりの仕事に共通するのは、①頼まれないのに行うという性格である。……次に、②ほぼ無報酬ということがある。そしてこれらは、③個々の業務を越えた総合的な結果を志す姿勢に端を発している」[6]とあるように、市民活動としてのまちづくりは自発的なものであり、それに対して報酬を受け取るのはいかがなものかという社会的な雰囲気もある。

私自身について言うと、コンサルタントとして活動していたときには地元の外で「風の人」として稼ぎ、地元では「土の人」としてボランティアで活動するという状況であった。しかし、地域で活動するコミュニティ・アーキテクトにとっては、無報酬での取り組みには限界があるし、継続を前提とした十分な活動を期待することもできない。まちづくりアドバイザー、コンサルタント派遣、集落支援員制度などが設けられているものの、コミュニティ・アーキテクトを支える社会制度の確立はまだまだと言った段階である。これからのまちづくり、地域再生を考えるとき、その推進役となるコミュニティ・アーキテクトが「土の人」として専門的な能力を「本業」として発揮できるような、社会的認識の広がりと制度の充実が進むことを強く望みたい。

コラム10　ＩＴを生かしたネットワークづくり

（奥野　修）

　八年ほど前、私たちは「e～まち滋賀」という電子会議室を開設した。電子掲示板を用いたシステムで、当時の滋賀総合研究所がホスト局となり、市民やNPO、研究者などによる「e～まち滋賀推進委員会」によって運営する形態をとった。e～まち滋賀の目標は、①電子コミュニティの円滑な形成、②電子コミュニティによる政策提案と参加者間の合意形成、③電子コミュニティと地域コミュニティとの融合による地域のまちづくりの活性化で、延べ二二のテーマで会議室が開催された。

　そして、それらのなかには、リアルなコミュニティ（滋賀県産業指針、地域自治の形提案リーグ、顔出し看板コンテストなど）へと発展していったもの

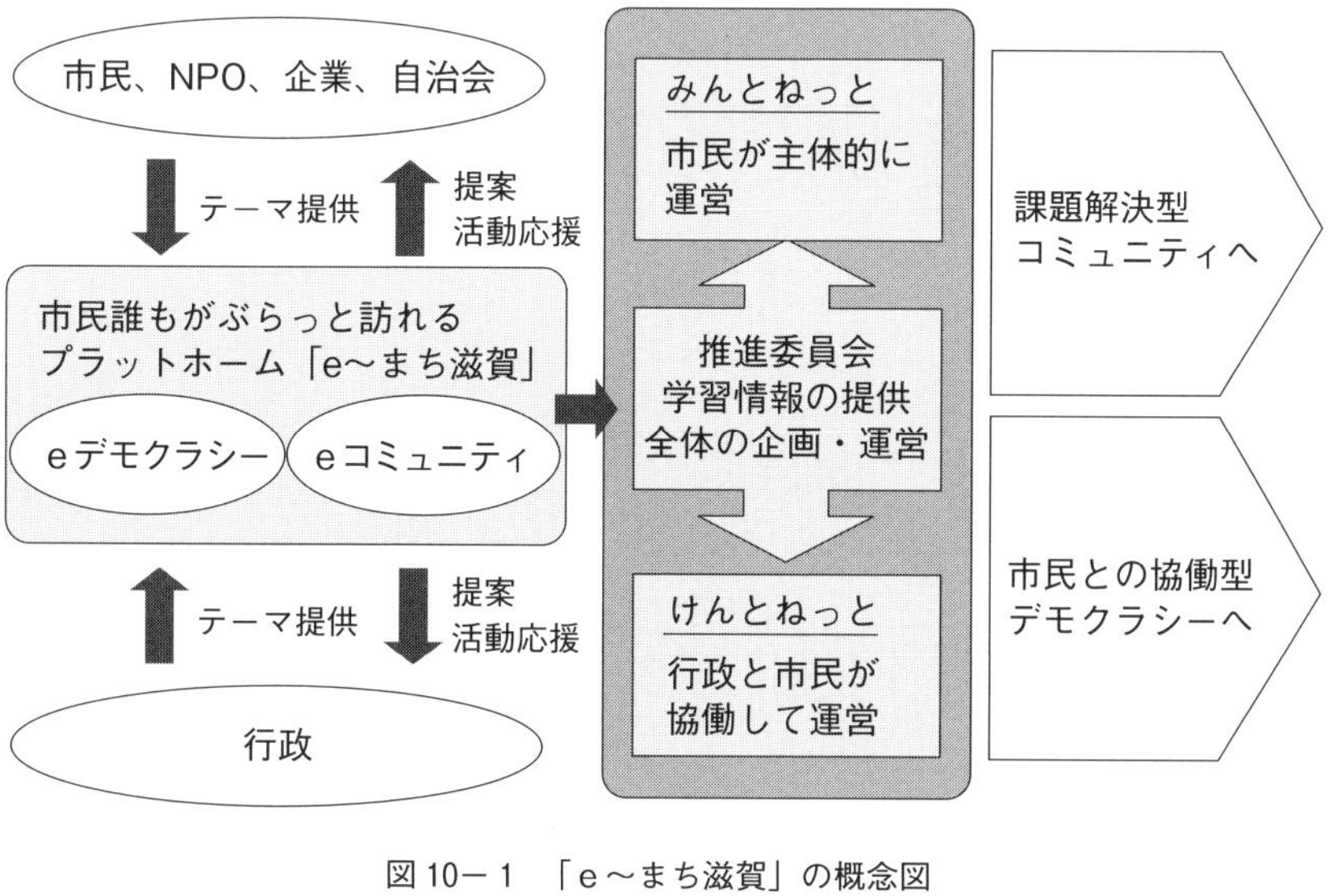

図10－1　「e～まち滋賀」の概念図

(6)　温井亨、二〇〇九年、前掲書。

も数多くある。概ね五年間の開催において、ネットで良好なコミュニティを形成していくためには、目標の共有と信頼関係の構築、世話役（ナビゲーター）によるリード、情報の公開・プロセスの公開、信頼できるセキュリティの高さ、参加者間の相互評価が必要であることを学んだ。

ｅ〜まち滋賀は、その後、ミクシー（mixi）のなかで有志によって運営されるとともに、精神は草津市コミュニティ事業団が運営している「932情報ネット」に引き継がれている。そして技術は進み、ＳＮＳ（Social Networking Service・ソーシャルネットワーキング）やブログ、ツイッターなどを組み合わせたサイトが増え、多くの市民が参加できるような土壌が整ってきた。

大津に拠点を置く「滋賀咲くブログ」では四〇〇〇人超がブログをもち、自身の情報を発信している。「一人ひとりの市民が自ら意見を発信し、滋賀という地域が活力ある社会になれば」（松崎和弘代表）に象徴されるように、小さな市民メディアがつながったとき、大きなうねりとなって現在の社会を変えていく可能性を感じる。

第11章

湖東地域材循環システム協議会(kikito)の挑戦

(山口美知子)

kikito　カードスタンド

森林資源の循環利用を地域で考える背景

これまで私たちは、人が豊かに暮らすためには、人口や教育・情報といった「人的資本（Human Capital）」と、住宅や道路・工場といった「社会資本（Built Capital）」とを充実させることが必要であると考えてきた。しかし、モノの豊かさだけでは人は幸せになれないということが指摘されるようになり、家族やコミュニティといった「社会関係資本（Social Capital）」が重要であると認識されるようになった。また、このような私たちの暮らしにかかわるものは、「自然資本（Natural Capital）」と言われる生態系サービスによって支えられており、言い換えれば、地球の環境容量内でしか人は豊かに暮らすことはできないということである。これらを十分理解したうえで、この疲弊した地域のあり方を模索する必要がある。

持続可能な地域社会の実現を考えるとき、過度に化石燃料に依存した現在の社会のあり方にも変革が求められる。そこで期待されるのが再生可能エネルギーの活用であり、それらの資源のほとんどが地方に分散して存在している太陽光やバイオマス、そして水力である。したがって、これまでのように「大規模集約型」ではなく、「小規模分散型」でエネルギー活用の仕組みづくりを構築することが大切となる。

以上のことをふまえて、地域に残る重要な資源である森林について以下で述べていきたい。

森林資源が抱える課題

地域の森林資源の利活用を考えるとき、大きな課題として「量」、「質」、「価格」という三つを念頭に置いておく必要がある。それぞれについて、まず説明しておく。

①「量」の課題

二〇〇九（平成二一）年度における国内木材の需要量は約六三〇〇万立法メートルであり、製材用材・合板用材がそのうち五〇パーセント、パルプ・チップ用材が四五パーセントという内訳になっている。しかし、需要量のうち七割以上が外材に頼っているというのが現状である。では、自給率を用途別に見てみると、製材用材が四三パーセント、パルプ・チップ用材が一七パーセント、合板用材が二四パーセントであり、政府が掲げた自給率五〇パーセントを実現するためには需要量の約半分を占めているパルプ・チップ用材の自給が課題となる。

また、戦後の拡大造林によって増えた人工林は成熟期を迎えつつあるが、材価の低迷などによってそのほとんどが伐採されていない。その結果、植栽面積が激減し、日本の森林は大変偏った林齢（植えてからの年数）となっている。植栽されないで林齢が偏るということは、「五〇年後に五〇年育った木がほとんどない」ということを意味している。

②「質」の課題

建築用材として活用するには、一定の品質が求められる。しかし、間伐などの施業が適正に実施されなかった人工林では、想定される幹直径に達していない。「曲がり材」や「死に節」が多く、ほとんどが不良木となっている。また近年は、山で激増しているシカが成熟した木の皮を剥いだりするため、商品価値を下げるだけでなく、木を枯らしてしまうという現象も増加している。

このように、同じ林齢でもどのような生育状況であるかが利用する際の重要な情報となるわけだが、その整備すらほとんどできていないのが現状である。湖東地域では、それらの情報をボランティアで調査する取り組みとして「びわ湖の森の健康診断キキダス[1]」がスタートしているが、使うことを前提としたデータ収集は最近はじまったばかりである。

③「価格」の課題

木材を育てて伐採・搬出し、また次の森林を育てるにはコストがかかる。林業は、販売した木材の代金でそれらのコストが回収されなければ成り立たない。二〇〇九（平成二一）年度の平均木材価格は、スギ中丸太一万九〇〇円／立法メートル、ヒノキ中丸太二万一三〇〇円／立法メートル（平成二一年度版『森林・林業白書』）であり、数十年育てた木がペットボトルの水よりも安いというのが現状である。森林所有者のやりがいや生きがいにつなげるためにも、この課題をクリアすることが大変重要となる。

湖東地域材循環システム協議会（愛称：kikito《ききと》）の誕生

以上のような地域の森林の課題を少しでも解決するために誕生した協議会の活動を紹介していく。

琵琶湖の東側、「湖東」と呼ばれるこの地域の山村（日野町、旧永源寺町［東近江市］、多賀町）では人口の減少がすでにはじまっており、高齢化率も県平均（二〇パーセント、二〇〇九年）を大きく上回っている。東近江市にある旧永源寺町の半数の集落では六五歳以上の人口がすでに四〇パーセントを超えており、なかには五〇パーセントを超える言わゆる限界集落も存在している。

木地師《きじし》発祥の地として知られる旧永源寺町を含む湖東地域では、鈴鹿山系のつながりから、日野では「日野椀」、彦根では「彦根仏壇」を生み出し、地域の資源を賢く活用しながら豊かに暮らす森林文化が培われてきた。しかし、山村の衰退がこのまま進めば地域の森林を管理する母体が消滅してしまい、森林だけでなく、それを支える山村とそこに培われた文化も同時に消滅することになる。このような地域では、森林・林業の再生がまさに山村の再生を意味していることとなる。

そこで、林業普及指導員の呼びかけで、二〇〇七（平成一九）年九月から湖東地域の森林について考える検討会がスタートした。当初は、それぞれ立場の違う者が相互理解を深めることに重点が置かれていたが、約半

（1）びわ湖の森の健康診断キキダス実行委員会が行う調査。二〇〇八年から湖東エリアを中心に、人工林の込み具合調査や簡易な植生・土壌調査等をスタート。事務局：滋賀地方自治研究センターびわ湖プロジェクト。電話：〇九〇－七一〇四－一一九七。

年の議論を重ねた結果、二〇〇八年五月、会員二四団体、約四〇名を超えるメンバーで「湖東地域材循環システム協議会」（愛称「kikito」）が設立され、森林所有者、森林組合、林業事業体、製材業者、工務店、設計士、NPO法人、コンサルタントという多様なメンバーに加えて行政も一構成員として参加し、活動をサポートすることになった。

kikitoでは、検討会の議論を踏まえて活動するための三つの原則が決められた。

❶森林の持続的管理
❷ストックリスクの分散
❸地域資源の徹底利用

この三つの原則のもと、地域の森林を保全しながら、流域のニーズに対応できる循環システムの構築を目指して活動がスタートした。そして生まれたのが、「kikito biwako・no・mori」というブランドである。琵琶湖周辺の山々を、「びわ湖の森」と呼び、「木々と」私たちの関係を再構築し、忘れられた心を取り戻したいという思いが込められている。そしてkikitoでは、「biwako・no・mori」を元気にするための活動を行うことになった。

kikito
biwako・no・mori
kikitoのロゴマーク

森林循環部会

kikitoには、森林・林業・木材にかかわるさまざまな課題を解決するために二つの部会が設けられた。その一つが、木材の安定供給と木材の利用を担当する「森林循環部会」である。持続可能な森林管理を実現しながら地域の森林資源を循環利用することを目指して、次に挙げる三つについて検討を進めている。

❶持続可能な森林管理に必要な原木価格の設定。
❷賃挽《ちんびき》代を時間単価から立方メートル単価へ見直す検討。
❸天然乾燥する場合、「乾燥のためのストック期間」という考え方で人工乾燥料相当をストック費用として設定。

適正な原木価格の設定は、関係者の間でも大変困難な作業となったが、それ以上に、設定した価格と市場流通価格の差をどう埋めるかが大きな課題となっている。それを克服するために提案されたのが、「先払い金」や「賛同金」というシステムの導入である。先払い金とは、将来地域材を必要とするメンバーがあらかじめ資金を出して原木を調達するというものである。一方、賛同金は、kikitoの趣旨に賛同し、活動を支援しようという人を広く募集していくものである。またそれらとあわせて、これまで売り物にならなかったものを売り物に変えていくことにチャレンジすることで価格差を埋めることができないかを模索中である。

少し高い木材を購入していただくためには消費者の理解が必要である。そこで検討されたのが、生産者の顔と加工履歴の「見える化」である。kikitoでは、伐採された木材の樹種、林齢、生産者（所有者）、伐採時期、末口径、長さ、主間伐の別、加工履歴などをデータ化し、QRコードを作成してすべての原木を管理している。地域の森林保全に貢献する木材であることが誰でも確認できるようにするための取り組みであり、県内ではまだこのような例がない。

また、この部会では、地域材の利用を拡大するため、建築にかかわる専門家を対象にした「kikito建築塾」や、森づくりについて学ぶ「kikito森づくり塾」を開催した。二〇〇九年度には二つの塾の共催で公開講座が開かれ、森林の伐採現場や製材所、建築現場、そして完成した地域材で建てられた家をバスで巡るツアーが開催されたが、これは二〇一一年も一一月二〇日に開催された。

事業経営部会

①ロゴマークの新展開

もう一つの部会が「事業経営部会」である。この部会では、kikitoのブランド管理、新たな商品・サービスの開発、イベントやホームページでの普及啓発、営業などを担当しており、これまで森林・林業・木材にかかわりのなかった個人や企業に対してさまざまなチャンネルを提供するとともに、kikitoそのものの自立経営を目指して活動している。

ブランド化の検討のなかで生まれた「kikito biwako・no・mori」というロゴマークは、県内のアパレルメーカー（株式会社あさひや）と「エコバック」というコラボ商品を生むことにもなった。県内にある八店舗では、エコバックの販売だけでなくkikitoの活動紹介やkikito商品もあわせて販売するなど、新しい動きにつながっている。エコバックの売り上げの一部はkikitoへ寄付されており、森林や木材に関係のない人でもエコバックの購入を通じて地域の森づくりに貢献できるという仕組みが完成した。

②kikitoペーパー

これまで売り物にならなかったものをお金に換える仕組みとして、kikitoが注目したのが紙である。紙をつくるためには木材をチップ化するので、建築材にはならない小径材を活用することができる。

古紙配合偽装[2]に端を発し、国内では環境に配慮したバージンパルプの導入に関する議論が活発となり、環境省は二〇〇九年二月に、グリーン購入法にかかわる環境物品などの調達の推進に関する基本方針の変更を発表した。そのなかで、紙類のうちコピー用紙にかかわる判断基準などについて考え方が示され、環境に配慮された原料として間伐材パルプが認められることとなった。

しかし、国内で製造される紙の原料の多くは外材であり、現在のチップの価格では国内の間伐材を導入するには不十分である。そこでkikitoでは、地域の森林整備に貢献したいという企業や団体などに提供する紙を少し高く買っていただくことで、間伐材をはじめとする地域材の導入につなげたいと考えている。

kikitoでは、地域の間伐材を一トン当たり六〇〇〇円で買い取り、県内のチップ工場から製紙メーカーに届

（2）二〇〇八年に明らかになった、複数製紙メーカーによる紙製品の古紙パルプ配合率の偽装問題のこと。

けている。原木の買い取り価格は、通常価格の一・二倍から一・五倍であり、その差額が商品に上乗せされる仕組みとなっている。現在では、クラフト封筒、名刺台紙、フラットファイル、メモパッド、コピー用紙が商品化されており、本格的な販売が開始されている。また、協力企業や団体などを募集しており、これらの紙製品を購入することで地域の森づくりに貢献することができるシステムへの協力を求めている。

③びわ湖の森CO_2吸収認証制度と固定認証制度

これまでの企業と森林のかかわり方は、木材の需要者と供給者というものが中心だった。しかし、森林の機能は、木材生産だけでなく水源涵養や地球温暖化防止などさまざまなものがある。とくに、京都議定書によって森林吸収源の確保が国際的な約束事となったことで、人工林に対する社会のニーズはこれまでのものとはかなり異なってきた。kikitoでは、この動きをチャンスととらえてワーキンググループを設置した。

そして、「びわ湖の森CO_2吸収認証制度」を検討するにあたり、国内の吸収認証の仕組みづくりに携わっている日本大学の小林紀之教授を座長とする「びわ湖の森ローカルシステム専門委員会」を設置することにした。その理由は、①kikitoは森林所有者や企業・団体で構成されており、森林のCO_2吸収認証事業を行うにあたって当事者となる可能性が高い、②認証にかかわるルール策定および認証の審査には専門的な知識が必要、という二点である。制度設計にあたっては、地方自治体ではなくkikitoが行う認証であるという当制度の特殊性から、

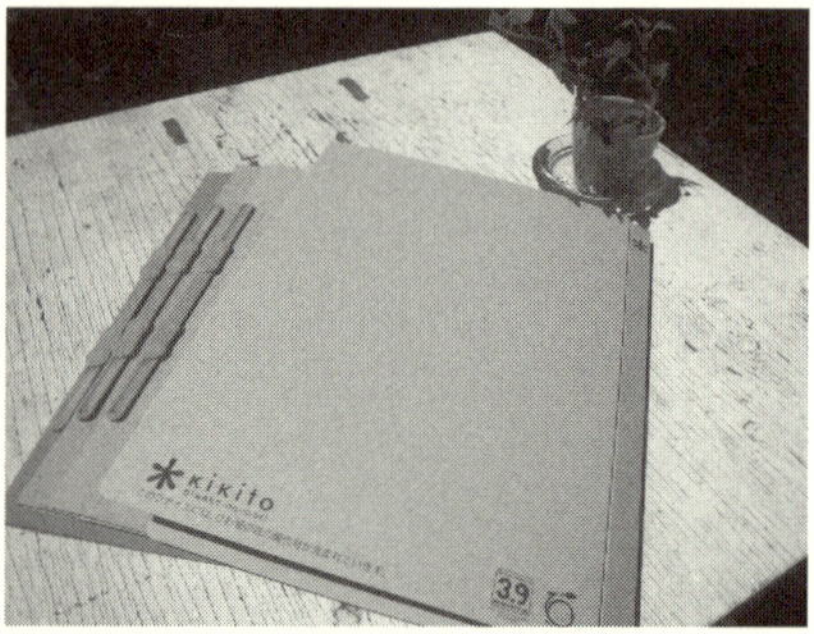

びわ湖の森のフラットファイル

信頼性の確保について細心の注意を払った。

二〇〇八年度に四回の委員会を経て完成したこの制度は、企業もしくは団体などと滋賀県内の森林所有者が森林整備に関する協定を締結することを前提条件としている。間伐などの施業に必要な経費の一部を企業もしくは団体などが負担する場合、企業・団体などからの申請に応じてkikitoがその森林のCO_2吸収量を算出し、吸収証書を発行するというものである。

証書発行までの流れは、まず整備された森林に対してkikitoが現地調査を行い、その内容を県内の公的機関（研究機関など）に確認していただく。その結果を用いて吸収量を算定し、びわ湖の森ローカルシステム専門委員会の審査を経て証書を発行している。ちなみに、協定森林における単位面積当たり一年分のCO_2吸収量は次の算出式により算出している。

（蓄積増分）×（拡大係数）×（容積密度）×（炭素含有率）×（二酸化炭素換算係数）

◎蓄積増分——滋賀県の林分収穫予想表を用いて得られる成長量
◎拡大係数——幹の体積を枝・葉・根を含む樹木全体の体積に換算
◎容積密度——樹木の体積を乾燥重量に換算
◎炭素含有率——樹木の乾燥重量に占める炭素（C）の比率
◎二酸化炭素換算係数——炭素（C）の重量を二酸化炭素重量に換算

表11－1　びわ湖の森ローカルシステム専門委員会　委員

座長	小林　紀之	日本大学大学院法務研究科教授
	高橋　卓也	滋賀県立大学環境科学部環境政策・計画学科准教授
	畑中　直樹	NPO法人森と地域・ゼロエミッションサポート倶楽部理事
	落部　弘紀	永源寺町森林組合
	大住　克博	森林総合研究所関西支所主任研究員

滋賀県で毎年開催されている「びわ湖環境ビジネスメッセ」を主催する滋賀環境ビジネスメッセ実行委員会(3)では、メッセ開催中の電力の一部をグリーン電力で賄っていた。そこで、二〇〇八年度においては、その資金の一部を湖東地域の森林整備に活用させていただき、kikitoから吸収証書を発行するという試行事業に協力してもらった。

また、滋賀県の南部にある栗東市商工会では、地元企業が共同で地元の森林整備に資金提供を行い、低炭素化社会形成と山村地域の振興に貢献するためのプロジェクトを実施している。その事業の一環として、地元の森林所有者（金勝生産森林組合）と栗東市商工会が五年間の琵琶湖森林づくりパートナー協定を締結している。

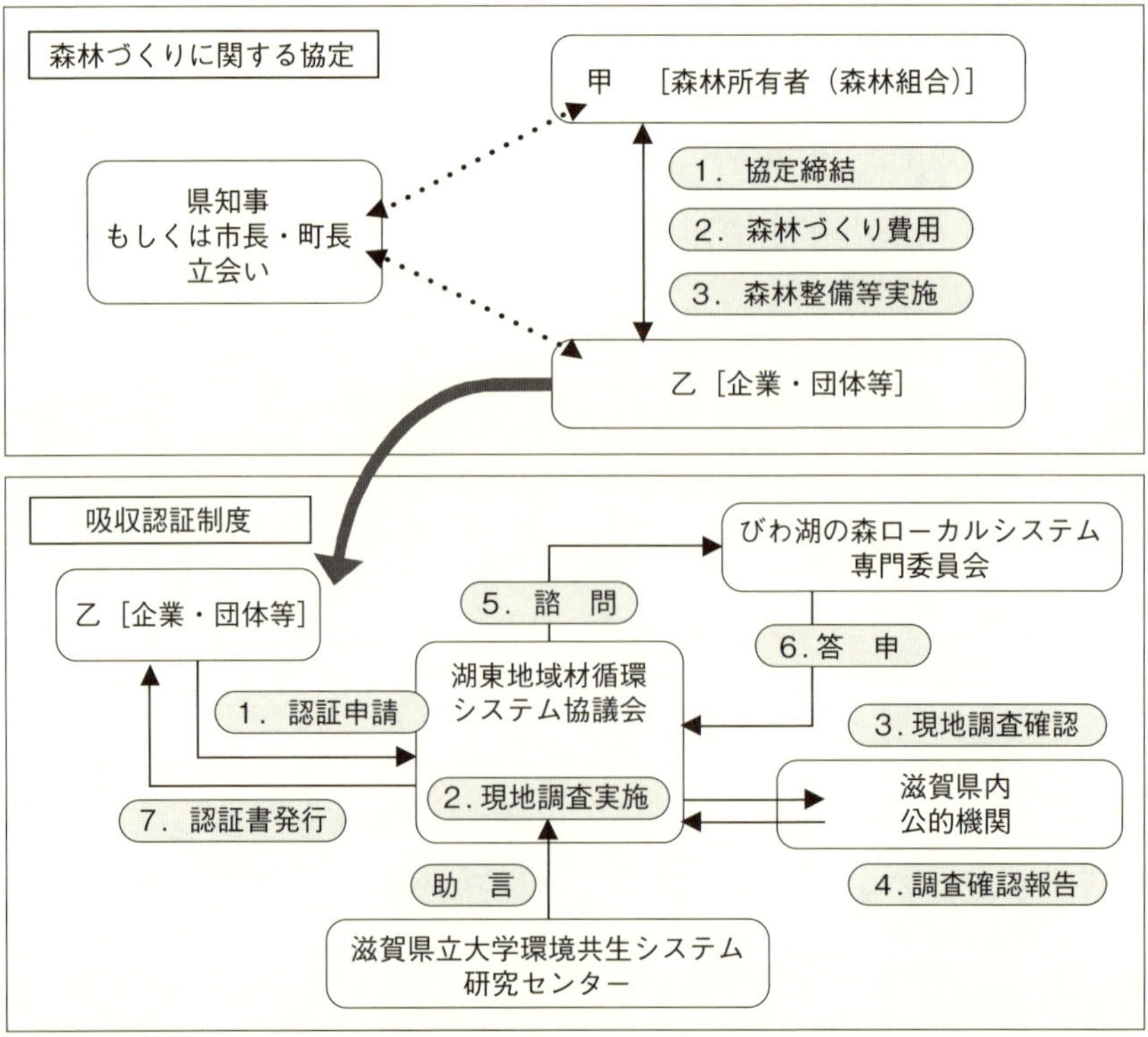

図 11－1　「森林づくりに関する協定」と「びわ湖の森 CO_2 吸収認証制度」

このように、中小規模の事業者などの集合体が協定を締結するケースは大変めずらしく、県内企業のほとんどが中小企業である滋賀県においては画期的な事例となり、その後、各種経済団体の協定締結につながると考えられる。また、栗東市商工会では、提供した資金で整備された森林におけるCO_2吸収量の認証をkikitoに依頼しており、二〇〇九年度にはその第一号が発行された。また、二〇一〇年度には、前年と同じく栗東市商工会への認証のほかに、県内の林業事業体である有限会社坂東林業が多賀町で締結した協定に基づいて実施した森林整備に関してCO_2吸収量の認証を行った。

kikitoには、森林関係者だけでなく、建築やプロダクトの生産に携わる事業者も複数参加している。森林を整備し、CO_2吸収量を確保することも重要だが、その森林から生産される木材を使った商品を購入いただき、できるだけ長く利用していただければそれだけ長い間CO_2を固定することにつながり、まちのなかに第二の森をつくることにもなる。

そこでkikitoでは、製品に使用されている木材（国産材、地域材）のCO_2固定量を認定・認証するルールを二〇〇九年度に策定した。建築物の第一号として認証されたのは、株式会社マルトが地域材を活用して造った住宅であった。専門委員会の審査を経て発行された証書は、新築の住宅に飾られている。

（3）県内の経済団体、大学、行政等による実行委員会で年一回、「環境と経済の両立」を基本理念に持続可能な経済社会を目指し、環境産業の育成振興を図るため、環境負荷を低減する製品・技術・サービス等を対象とした環境産業の総合見本市「びわ湖環境ビジネスメッセ二〇一一」を開催している。事務局・滋賀県新産業振興課内。電話：〇七七－五二八－三七九三。

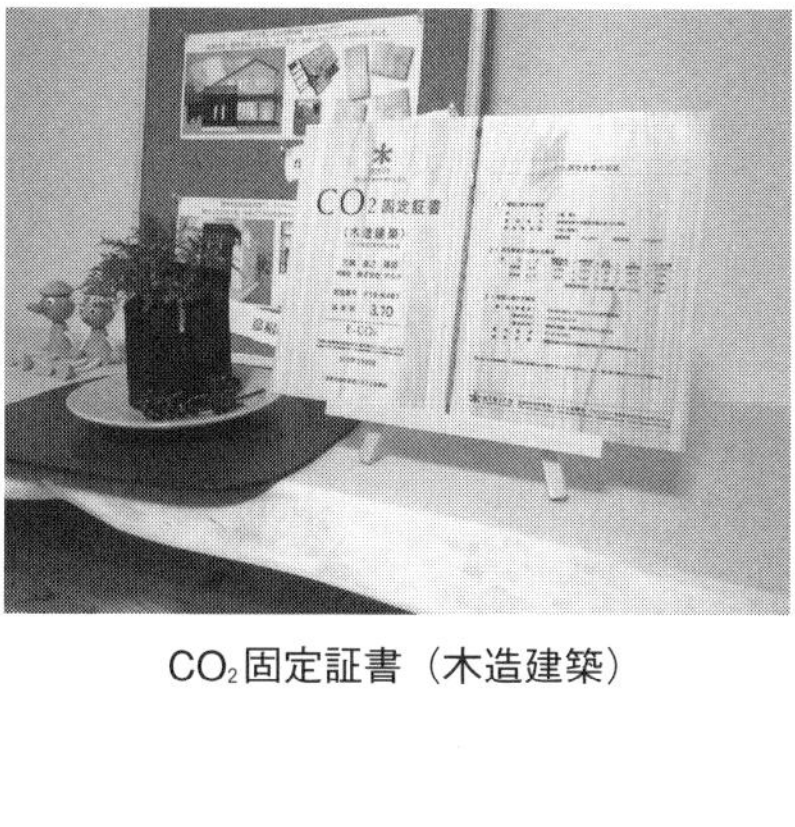

CO_2固定証書（木造建築）

日本の森に必要なこと

琵琶湖がラムサール条約の登録湿地であることをご存知の人も多いだろう。その条約では、湿地保全に必要なものとして、「①保全・再生」、「②交流・学習」、「③賢明な利用」の三つが挙げられている。

発展途上国では、湿地は暮らしを支える重要な場として位置づけられているが、過度な利用による湿地の破壊を食い止めることも必要だった。それを想定して掲げられた理念であるわけだが、私は日本の森林にも同じことが必要ではないかと考えている。将来の世代につなぐため、森林を守り育てるには、学ぶこと、つながること、そして賢く使うことが求められる。

しかし、日本人の多くがそれをほとんど忘れてしまった。先進国だからこそ、自国の森林と向きあう真摯《しんし》な姿勢を思い出したい。kikito の取り組みはまさにこの三つを網羅しており、どれがかけても不完全なものとなる。それが実現されているのは、立場や分野を超えたメンバーが集まり、それぞれの得意分野を活かしながら活動しているからにほかならない。地域の森林を地域で守り育てていくには、このような絆の再生がもっとも重要であると考える。その当事者は、決して森林・林業・木材業の関係者だけではなく、水や新鮮な空気など、その恩恵を受けるすべての人々である。そんなすべての人々をつなぐために kikito は活動している。

コラム11　逆転の発想「野生ジカを食す」

（松井賢一）

滋賀県には約二万六三〇〇頭のニホンジカが生息しており、森林面積に対する適正頭数七〇〇〇頭の三・八倍にもなっている。サルとイノシシを合わせた農業被害は年間二億四〇〇〇万円で、「シカ＝マイナス資産」であった。それがゆえに、二〇〇六（平成一八）年度から東近江振興局（県の地方機関）では「シカ肉の利活用」を検討してきた。

二〇〇九年の夏には、日野町でシカの解体実習やシカ肉調理を含むグリーンツーリズムを開催し、大阪から一一名の参加者を迎えることができた。シカ一頭まるごとを解体・調理し、そのシカ料理を囲んで宴をもったわけだが、まさに「マイナス資産」が「地域資源」に転じた瞬間である。

五年目を迎える二〇一〇年、「日野町猟友会」では、利用価値がなく埋設処分していたシカ肉を京都・滋賀のフランス料理店や全国カレーチェーン店「CoCo壱番屋」などへ全量を出荷するようになった。発注されるシカ肉を確保するため、猟友会では五～七月の期間、例年の七倍となる約一〇〇頭を捕獲することができた。地元の農家からは、「今年はシカに遭遇する機会が少なくなった」という対策の成果を裏づける声を聞くことができた。

成功の秘訣は、「滋賀県日野町」の地理的な条件が挙げられる。それは猟場から二時間以内に大消費地が存在するということである。京都市の人口は一五〇万人、滋賀県の湖南地域は五〇万人で、フランス料理店やホテルも数多くある。他店との差別化を図るため日野産の生シカ肉やその内臓が使われているわけだが、シェフは、捕獲後二時間以内に搬入することを条件としているため、シカ肉やその内臓などは

「生」で流通させている。

もちろん、「硬派の猟友会会員」と「繊細な料理をつくるシェフ」を仲介する必要がある。仲介者は、自らがシカの解体をパーフェクトにこなし、シェフにシカの解体手順や衛生管理を解説する一方で、猟友会にはシェフの望む衛生管理を徹底させることが不可欠となる。そんな仲介者の条件として、①猟師より知識・技術面で優位に立つ（シカ解体技術など）、②猟師やシェフとの信頼関係を構築する（とにかく足を運ぶ。休日や夜の訪問はより効果的）、③説得させる話術をもつ（押し付けではなく、相手の意をくみながら指導する）、④マスコミへの積極的な働きかけができる（テレビ・新聞などに掲載されると活気が生まれる）、⑤とにかく熱意が伝えられる、⑥具体的な成果を提示できる（「CoCo壱番屋」販路開拓）、などが挙げられる。

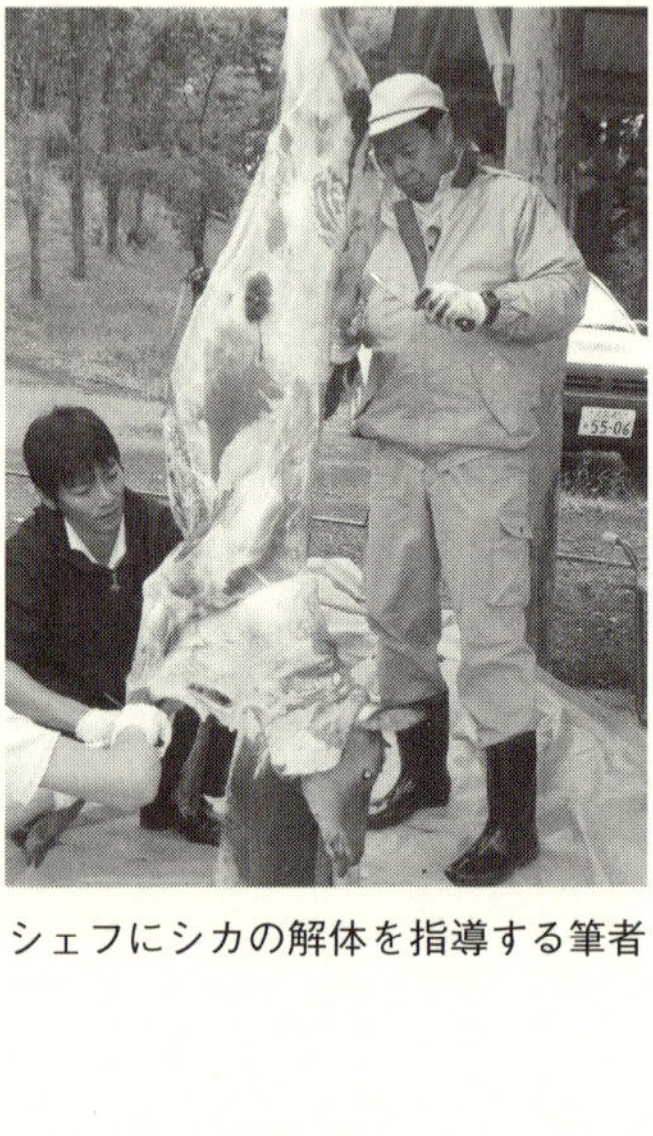

シェフにシカの解体を指導する筆者

私は県の農業技術職員として二三年間にわたって県下の各地で仕事をしてきたが、各地域には素晴らしい「地域資源」が眠っていることを改めて感じた。しかし、地元の人がそれに気づくことはほとんどない。もちろん、シカ肉を例に挙げても簡単には地元住民に理解してもらえないし、すぐに地域振興につなげることも至難の技である。今でこそ日野のシカが高級フレンチの皿に並んでいるわけだが、六年間の「道の駅」は決して平坦なものではなかった。「仲介者」なしに「シカ肉の流通」が成功する可能性は非常に低いことが分かっているだけに、現在、日野町役場に仲介者を育成できたことには大きな意味がある。

第12章

「琵琶湖」をブランドイメージにした地域再生

（中井　保）

奥琵琶湖の風景

琵琶湖汽船の経営理念

琵琶湖汽船では、経営理念を「母なる湖・琵琶湖を大切に思い、その恵みに感謝し、現在及び未来の人々が感動的で幸せな体験を琵琶湖で出来るように、積極的に行動します」と定め、企業と社員の行動指針の最初には「琵琶湖とそれを取り巻く環境と地域社会を大切にする」ことを謳っている。琵琶湖の湖上遊覧を主たる事業とするという当社は、滋賀県全体の観光集客においても、この素晴らしい琵琶湖の価値を共有し、ともに発信することによって国家間および地域間の厳しい競争に勝ちぬくことができると考えている。

また、滋賀という「地域の活性化」を考えるうえにおいても、琵琶湖を前面に押し立てることができる私たちには大いなるアドバンテージがあるとも考えている。そこで本章では、観光のみならず地域の活性化のためにも、琵琶湖をシンボルとした「地域のマーケティング」の必要性を説いていきたい。

琵琶湖のもつ素晴らしい価値

四〇〇万年の歴史をもつ琵琶湖。その琵琶湖は、縄文時代から生業《なりわい》の糧を得る場として、「ひと」、「もの」、「こと」を運ぶ大動脈として豊かな生活文化を育んできた。その姿は、「近江の海　湊は八十ちいづくにか　君が舟泊て草結びけむ」、「わが船は比良の湊に漕ぎ泊てむ　沖へな離《さか》りさ夜更けにけり」、「磯の崎漕ぎ廻《た》み行け

ば近江の海　八十の湊に鵠多《たずさは》になく」などと『万葉集』で詠われ、昔の人の、愛しい人を思う心や当時の琵琶湖の情景が生き生きと伝わってくる。

紫式部が父・藤原為時（九四九頃〜一〇二九頃）の越前赴任に伴って打出の浜（現在のびわ湖ホールの辺り）から船出し、塩津へと向かったのは九九六（長徳二）年のことである。「打出て三上の山をながむれば雪こそなかれふじのあけぼの」、「三尾の海に網引く民のてまもなく　立ちゐにつけて都恋しも」、「かき曇り夕立つ波の荒ければ　浮たる船ぞしづ心なき」と、初めて都を離れる旅気分やそれに基づくホームシック、そして湖上で嵐にあったときの心細さを詠んでいる。これらの歌にも、一〇〇〇年以上前の琵琶湖での情景が生き生きと伝えられている。そして今、現代の私たちもそれを追体験できる琵琶湖をもつ滋賀県に住んでいる。なんと恵まれていることだろうか。

今挙げた歌にもあるように、京や近江の人たちは琵琶湖を「うみ」と呼んできた。周りの山々に降り注いだ雨が国の隅々までを潤し、そのすべての水が琵琶湖に注がれる。満々と水をたたえた姿は、まさに「うみ」と呼ぶにふさわしい姿である。その清らかな姿から「天台薬師の池」、「水の浄土」というように畏敬の念をもって呼ばれるようになり、そこからさまざまな文化が生まれ、貴重で美しい文化財の数々が現代にまで伝えられている。

過去の文人たちは、琵琶湖を中国の「瀟湘《しょうしょう》八景図」(1)になぞらえて、「石山秋月」、「勢多夕照」、「粟津晴嵐」、「矢橋帰帆」、「三井晩鐘」、「唐崎夜雨」、「堅田落雁」、「比良暮雪」の近江八景を生み出し、四季を通じて琵琶

（1）　中国湖南省の湘江流域にある八つの名勝。北宋時代の沈括による随筆集『夢渓筆談』より画題となってきた。

湖の風景を楽しんだ。琵琶湖に舟を浮かべて雪や月を愛で、湖上をわたる風に風情を感じたわけである。もちろん、松尾芭蕉（一六四四～一六九四）もこよなく近江の風景や近江人に深い愛着を抱き、生涯に詠んだ作品数の約一割に当たる八九句を近江で詠んでいる。

行く春を　近江の人と　惜しみける　（芭蕉）

この句に勝る近江への賛辞はない、と私は思っている。木曽義仲（一一五四～一一八四）とともに義仲寺で眠っている芭蕉、今も変わらず私たち近江人に賛辞を贈っていることだろう。

大津市内の義仲寺から西へ二キロほど行った所の浜大津に、私が代表を務める「琵琶湖汽船」の本社がある。琵琶湖において本格的な船舶運航事業がはじまったのは、一八八二（明治一五）年の「太湖汽船」と一八八六（明治一九）年の「湖南汽船」の創立からである。ともに、現在の琵琶湖汽船の祖となる会社である。

当初は、長浜―大津間の鉄道連絡や近隣の港を結んでの物資輸送が目的であったが、一八九四（明治二七）年の大津―石山―坂本を結ぶ定期航路を開設したころから観光事業に大きくシフトしてきた。春や秋、この航路に湖上を探勝

明治中期の湖南汽船。紺屋関港

航行するみどり丸

する遊覧客が多数乗船するようになったことで、大津町（今の大津市）から遊覧施設補助金が下付されるようにもなった。

そして、一九〇三（明治三六）年に開催された大阪大博覧会に連携して「近江八景めぐり遊覧船」を企画したり、明治末期には鉄道院（現ＪＲ）と船車連携して、神戸・大阪・京都の各駅発の「竹生島めぐり遊覧」の連絡券を発売するなど、現在につながる観光船事業の基本ができあがったわけである。当時の宣伝コピーを見てみると、次のように書かれていた。

「靈湖琵琶、それは秀峰富士とともに、私どもが世界に誇りうる山水日本の双美でございませう。世界の公園、世界のゼネバ湖（レマン湖のこと）、誠にその風光の雄大華麗なるは申し上げるまでもなく、幾多興亡の物語を描いた一巻の繪巻物にも比すべき二千年来の古き歴史に、はた又靈驗あらたかなる神社佛閣、大空の星にも似て數ふるに暇ない名所舊関跡に、加ふるに交通の至便、遊覧施設の完備に、大琵琶湖は實に本邦一の……（中略）びわ湖の女王『みどり丸』による島めぐりは、日本代表的湖水美の紹介として、世界禮讃の中に、數十萬の來遊客をむかへてゐるので御座います」

四〇〇万年もの古代湖であり、多くの生命と多様な文化をはぐくんできた琵琶湖。漆黒の宇宙に浮かぶ青い惑星の地球の希少性は、水の存在を抜きにしては考えられない。とくに日本人は水とのかかわりが深く、日本文化の重要な源の一つが「水」だと言っても過言ではない。それを象徴する所の一つが琵琶湖であり、その価値は世界遺産に匹敵するものではないだろうか。こんな琵琶湖のもつ素晴らしい価値のもとで、二〇一一（平成二三）年、琵琶湖汽船は創立一二五周年を迎えた。

滋賀の観光において

前節で述べたように、貴重かつ素晴らしい価値をもつ琵琶湖を有する滋賀であるが、観光事業の面から見るとその価値を活かしきれていないのが実情である。また、その観光事業も、過去にないほどの大きな変換期を迎えている。

二〇〇四年、社会経済生産性本部は『レジャー白書』（平成一六年度版）のなかで、旅行の「グラン・ツーリズム化」を取り上げた。旅行が、物見遊山型の団体旅行から個人、夫婦や家族、気のあったグループによる、「テーマ」をもった旅行に変化してきているとし（これを「グラン・ツーリズムの時代」と言う）、「旅行の個人化」、「強いテーマ性」、そしてそれに基づく「地域の情報発信の努力」の必要性を指摘している。

その中心となる人々は、三〇代から四〇代前半の女性と中高年の男女であり、自然・健康・能力向上・交流といった面に志向が強いとされた。また、世代的にこの中高年層は「アクティブシニア」とも呼ばれ、団塊の世代が中心となっている。このため、これまでにない大人中心の成熟時代のライフスタイルをもった人々が、マーケットの主流になると位置づけられている。こうしたマーケットは、観光事業を営む企業にとっては今までと勝手が違う顧客であり、企業のほうもその変化にフレキシブルに対応しなければ置き去りにされてしまうことになる。

これまで観光と言えば、「行ったことのない所へ行ってみたい」や「見たことのないものを見てみたい」など漠然とした欲求がきっかけとなっていたわけだが、グラン・ツーリズムの時代になると、すでに多くの知識と情報をもっている人がターゲットとなるだけでなく、豊かな好奇心をもった人たちも対象となる。これらの人たちを実際の旅に誘うことは、これまでの発想や企画ではまちがいなく無理である。では、観光事業者はどうすればよいのか。まず必要とされるのが「旅に出る動機」の調査であり、その次が、それをふまえた形での「綿密な仕組みづくり」であろう。

「言われなくても分かっている」という声が、各観光事業者や各地域の観光課から聞こえてきそうだ。もちろん、この程度のことであればすべての関係者が考えているだろう。そこで、私の考えを述べさせていただくことにする。紙幅《しふく》の関係もあるので詳しく論ずることはできないが、その「さわり」と思って読んでいただければ幸いである。

ひとことで言うと、新しいターゲットへの取り組みは、一事業者だけによるものではなく、より広い地域が連携していく必要があるということである。激化する地域間競争を見るにつけ、「うちさえよければいい」という考えが見え隠れする。滋賀の観光においても、琵琶湖の観光、長浜、彦根、近江八幡をはじめとした各地域の観光関係者、県内に存在する各社寺や各施設がそれぞれで頑張っているのは分かるが、滋賀県全体としての観光を考えた場合、先に述べたように琵琶湖をもつ滋賀の優位性を十分に活かしているとは思えない。

これまでどおりであれば、「そうだ京都に行こう」には絶対勝てないであろうし、「いま、ふたたびの奈良」にも勝てない。京都、奈良に勝るとも劣らない歴史と文化をもつ滋賀県の観光事業を考える場合に必要なことは、関係団体がネットワーク化され、点を線にし面にすることである。「今度は琵琶湖」というスローガンのもと、各市町と社寺や施設が連携し、県がそれをバックアップする仕組みが必要とされる。

わが国の国内旅行消費額は二三兆六〇〇億円（国内生産額の二・六パーセント。平成二〇年度版『観光白書』による）と推計され、間接的な効果を含めた生産波及効果は五一兆四〇〇億円（国内生産額の五・六パーセント）で、雇用誘発効果は四三〇万人（全就業者数の六・七パーセント）とされている。つまり、観光事業は国の経済、雇用、地域の活性化に大きな影響を及ぼしているということである。また、このことは諸外国においても同様であり、近年においては激烈な国家間競争となっている。その実情を鑑みれば、県内の地域同士が競争している場合ではないとも言える。

一見すると、日本には京都や奈良があるため訪日外国人が多いように思われるかもしれないが、外国に行く日本人が年間に一五九八万七〇〇〇人に対して、訪日する外国人は年間で八三五万一〇〇〇人でしかない。国際旅行収入の比較では、トップのアメリカの約一一〇〇億ドルからずっと下がって、クロアチア、ポルトガルに次いで約一〇八億ドルの二八位なのだ（いずれも、平成二〇年度『観光白書』による）。

このような現状をふまえてか、日本政府も観光が二一世紀のリーディング産業になるものとして、二〇〇六（平成一八）年には「観光立国推進基本法」が制定され、その二年後にはそのための推進機

竹生島遠望

構として国土交通省に「観光庁」が設置されている。対外向けには「ビジット・ジャパン・キャンペーン」が行われており、官民挙げてのインバウンド（外国からの旅行者）の獲得に努力している。もちろん、民主党政権下になってからも新成長戦略分野の一つに挙げられており、今後一一兆円の需要創造と五六万人の雇用創造が目標値として提示されている。

また、イギリスの「クール・ブリタニカ」や、少し事情が違うとはいえ韓国の「韓流」に倣ったものとして、日本でも優れた伝統産業などに「ジャパン」のブランドを付けて世界に発信する「ジャパン・ブランド・キャンペーン」が行われていることを含め、観光がわが国の活性化施策として重要な位置を占めていることはまちがいないと言える。

次に滋賀の観光事業における数字を見てみると、二〇〇五年度の観光消費額はおよそ二六六六億円で県内全生産額の約四・九パーセントでしかない。県では、二〇〇九年に「新・滋賀県観光振興指針」を策定し、「観光地・滋賀の認知度向上」、「滋賀県の特性を生かした国際観光・滞在型観光の振興」、「観光交流の活性化に向けた受け入れ環境の整備」を基本目標として二〇一三年度の観光消費額三〇〇〇億円を目指している。(2)

二〇一一年はＮＨＫの大河ドラマ『江』の効果もあって部分的には伸びているだろうが、滋賀の観光が他の地方自治体との差別化が成功して成長するかと考えれば厳しいと言わざるを得ないであろう。それは、後述す

---

(2)　京都市・五三四八億円（市内総生産の約七・五パーセント）、国全体二三・八兆円（国内総生産の約五・七パーセント）、ともに二〇〇三年。

る調査結果のとおり、滋賀県のイメージがあまりにも希薄なこと、そして先にも述べたように、滋賀と琵琶湖との関係に基づく情報発信が不足していること、また各地域が連携しての全国向けの情報発信が不足していることなどが理由として挙げられる。すでに、観光はもはや物見遊山ではなく、地域住民（ホスト）の日常を来訪者（ゲスト）が非日常として体験する「交流」がテーマとなっていることも忘れてはならない。つまり、日常のイメージの希薄な所へは観光客が来ないということである。

イメージが稀薄な所へは人が来ない、というのは何も観光にかぎったことではない。県内の各自治体においても、現在、さまざまな地域振興施策が考えられている。当然、その地域ごとに特性が違うため、何をもってその地域を活性化させるかはさまざまであり、観光以外の地域活性化を図る場合も多い。しかし、大切なことは、観光事業の集客と同様、その地域への交流人口を増やすということが基本的には地域活性化に大きな力を与えるということである。そこに住みたい、そこで学びたい、そこに企業進出したいという人々を増やすためにも、その地域のイメージを上げることがより重要となる。

滋賀県のブランドとは

私の手許に、「地域ブランド・マネジメントの現状と課題」（財団法人地域活性化センター、平成一八年三月）と題された調査研究報告書がある。その第一章四節「ブランド化の対象としての地域の特徴」において、マーケティングの世界的権威であるＰ・コトラーらが著した『地域のマーケティング』を引用して以下のように書かれている。

「コトラーらは、地域は①ビジター（大きく分けてビジネス客と観光客、旅行者）、②住民と勤労者、③ビジネスと産業（企業誘致など）、④輸出市場（地方産の製品やサービスの創出）の四つのターゲットを引きつけることが出来ると述べている。ビジターや企業、投資、就業チャンスの増加や、地域産品の販売による利益は、地域経済を活性化させる。地域が活性化されることで住民の生活の質は向上し、新住民を呼び寄せることにもつながるからである。コトラーらは、これらのターゲットを満足させるために、地域のインフラの整備、地域の魅力づくり、地域の魅力や生活の質を宣伝するための積極的なイメージ形成、地域の人々の協力が必要だとも述べている」

これを滋賀に置き換えて述べると、「県のブランド力を上げて、それを宣伝するためのイメージ形成が必要である」ということである。ところが、滋賀県としてはショッキングな報告が出されている。日経リサーチ社が発表している「地域ブランド力調査」によると、二〇〇四年、滋賀県の地域ブランド力総合ランキングは最下位だった。

地域ブランド力とは、その地域のもつ「独自性」、「愛着度」、「訪問意向」、「購入意向」、「居住意向」についての知覚価値の総合評価である。二〇〇六年のランキングでは少し上がって三八位、二〇〇八年も少し上がって二八位となったが、直近の二〇一〇年にはまた下がって四二位という結果となっている。別の調査会社であるブランド総合研究所による二〇〇九年、二〇一〇年のランキングにおいても四二位、三六位であることから、滋賀のブランドイメージは全国でもかなり低いということになる。これらの結果をふまえて、滋賀に住む私たちは今後いかにすればいいのであろうか。

コトラーは『地域のマーケティング』のなかで、地域活性化（経済的・精神的・生活の質）を目的とするのであれば、産品は顧客（消費者・企業）、観光は旅行者、住みやすさは住民・潜在住民、投資受け入れは企業・投資家をコミュニケーション対象として、地方自治体・住民・生産者・法人（大学・財団など）・民間団体が連携してトータルな意味での地域のブランド力の向上とマーケティングの必要性を求めている。つまり、滋賀は、コトラーの理論に従って地域のマーケティング力を高めて、ブランド力の向上を図る必要があるということである。先にも述べたように、そのためにも琵琶湖の存在を再認識する必要がある。

「マザーレイク」ブランドの構築

滋賀県は本当にいい所だ、と私は思っている。豊かで美しい琵琶湖を中心に数多くの文化・文化財にも恵まれ、豊かな自然に囲まれているうえにインフラも整備されている。こんな所は世界でも珍しい。外国の方が滋賀に来られると、「このように発展した所に、このような美しい湖が存在することは奇跡だ」と言われる。これは、滋賀県民の郷土に対する深い愛着と、これまでの多大なる努力の賜物であると思われる。しかし、残念なことに、先ほどの調査結果にもあるように滋賀県のことはあまり知られていない。「近江牛」、「近江米」、「信楽焼」などの産品、延暦寺をはじめとするたくさんの文化資産、豊かな自然に育まれた長浜や彦根、近江八幡といった観光地がありながら、極端に言えば、琵琶湖が滋賀県にあるということすら知らない人がいる。

その琵琶湖の新たな価値が、近年クローズアップされている。滋賀県の経済界では、「滋賀から世界へ・未来へ」を合言葉に、「持続可能な社会と地域の飛躍」の実現を目指していくつかの取り組みがすでにはじまっている。その一つである「エコ・エコノミープロジェクト」では、環境による地域の競争力を高めて、新しい経済発展のモデルをつくろうとしている。また、「生物多様性保全」への取り組みにおいては、二〇〇九年、全国に先駆けて「生き物イニシアチブ宣言」をして、すでに生物多様性保全の取り組みをはじめている。これらの取り組みは琵琶湖を有する滋賀県だからこそできたものであり、またわれわれがこれらを実行することが、滋賀・琵琶湖の新たな付加価値を生み出すことにもつながっていくと考える。

財政学が専門である東京大学名誉教授の神野直彦氏は、『地域再生の経済学――豊かさを問い直す』という著書のなかで以下のように述べている。すなわち、ヨーロッパでは、工業の衰退により荒廃した都市を、人間の生活の「場」としての持続可能な都市に再生しようとする動きがあり、それが「サスティナブル・シティ」と呼ばれている。そのキーワードは「環境と文化」であり、

近江八景「堅田の落雁」で名高い浮御堂

市場経済により破壊された環境を改善するとともに、工業に代わる知識産業を地域に伝統的な文化を復興させることによって創り出そうとする。ヨーロッパの都市再生では、自然環境の再生とともに地域文化の再生が都市再生の両輪となり、文化の復興は人間を成長させる教育の復興とも連動する。そして、「自然的、文化的、人間的」魅力をもった都市に優秀な人材が集結し、新しい産業が芽生える。地域再生とは、これからはじまる時代における人間の生活の「場」の創造にほかならない。

この「環境と文化」による都市再生、まさにこれは琵琶湖を有する滋賀県に優位性があるのではないだろうか。そのためにも今後、琵琶湖を「滋賀ブランド」として再認識する必要がある。滋賀経済同友会でも、二〇〇九年四月、滋賀の地域活性化施策として、「マザーレイク・びわ湖」をブランドシンボルとして、産・官・学・市民の「協同」のブランディングの推進組織を早急につくり、着実に実行する「滋賀・びわ湖ブランディングマネージメントの必要性」についての提言がされている。これらの動きを是とするならば、「県」単位での戦略的マーケティングが必要となるし、そのことをどのように情報発信していくのかが重要となる。「別に、滋賀県に行きたいとは思わないし、買いたい産品もない」、「とくに滋賀県には住みたいと思わない」、そして企業も「進出したいとは思わない」と県外の人たちが思い出したら、地域活性化どころではない。いくらよい商品をつくっても、お客さんがその価値を知り、評価してくれなければその商品は売れないということをそれぞれがいかに考えるのか、今それが問われている。

経済的にも文化的にも豊かで、誇りをもった暮らしを非日常として訪問者が楽しむところに人の交流が生まれ、観光事業も含めて地域が活性化されていく。滋賀県には琵琶湖がある。「マザーレイク・琵琶湖」の価値を未来へ、そして世界に広げる取り組みは滋賀県民の大いなる誇りや絆となり、滋賀ブランドの構築への最強の推進力となろう。

その琵琶湖をステージとして企業活動をしているわが「琵琶湖汽船」。滋賀県における今後の地域活性化において重要な位置を締めているだけでなく、その役割の大きさも自覚している。本章において述べたように、さまざまな団体と連携しつつ、滋賀県のブランド力を高めるために活動していきたい。

コラム12　観光・集客についてのコミュニティ・ビジネスを通じた地域振興

（梶　雅弘）

滋賀県近江八幡市安土町地域自治区（以下、安土町）は、織田信長公ゆかりの地として一定の来訪者があるが満足な観光消費をもたらしてはおらず、なおかつ町内に賦存する地域資源の活用に結び付いていない。こうしたなか、安土町商工会による「湖川の街道（うみのみち）事業」がはじまり、地域主体の着地型観光についての取り組みが進められている。また、二〇〇九（平成二一）年二月に「よし博二〇〇九」が開催されたことがきっかけとなって、西の湖をフィールドとした環境と経済の好循環を目指した地域独自の社会実験も進められている。

しかし、現状を振り返ると、まずは寸断されている地域の絆をつなげていくことが喫緊の課題となっているし、イベント依存型ではない日常での観光・集客についてのコミュニティ・ビジネスを通じた活動の持続性が必要となっている。このため、観光・集客ビジネスに必要不可欠な流通、窓口、連絡・調整、そしてスタッフの確保が必要となる。仕切り（組織）、仕掛け（商品）、仕組み（課金）といった活動の土台づくりを整え、これまでの取り組みを活かした着地型観光によって地域再生を進めていくことが必要となる。

筆者は、数年にわたって安土町の着地型観光にかかわってきたわけだが、「実際に集客してみる」ことの大変さを痛感してきた。そこで、旅行商品を企画して旅行会社に販売することによる集客を試みた。その企画の内容は、安土の売り物である「西の湖和船」をコースに加え、安土で収穫された米や農産物でお弁当をつくり、西の湖を愛でながら安土の食材を楽しんでもらうというものである。もちろん、帰りには安土産のお土産も買ってもらう。言うまでもなく、旅行代金も考慮して売値を交渉し、商品化してプロの旅行会社に売るわけであるが、ここで旅行会社と調整を図る必要が出てくる。つまり、こちらの設定値段では必ずしも買ってくれないということである。

この取り組みは、同時に課金システム（実際にビジネスとしてお金を回していく仕組み）もつくっていくこととなる。これまでビジネスとして取り組んだことがない地域であるだけに、もてなしのための教育・訓練も必要となる。

②「**仕切り**」（組織）としてLLPの設立と同組合の実行スタッフの確保を目指し、プロジェクトに取り組む。

▲

①「**仕掛け**」（商品）として着地型観光を企画・実施する。そのために旅行会社（エージェント）と調整を図る。
商工会が和船の運行許可を取得しており、和船をコースに加え、実際に和船を回していくことも行う。

▼

③「**仕組み**」（課金）について、LLPを通じたシステムを創出し、地域に経済効果をもたらす。

図11－1　着地型観光の狙い

モニターツアー当日の二〇一〇年二月一七日、京都市内から四二名の観光客に来ていただいた。予定より少し早い到着となったが、臨機応変に対応を重ね、参加者からも温かい声をかけていただくことができたし、アンケート結果からも高い満足度が確認できた。この取り組みを通じて観光・集客ビジネスとして「ロジスティックス機能」を創出し、「コンシェルジュ機能」の強化を図ることを目論んだわけだが、旅行会社を通じた販路が確立されたことで受け入れ側の窓口も明確になった。また同時に、各活動のネットワーク化（観光案内、食事、和船、観光関連施設）と実行体制（スタッフ確保・育成）の確立を目指した。これは、観光関連の仕事に従事していないメンバーがほとんどであっただけに最重要テーマでもあった。

今回の取り組みを活かして「有限責任事業組合安土まちづくり（LLP安土まちづくり）」が設立される運びとなった。安土町内のランドオペレーターとして観光・集客についてのコミュニティビジネスを持続させながら、安土の地域振興に貢献していきたい。

コラム13　農商工連携による農業の新たな展望　（西堀克則）

農商工連携とは、農林水産業者と商工業者が一次、二次、三次産業の壁を超えて有機的に連携し、互いの有するノウハウ・技術などを活用することで両者の有する強みを発揮した新商品の開発や販路開拓などに取り組むことである。この取り組みは、二〇〇八（平成二〇）年七月から農林水産省と経済産業省が共同で支援しており、滋賀でも、地域の再生・活性化につながるような農商工連携の取り組み事例が生まれはじめている。

筆者は、農と商工のマッチング、農商工連携事業計画の策定支援、販路開拓などの支援を行っているが、そのなかで、筆者がかかわった特徴のある滋賀県内の事例を三つ紹介する。

最初に紹介する事例は、「滋賀羽二重糯」を使用した「豆大福」などの開発・販売事業である。代々受け継がれてきた熟練の栽培技術と無農薬栽培歴四年の栽培技術を用い、自然循環型農法に取り組む若手農業者お米の家倉と、独自の商品開発力、販売ルートをもち、新たな和菓子の販売スタイルに取り組む（有）菓匠禄兵衛の思いが一致し、「豆大福」などを開発して販売を行うための連携事業を開始した。

HEFL 育苗装置

開発した豆大福は、現在、長浜市の本店以外にも百貨店、東京駅などで販売されており、安心・安全で品質の良い豆大福の原材料となる滋賀羽二重糯を提供しているお米の家倉も百貨店、東京駅などの販売先で認知され、米自体の販路拡大の絶好の機会ともなっている。

次に紹介する事例は、ＨＥＦＬ照明[3]を用いた「育苗装置」（植物工場）の開発・販売および「ＨＧ苗[4]」の栽培と販売事業である。農作物のほとんどを農薬や化学肥料を使用せず栽培し、販売においては、さまざまな分野で顧客をもつシバタプラセールファームと、これまでにＨＥＦＬ照明装置を用いて植物栽培のノウハウを蓄積してきた日本アドバンストアグリ（株）が、育苗装置の開発・販売、ＨＧ苗の栽培・販売を行うために連携事業を開始した。シバタプラセールファームは、この連携事業により開発した育苗装置を導入することで販売作物の周年化が可能となり、市場が求める時期に求める品目が供給できるという他の生産者にはない強みを得た。

最後に紹介する事例は、琵琶湖と循環型農業体験学習を組み込んだエコ・ツーリズム(5)の推進事業である。養鶏事業を核とした循環型農業システムに取り組んでいる比良利助と琵琶湖を活用し、毎年七〇校を超える学校からウオーター・スポーツ体験学習の受入実績がある（株）ビーエスシー・インターナショナルが農業体験を組み込んだ新しいエコ・ツーリズムを推進するため連携を開始した。この事業で取り組む農業体験を通じて、食の安全・安心を守るため、輸入の餌に頼らず休耕田で飼料用米を生産し、自家配合の給餌など比良利助が取り組んでいる循環型農業を多くの人にPRする機会となった。

農業体験の場となる棚田

（3）ツジコー株式会社の商品登録製品で（ハイブリット電極蛍光ランプ：Hybrid Electrode Fluoresent Lamp）液晶表示装置のバックライトに用いる冷陰極管（CCFL）と外部電極管（EEFL）を組み合わせ、省エネルギー・高光効率・長寿命等を実現。

（4）健康で元気な苗（Healthy Good 苗）のことで、茎が太く節間が短くガッシリしていて、葉に厚みがあり、適度な葉色の苗を指し、クロロフィルの含有量に特徴をもつと本事業で定義した造語である。

（5）白然・歴史・文化など地域固有の資源を生かした観光のことを言う。地域資源の永続的保護に配慮しながら地域経済への波及効果を実現することを狙いとしている。具体的には、地域資源の保全・地域での宿泊と観光・地域での食事などにより、地域経済の振興を図ること。

これらの事例のように、農業者が商工業者と連携して新商品の開発や販路開拓などに取り組むためには、商工業者、すなわち市場が求める品目・品質の作物の生産にチャレンジすることが重要で、プロダクトアウト（生産主義）からマーケットイン（市場主義）へ思考を切り替えることが課題となる。

農業を生産のみと考えるとマーケットはかぎられるが、商品開発への参画、消費者への直接販売、レストランの経営、農業体験など川下に事業を展開できると対象となるマーケットは大きく広がる。農業者単独では難しいかもしれないが、商工業者と連携すれば農業者も川下に事業領域を展開する可能性は高まる。滋賀県は、大きなマーケットである京阪神から近く立地面での利点も大きい。マーケットインの思考で商工業者と積極的に連携し、立地を活かし、川下へ事業領域を拡大していくことは農業の成長戦略として有効な手法の一つとなる。

（上田栄一）

コラム14 集落営農による「農」の可能性

オペレータによる大型機械の共同利用型の集落営農組織を運営して一八年が経過した。機械コストは五分の一になり、少ない人数で快適な作業を行っている。しかも、運営資金は一度も赤字に陥らず、何とか参加農家から徴収金を取らずに今日まで来ることができた。五年前に法人化し、今ではビニールハウス三棟を中心に露地や施設園芸にも取り組んでいる。わずか二〇ヘクタール未満の集落でのことである。ハウスではトマトとイチジクを栽培しており、今年からはイチジクも本格的に出荷ができる。一年中農作業が続くことになるが、法人の主力メンバー五人は定年退職者で、ここでは「つらい・厳しい・儲からない」という一般的な挨拶はなく、「明るく・楽しく・儲かる」農業を実践している。

彦根市の南東部に隣接する甲良町で事業を行う「サンファーム法養寺」がこのような農業を実現することができたのは、大型機械を駆使して少ない人数で稲・麦・大豆の土地利用型作物の生産安定を確立することができたからであり、しかも、米の有利販売にも取り組んで高収益が得られているからである。そして、もう一つ重要なことは、主力メンバーの五人が全員「前向き人間」であることだ。明るく前向きな組織には、いろいろな人が私たちには知り得ない「情報」をもってきてくれる。たとえば、イオン交換水や木酢液で防除をすれば無農薬栽培が実現できるとか、炭や竹粉などさまざまな木質バイオマス資源を使った土づくり、育種を手がける人が珍しい作物を紹介してくれたりする。何と言っても「あんたのとこのトマトうまいなあ！」と言われるだけでやる気が出てくる。中間コストも包装費

昨年から、播種・施肥・除草散布・作溝を一工程で作業できるようにした

もかけない販売なので、結局は儲かる。そして、儲かるから次の話にも乗れる。

ほかの集落を見ていると、「絶対に大丈夫」という確認がとれないかぎり新たなものには着手しないといった状況がある。やはり、「失敗を恐れては何もできない」ことを知るべきである。私たちは精米機一式と玄米庫で一〇〇〇万円の借金をして白米販売に取り組んだが、「借金を返さなければならない」の一心で販売先を探し、見つけ出してきた。ビニールハウス三棟を一三〇〇万円で建設したときも同じである。まさに、借金が成功へと導いてくれたとも言える。

もう一つ、他の集落では「役員や従事者が高齢者」という問題がある。私たちは五〇歳から六〇歳前半のメンバー五人で意思決定をしているが、この年代であれば一〇年先のことでも考えられる。さらに、法人でない任意組織では役員会や総会の議決を経なければ物事が決まらないが、サンファーム法養寺であれば、五人が「やろう！」と言えば突き進むことができる。つまり、意思決定が早いというのが特徴である。

今まで農業は「個人経営」が中心であったが、これからは定年退職者が集落営農組織を活用して農業に生き生きと取り組む活動に変化させていきたい。「六〇歳定年後はどうするのか」という農村に、画期的な変化をもたらす集落営農を導入させることが夢である。これからは、町内の集落営農組織と連携および役割分担をして、都会のスーパーへの有利販売を追求してみたいと考えている。

第13章 コミュニティ・アーキテクトの育成

（布野修司）

滋賀県立大学近江環人地域再生学座で育成されたコミュニティ・アーキテクト

「近江環人《コミュニティ・アーキテクト》地域再生学座」の試行

滋賀県立大学大学院に、「近江環人地域再生学座」という人材育成コースが設けられたのは二〇〇六（平成一八）年一〇月のことである。その年の一月、「平成一八年度科学技術振興調整費新規課題」（文部科学省・（独）科学技術振興機構（ＪＳＴ））の公募があり、その対象プログラムである「地域再生人材創出拠点の形成」に応募して採用されたことが大きな推進力になった。

近江環人地域再生学座の応募プロポーザルの骨子は以下のようである。

滋賀県は、湖国固有の歴史、文化、自然を次代に継承するために、県民、企業、行政の協働によって持続可能な地域社会の構築をめざす「自然と人間がともに輝くモデル創造立県」を基本コンセプトに掲げ、環境、まちづくり、産業、生活などにかかわる基本施策を展開している（長期構想「新・湖国ストーリー2010」）。

さらに、古都大津、草津、近江八幡、彦根、長浜など、交通の要衝として発展してきた地域文化、産業基盤を活かしつつ、琵琶湖を中心とした「湖国まるごとエコ・ミュージアム構想」をはじめ、経済振興特区や地域再生計画などの諸施策を活用し、地域の特性を活かした持続性のある県土づくりに取り組んでいる。

自立、自主の地域再生を支援するためには、行政、企業、市民、大学の緊密な連携による知の集積が不可欠であると同時に、地域の知を担い、特定の分野や地域に偏ることなく総合的な課題対応能力を発揮しうるリーダーの養成が緊要な課題となっていることから、本学として創学以来取り組んできた「地域とともに育つ大学」づくりの実績をもとに、地域再生計画を推進する行政などと連携し、大学の知のリソースを活用した人材養成事業に取り組む。

「近江環人地域再生学講座」は、湖国近江の風土、歴史、文化を継承し、自然と共生した美しい居住環境、循環型地域社会を形成するために、地域診断からまちづくり（コミュニティ活性化、環境改善、市街地再生、地域文化育成など）への展開を総合的にオーガナイズできる人材「近江環人＝コミュニティ・アーキテクト」を育成し、行政、企業、ＮＰＯなどそれぞれの立場で地域再生のリーダーとなる資質を有した人材として活用し、地域のニーズに応えることを目的とする。

近江環人地域再生学座の取り組みは、五年の支援期間を終え、二〇一一年度からは大学院の副専攻プログラムとして、正規の教育課程に組み込まれたが、五年間で学座のプログラムを受講し、「近江環人」の称号を取得した者は五七名に上る。本章では、近江環人地域再生学座の取り組みを紹介しながら、地域再生を支える人材、職能、その将来について考えてみたい。

コミュニティ・アーキテクトとは

なぜ、「コミュニティ・アーキテクト」と名づける職能を考えるに至ったかについては拙著『裸の建築家――タウンアーキテクト論序説』（以下『序説』）に譲りたいが、そこでの議論があくまで建築行政、都市計画行政の枠内にとどまっているの[1]に対して、近江環人《コミュニティ・アーキテクト》地域再生学座が対象とするコミュニティ・アーキテクトはより包括的である。

「コンピューター・アーキテクト」という言葉があるように、「アーキテクト」とは、その語源に遡って「アルケー（根源）の「テクネー（技能）」にかかわる職能、人材、すなわち「まちづくりにかかわる万能人（何でも屋）」である。つまり、まちづくりの全般にかかわり、誰もが「建築家」であり「コミュニティ・アーキテクト」でありうるということである。

もう少し具体的に言えば、コミュニティ・アーキテクトはまちづくりを推進する仕組みや場の提案者であり、実践者である。まちづくりの仕掛け人（オルガナイザー・組織者）であり、アジテーター（主唱者）であり、コーディネーター（調整者）であり、アドヴォケイター（代弁者）なのである。

本来、まちづくりは自治体の仕事である。ゆえに、自治体の首長こそ「コミュニティ・アーキテクト」と呼ばれるべきであるわけだが、自治体といっても大小さまざまであり、それぞれの自治体が身近な地域社会をベースとしたまちづくりの主体として十分にその役割を果たしているかどうかははなはだ疑問である。また日本の場合は、地域住民の意向を的確にとらえたまちづくりを展開するといった仕組みがないのが致命的ともなっている。そこで、自治体と地域住民のまちづくりを媒介する役割を果たす人材として期待されるのがコミュニティ・アーキテクトである。

なぜコミュニティ・アーキテクトと呼ぶ職能が必要とされるかについては、以上に加えて、少子高齢社会を迎えての地域社会の弱体化がある。まさに、地域再生の仕組みを担う人材として期待されるのがコミュニティ・アーキテクトとなる。その主要な仕事は、すでにさまざまなコンサルタントやプランナー、あるいは「建築家」が行っている仕事と言えるかもしれない。ただ、「コミュニティ・アーキテクト」と言う場合、地域との持続的なかかわりが重要となる。その地域の住民でなくてもいいが、その地域におけるまちづくりに継続的にかかわることが原則となる。

いわゆる「建築家」は、「空間計画」（都市計画）の分野に携わる。すなわち、フィジカルな「まちのかたち」にかかわる「コミュニティ・アーキテクト」が「建築家」である。「建築家」は、基本的に施主の代弁者であるが、同時に施主と施工者（建設業者）の間にあって、第三者として相互の利害調整を行うという役割をもっている。医者、弁護士などとともに、その職能の根拠は西欧世界においては神への告白（プロフェス）であると同時に市民社会を支える論理である。

同じように、コミュニティ・アーキテクトはコミュニティ（地域社会）の代弁者であるが、地域べったり（その利益のみを代弁する）ではなく、コミュニティ（地域社会）と他のコミュニティ、地方自治体や国との間の調整を行うといった役割をもつことが期待されている。まちづくりにおいては、ハードとソフトは切り離

（1）　大きなきっかけは「景観」問題である。日本の建築行政は「取り締まり（コントロール）行政」ばかりで、街並みはちっともよくならない、美しい街並みをつくっていくための建築行政、積極的な「誘導行政」はできないか、というのが出発点における問題意識である。まず議論したのは、法や基準、マニュアルが果たして有効かどうか、である。そして、痛感させられたのは、「景観条例」なり「景観審議会」なるものがほとんど無力であることである。条例違反が官報に氏名公表というだけではあまりに弱い。また、「景観条例」なり「景観（形成）基準」なるものがあまりにも画一的で固定的なこともどかしい。原色は駄目、曲線は駄目、高さが低ければいい、勾配屋根ならよろしい、というのは余りにも単純で短絡的である。そこで考えたのが、地区の景観形成の責任と権限をある人物なり機関に委ねる仕組みであり、それを仮に「タウンアーキテクト」制あるいは「コミュニティ・アーキテクト」制と呼んだのである。

せない。空間の運営、維持管理の仕組みこそが問題なのである。しかし、まちづくりの質は最終的には「まちのかたち」に表現されるため、そのまちの景観に責任をもつのが「建築家」としての「コミュニティ・アーキテクト」となる。

身近な環境のすべてに建築家はかかわっている。さまざまな条件をまとめあげ、それを空間的に表現するトレーニングを受け、その能力に優れている建築家の活躍が大いに期待されている。(2)

コミュニティ・アーキテクトの原初形態

「タウンアーキテクト」あるいは「コミュニティ・アーキテクト」という職能の必要性、その可能性をおよそ以上のようにたどたどしく考え（『序説』）、ささやかな社会実験としてはじめたのが「京都CDL（コミュニティ・デザイン・リーグ）」（二〇〇一年四月二七日設立）である。京都CDLは、当初一四大学二四チームが参加して出発した。京都市全域（全一一区）を四二地区に分け、(3)各チームは大学周辺ともう一地区、あるいは中心部一地区と周辺部一地区の二地区を担当とした。

各チームが、毎年それぞれ担当地区を歩いて記録し、年に二度、春夏に集まってそれを報告する。具体的な内容は、以下に挙げるとおりである。

❶**地区カルテの作製**——担当地区について年に一回調査を行って記録する。その際、共通のフォーマットを用いる。たとえば、二五〇〇分の一の白地図に建物の種類、構造、階数、その他を記入し、写真撮影を行う。

また、地区の問題点などを一枚にまとめる。このデータは地理情報システムGISなどの利用によって各チームが共有する。そして、市民にインターネットを通じて公開する。

❷地区診断および提案――❶をもとに、各チームは地区についての診断あるいは提案をまとめる。

❸報告会・シンポジウムの開催――年に二度（四月・一〇月）集まり、議論する（四月は提案の発表、一〇月は調査および分析の報告を行う予定）。

❹一日大行進京都断面調査の実施――年に一日、全チームが集まって京都の横断面を歩いて議論する。

❺まちづくりの実践――それぞれの関係性のなかで具体的な提案、実践活動を展開する。

（2）まちづくりの仕組みとしてコミュニティ・アーキテクト、のような存在が必要とされる一方、建築家のほうにもコミュニティ・アーキテクトたるべき理由がある。建築家こそ、まちづくりに積極的にかかわるべきである。第一に、建てては壊す（スクラップ・アンド・ビルド）時代は終わった。新たに建てるよりも、再活用し、維持管理することの重要度が増すのは明らかである。日本の建築家はその仕事の内容、役割を代えていかざるを得ないが、それには二つの方向が考えられる。一つは、建物の増改築、改修、維持管理を主体としていく方向である。そして、もう一つがまちづくりである。どのような建築をつくればいいのか、当初から地域とかかわりをもつことを求められ、建てたあともその維持管理に責任をもたねばならない。いずれにせよ、建築家はその存在根拠を地域との関係に求められている。

（3）ベースとしたのは元学区、国勢調査の統計区である。約二〇〇区を平均四統計区ずつに分けたことになる。

❻**地区ビデオコンテスト**――初めてすぐにこれが加わった。若い世代には映像表現のほうが分かりやすいということである。そして、活動を記録するメディアとして機関誌「京都げのむ」[4]（前ページ参照）が創刊された。

京都であれば、一一の区のそれぞれにコミュニティ・アーキテクトが張りつけば相当きめ細かいまちづくりが可能だというのが実感である。問題なのは、「コミュニティ・アーキテクト」と呼ぶ職能がどのように日本のコミュニティ（地域社会）に根づいていくのか、またその仕組みがどのように成立するかである。

スチューデント・ファーム「近江楽座」

「近江環人《コミュニティ・アーキテクト》地域再生学座」設立の大きな基盤となったのは、それに先立って展開された「地域活性化への貢献」を目標とする教育プログラム「スチューデント・ファーム『近江楽座』――まち・むら・くらしふれあい工舎」（文部科学省：「現代的教育ニーズ取組支援（現代ＧＰ）プログラム」平成一六年度～平成一八年度）である。「地域に根ざし、地域に学び、地域に貢献する」ことをモットー（開学理念）として設立された滋賀県立大学は、開学時から「環境フィールドワーク」（環境科学部）、「環琵琶湖文化論実習」（人間文化学部）など、地域をフィールドとする実習科目を必修としてきた。この学部・学科単位のカリキュラムをベースに、学部、学科を超えた教員、大学院生、学部生をグループ化して実施する実践的教育支援システムとしたのがこのプログラムである。

　学生の自主的な地域貢献活動を「近江楽座」プロジェクトとして申請させ、地域活性化に寄与する取り組みを審査のうえ選定して支援する。近江楽座として選定されたプロジェクトは、二〇〇四年度二四件、二〇〇五年度二六件、二〇〇六年度二〇件、総数は七〇件（実数三九プロジェクト）で、活動の対象となった地域は滋賀県全域に及んでいる。また、プロジェクトを内容別に見ると、まちづくり（一二件）、地域イベント（一一件）、古民家再生（一〇件）、産業振興（一〇件）、環境保全（一〇件）、農村活性化（七件）、地域文化継承（六件）、地域医療（四件）となっている。

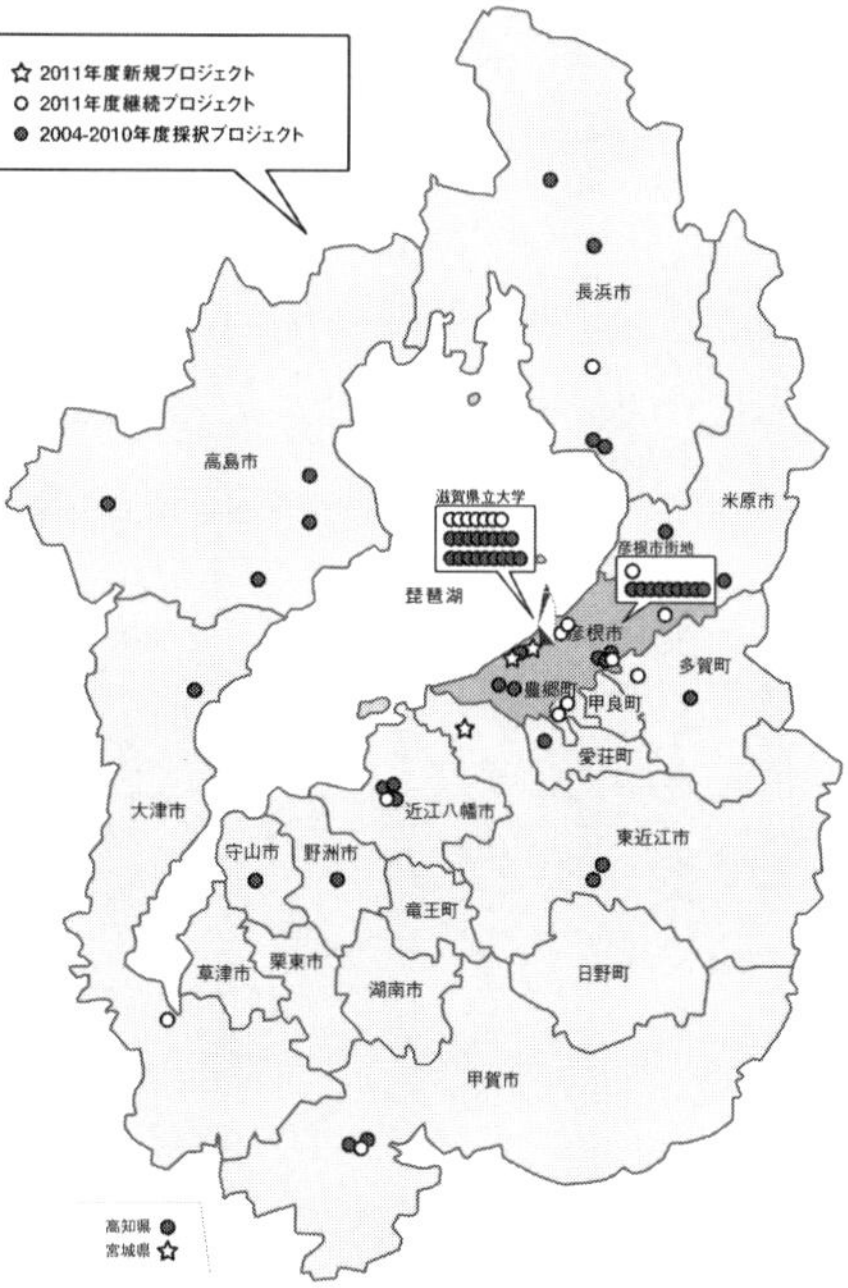

図13−１　近江楽座活動MAP

　このプログラムは、補助期間終了後も公式の全学プログラムとして位置づけられ、継続されている。そしてさらに、この「近江楽座」の活動は、二〇一〇年度から「地域学副専攻化による学士力向上プログラム」という正規プログラムに一部組み込まれることになった。

（４）京都のまちづくりの遺伝子を発見し、維持し続けたいという思いがその名称の由来である。年に一冊、六号まで発行された。

近江環人《コミュニティ・アーキテクト》地域再生学座

地域診断からまちづくりを一貫して担う人材の育成を目指す「近江環人地域再生学座」は、博士前期課程に在籍する学生を対象とする「Aコース」および社会人を対象とする「Bコース」からなる。カリキュラムは、基幹科目となる六科目（地域再生学特論、コミュニティ・マネージメント特論、エコ・テクノロジー特論、地域診断法特論、コミュニティ・プロジェクト実習Ⅰ、コミュニティ・プロジェクト実習Ⅱ：各二単位）を、A・Bコースとも必修としている。

Aコースは、基幹科目六科目および所属する研究科・専攻・研究部門がそれぞれ定める科目単位とあわせた所定の単位取得によって修士の学位が授与される。さらに、A・Bコースとも、基幹科目の単位取得および別に実施する検定試験に合格することによって「コミュニティ・アーキテクト（近江環人）」の称号を学長から付与される、というのがおよその骨格である。

各科目の概要を列挙すれば**表13－1**（二六四ページ）のようになるが、もっとも重視するのはコミュニティ・プロジェクト実習と称するフィールドワークそのものである。具体的な地域を設定し、その地域の抱える問題を発見指摘し、その要因を解析、その解決へ向けて実践まで行うというコミュニティ・アーキテクトの仕事が想定されているのである。具体的なテーマとして学座生が取り上げてきたものを**表13－2**（二六五ページ）に記しておく。

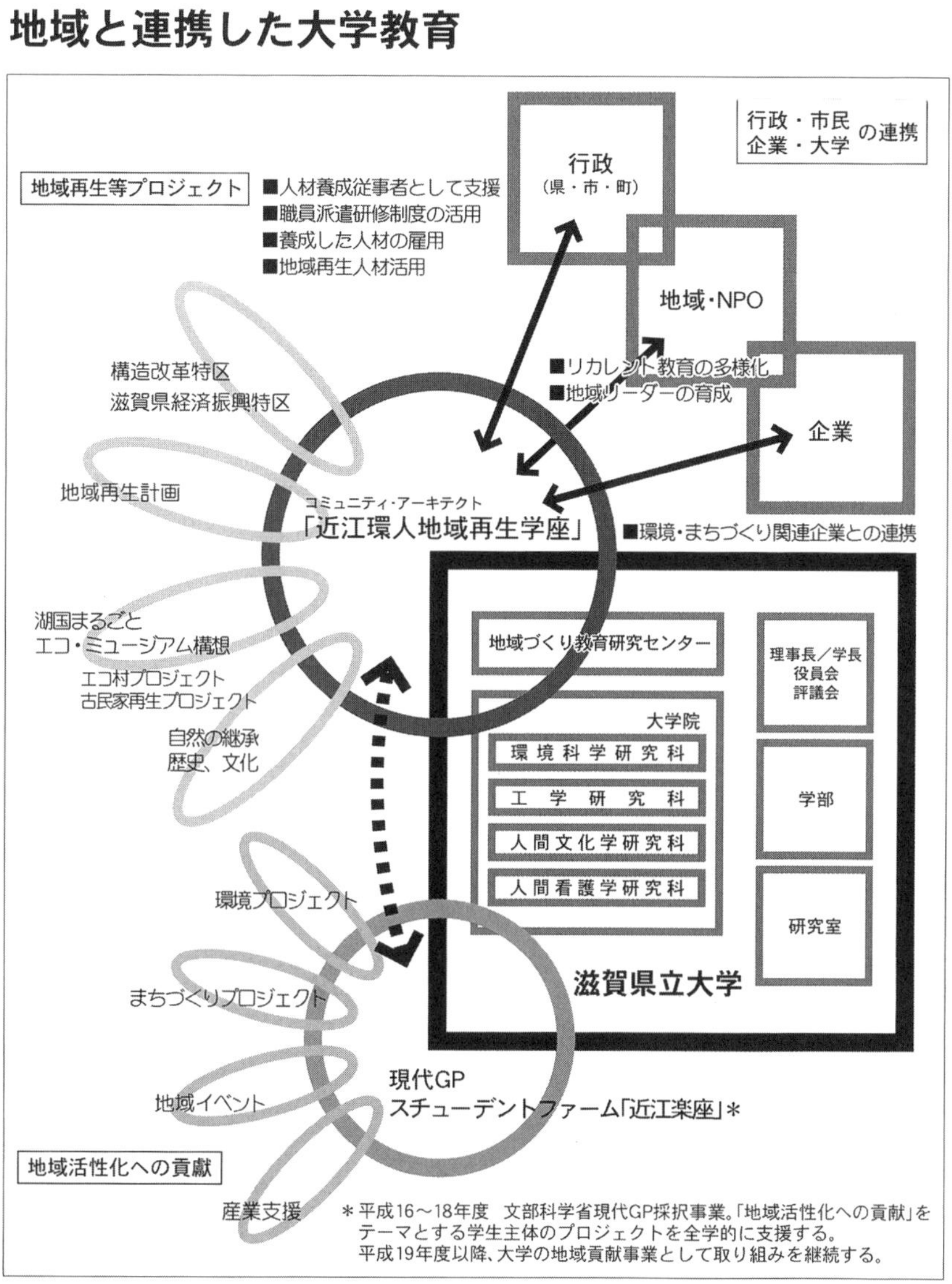

図13－2　「地域再生人材創出拠点の形成」プログラム「近江環人地域再生学座」概念図

表13－1　近江環人地域再生学座基幹科目・実習科目の内容

a．地域再生学特論	琵琶湖を中心に継承されてきた滋賀県固有の歴史・文化・自然を基盤として、生きた地域再生学を学ぶために、「地元学」の観点から「近江八幡」、「彦根」、「長浜」、「高島」、「大津」などを教材化し、それぞれの街や地域で、行政或いは専門家として地域をとりまとめてきたリーダーやコーディネーターによる実践的講義を通して、コミュニティ・アーキテクト（近江環人）の職能と役割について学ぶ。
b．コミュニティ・マネージメント特論	まちや地域のダイナミックスをつくり上げている「人的、文化的、自然的」リソースに着目し、人材育成、地域環境、社会関係、コミュニティ・ビジネスの視点から学ぶとともに、それらをうまく活用する社会的、制度的、経済的な仕組みを理解し活用する方法について学ぶ。
c．エコ・テクノロジー特論	サスティナブル・デザインに必要な、省資源、省エネルギー、自然エネルギー、パッシブソーラー、水質浄化などの環境技術およびそれらを生かして持続可能な環境共生型社会を実現するための制度や政策について体系的に学ぶ。
d．地域診断法特論	地域における人間、文化、環境、およびソフト、ハードの課題を、さまざまな側面にわたる調査データおよび既存データを駆使して読み解く技術を示すとともに、地域の現状を地域に即して分析、評価するための手法を示す。また、地域課題相互の関連性や対処法について、具体的な事例を踏まえて学ぶ。
e．コミュニティ・プロジェクト実習Ⅰ	教員の指導のもとに、滋賀県内の特定地域における実際の課題解決に取り組む。地域と連携してその解決策を探り、地域に対して提案を行い実践する。
f．コミュニティ・プロジェクト実習Ⅱ	エコ・テクノロジー特論で学んだ内容を実践的に修得することをねらいとし、主にサスティナブル・デザインに必要な自然エネルギー利用技術、パッシブソーラーを取り入れた木造建築技法、耐震実験などをグループで実施する体験型学習を行う。

表13－２　コミュニティ・プロジェクト実習Ⅰのテーマ

平成18年度	
辻村琴美	持続可能な循環型社会滋賀モデル2030の普及と実践
中尾達郎	高月町のコミュニティバス運行改善計画
藤原加奈子	古民家を活かした地域再生事業
松岡英緯	小舟木エコ村プロジェクト(エコハウスの設計､木材実験の研究成果報告書)
藤原直樹	地域住民との協働による違反広告物の排除
与語一哉	小舟木エコ村プロジェクト（県産材によるモクトン用部材の制作と試験）
亀山芳香	古民家を活かした地域再生事業
田中光一	橋本商店街の空き店舗利用による高齢者の居場所づくりと商店街活性化の拠点整備プロジェクト
古賀　勝	古民家の調査と再生事業
笠原啓史	県産材を活用した伝統工法住宅の普及のための標準化の研究
謝　海燕	ヨシ文化の記録と伝承
青谷　守	高齢者の記憶の活用による高齢者福祉等の展開について
竹岡寛文	あったかほーむ・あったかたうんづくり事業
平成19年度	
尾田昌之	石山商店街活性化・まちのデザインコンセプト策定
久郷晴哉	石山商店街活性化・まちのデザインコンセプト策定
山盛孝治	山と街の木材生産の共通認識づくりプロジェクト
嶋田奈穂子	琵琶湖の魚の"フナズシ"を食べよう
藤原久代	海津地区の文化的景観地区指定を契機としたまちづくり検討プロジェクト
杉本卓也	東北部浄化センター設置に関する調査設計プロジェクト
奥野泰徳	エコ民家改造プロジェクト（エネルギーに関して）
金 垠京	エコ民家改造プロジェクト（水回りに関して）
高田友美	小舟木エコ村における環境共生コミュニティ創造促進プロジェクト
三輪直之	地域における環境まちづくり推進プロジェクト
平成20年度	
小川哲史	多賀町に関わるウチとソトによる連携の仕組みづくり
石野啓太	信楽人物マップ作成プロジェクト
依田知大	井戸組の保存と活用について
西村和洋	とらひめ「オドリ」プロジェクト
小島　猛	高島・雑穀（millet）プロジェクト～雑穀による農の再生と持続可能な地域づくり～
吉本　智	栗東市における歴史街道沿いの景観保全への提案と参加
井阪尚司	滋賀におけるエコツーリズムの可能性の検討～ツーリズムのプログラム開発としゃくなげ学校を中心とした実証提案～
澤村茂美	高島地区活性化プロジェクト
冨永千弘	くつき・インフィル～自然素材を使ったマンション再生～
膽吹憲吾	若者と農業・農村をつなぐしくみづくり～伊吹家プロジェクト
中野　優	HANARE－project@TOYOSATO～現代的離れ空間の活用による地域再生
船田　賢	地域をつなぐ大学生協サラダBAR 計画
箱森昌太	古紙回収を通じた地域における触れあいの場の創造

城市智幸	都市から移り住みたい人の応援団～上板並における地域資源を活用した集落再生
横関万貴子	滋賀県内の集落における持続可能性についての調査
迫間勇人	ワザの伝承及び継承に関する実験～近江ワザ回廊
片岡良介	商業者との連携による地域マップ　松原の歩き方
平成21年度	
市田　亘	森林資源の活用による地域再生－kikitoペーパーの販路開拓－
梶　雅弘	安土町における着地型観光プロジェクト
上角真喜子	近江八幡における地域資源活用まちづくりの第2ステージ－　野間邸へいこう！－
川内愛子	キッズ学芸員の育成～近江八幡ヴォーリズ展を通じて～
清水愛子	下石寺元気再生プロジェクト～わたしの紡ぐ3つの世代～
田代文男	里山と薪ストーブを繋ぐ
松本みどり	みどりのまちづくりワークショップ
翠　勇樹	古民家改修と生活体験施設の活用方法の提案
市川由美子	都市住民の共感を得る「高島エコナレッジの郷」創造プロジェクト
上山幸応	朽木針畑地域の資源を活用した集落再生
柴田雅之	湖北山本地区ふれあいサロンの実施と運営
本田　明	ええとこやったんや、海津西浜知内～重要文化的景観に選定されたこの地域が自他共に認める誇りの持てる町になるために～
御子柴泰子	彦根の古い写真と風景と人
林　宏美	石山アートプロジェクト
平成22年度	
井上一宇	谷口杉の間伐材・端材を使ったコミュニティビジネス　～長浜市田根地区にて～
上田外志幸	スポーツ・コミュニティの再生　～ユニカールの普及～
大野沙織	古民家修繕とその活用方法について　～余呉町上丹生の取組み～
川村浩一	石山アートプロジェクト
杉田正樹	中小企業の環境経営への取組促進に関するプロジェクト
中嶋利明	まいど・田根プロジェクト　～眠るタネに光をそそぎ、地域に笑顔の花咲かそう～
中塚　清	顔の見える安全・安心な循環型食糧自給＆供給の仕組みづくり
西川唱子	風と土の交藝in琵琶湖高島　～高島市内約40ヶ所の手しごと作家めぐり～
山田　聖	石寺農業用倉庫コンバージョン　～地域資源発掘のためのワークショップ～
尾崎裕次	地域と学生とのつながりのリ・デザイン　～空き家改修のプロジェクト・マネジメントを通じて～
山口健太	コミュニティハウス展開プロジェクト　～地域に根ざすモデルの考察に向けて～
木村昌敬	滋賀県立大学生活協同組合(仮称)学生委員会立ち上げプロジェクト
荒木敬之	日夏まちづくりフォーラム設立に向けて　～歴史的建造物を核としたまちづくり～
又吉重太	あなだらけの大風呂敷～彦根日夏町を対象とした学生と地域のより良い連携に向けての取組～
山田芳則	産・官・地域連動の人創り　～企業の人事部長に聞く面接・採用の実態～
中野裕介	ふるさと発信プロジェクト　交流村日記

コミュニティ・アーキテクト制

大学と地域の関係を考えるとき、学生の力は大いに期待することができる。実際、滋賀県立大学のような公立大学のみならずすべての大学が地域とのかかわりを問われており、教育、研究とともに地域貢献が大きな目標とされつつある。そしてさらに、地域に貢献することで学士力も高める教育プログラムもさまざまに展開されつつある。しかしその一方で、地域再生のための持続的な仕組みは一般的にも構築される必要がある。そして、コミュニティ・アーキテクトという職能がその仕組みのなかに位置づけられる必要がある。

第一に考えられるのは、地方自治の仕組みのなかにコミュニティ・アーキテクトを組み込んでいくことである。コミュニティ・アーキテクトの原イメージとなるのは自治体の首長である。そして、コミュニティ組織の基礎となるのは、町内会、自治会、婦人会、福祉協議会などの地区組織である。ただ問題なのは、そうした地域組織が従前の機能を果たし得なくなりつつあることであり、地方自治の仕組みがうまく機能しなくなりつつあることである。それがゆえに、「地域再生」であり「都市再生」が叫ばれるのである。

コミュニティ・アーキテクト制といった一つのシステムを新たに構想する必要は必ずしもないであろう。既存の仕組みでも活用できるものは活用しつつ、具体的な地域再生の実践を積み重ねることが先決である。そして、それぞれの地域にふさわしい仕組みがつくられることが理想となる。

とはいえ、大胆な制度転換が必要であり、新たな制度設計も提案される必要がある。たとえば、一人のコミッショナー、一つのコミッティーが自治体全体に責任を負うには限界があるわけだから、コミュニティ・アーキテクトはコミュニティ単位、地区単位で考える必要がある。もしくは、プロジェクト単位でコミュニティ・アーキテクトを考える必要があろう。そして、自治体とコミュニティをつなぐ制度として、各種アドバイザー制度、「まちづくり協議会」方式、「コンサルタント派遣」制度などを採用し、その権限、任期、報酬などについて法的に担保する必要がある。

コミュニティ・アーキテクトの第一の役割は、個々の建築行為に対して的確な誘導を行うことである。またそのためには、担当する町や地区の景観特性を把握して持続的に記録し、景観行政にかかわる情報公開を行うことである。さらに、公共建築の設計者選定などの場合には、ワークショップなどさまざまな公開の場を組織することである。場合によっては、個別プロジェクトについてはマスター・アーキテクトとしてデザイン・コーディネートを行うことである。

『序説』では、「タウンウォッチング」、「百年計画」、「公開ヒヤリング」など各地域で試みられたら面白いであろう手法が思いつくまま列挙されているが、日本版CAVEの導入も検討されていいだろう。(5) もちろん、「景観法」も大いに活用の余地がある。

しかし、言うまでもなく、制度のみを議論していてもはじまらないことだけははっきりしている。地域ごとに固有の「まちづくり」を期待するのであれば、一律の制度はむしろ有害となろう。どんな小さなプロジェクトであれ、具体的な事例に学ぶことが先行されるべきである。まずは、身近なディテールからというのが指針となり、持続が必要である。単発のイヴェントでは弱い。そして、持続のためには地域社会のコンセンサスが必要であるし、合意形成のためには参加が必要となり、情報公開が不可欠となる。

「近江環人《コミュニティ・アーキテクト》」による地域再生

「近江環人」の称号を得た学座修了生たちが母胎になって、NPO法人「コミュニティ・アーキテクト（近江環人）ネットワーク」が設立された。設立主旨には、次のようにうたわれている。

「この法人は、滋賀県立大学『近江環人地域再生学座』に学び、コミュニティ・アーキテクト（近江環人）の称号を獲得した会員に加えて、地域再生に対する知識や経験を有する人材およびその志を有する者を新たに会員として募り、その人的ネットワークを活用しながら、地域再生、地域活性化のための活動を行うことを目的に設立する団体である。

地域を取り巻く状況がめまぐるしく変化し、国から県へ、県から市へ、市から地域へ、地方分権の流れのなかで、自立性の高い循環型社会を形成するために、地域の近未来を見すえた持続的、建設的な活動と地域経営への取り組みが強く求められている。

法人格を取得することによって、行政、大学、企業、各種団体などとの連携、協働を実現するとともに、地域課題の解決に必要な調査研究、情報発信、地域支援等の事業を推進し、活力ある地域社会の構築に貢献することを目指す」

（5）国土交通省「建築・まちなみ景観形成ガイドライン」検討委員会（二〇〇八年～）座長・山本理顕。

「近江環人《コミュニティ・アーキテクト》」としては、近江での経験を日本全国に、いや世界に伝えて実際の活動も展開していく構えである。しかしその一方、近江での活動を支える仕組みを構築することが当初から大きな課題となっている。端的に言えば、コミュニティ・アーキテクトはどこから仕事を得、何によって報酬を得るのかということである。「新しい公共」あるいは「コモンズ」といった概念で議論されるが、ボランティアや共助に全面的に期待することはできないであろう。まず考えられるのは、自治体を可能なかぎりスリム化し、その仕事をコミュニティ・アーキテクトに委ねていく方向が追究されるべきだろう。滋賀県がコミュニティ・アーキテクトのためのファンドを用意し、まずは創意工夫を競う応募型のプロジェクトを実施する仕組みの創出などが挙げられる。

そして、自治会や町内会などの地域社会から直接仕事を受けるという仕組みの構築も必要である。「コミュニティ・アーキテクト（近江環人）ネットワーク」に登録されたコミュニティ・アーキテクトが地域社会のニーズに即応するためには、さらに数多くの人材が必要とされるであろう。また、歴史的な地域遺産の保存や維持管理など特定の課題については、民間から基金を募るという仕組みも必要となってくる。

こうしてブレーンストーミングを重ねていけば、さまざまなアイディアが沸いてくる。いざ実行するとなると相当なエネルギーと時間が必要であり、さまざまな問題点が指摘されたりもするだろうが、日本建築学会のコミュニティ・アーキテクトに関する特別研究委員会の活動が示すように日本各地に同じような動きがあり、コミュニティ・アーキテクトという職能の必要性が広く共有されつつあることは明らかである。

まず必要なのは、密度の高い議論と情報交換である。続いて、方向を共有し、相互に支援しあうコミュニティ・アーキテクトのゆるやかなコンソーシアムの設立が必要である。NPO法人「コミュニティ・アーキテクト（近江環人）ネットワーク」は、その先頭を走っていると言っても過言ではない。もちろん、常に目指すべきは地域再生の具体的な実践であり、その持続的な積み重ねである。

二〇一一年三月一一日の東日本大震災の復興まちづくりにおいて、根底的に問われているのが地域再生という課題であり、それは被災地のみの課題ではないことは以上に述べてきたとおりである。また、復興まちづくり、地域再生においてもっとも求められているのがコミュニティ・アーキテクトであることもまたはっきりしている。

NPO法人「コミュニティ・アーキテクト（近江環人）ネットワーク」を中心に近江環人たちは、発災直後から復旧復興支援に取り組んできている。復興まちづくりへ、日本中のコミュニティ・アーキテクトが参加して経験交流を行うことで、コミュニティ・アーキテクト制の基盤が強固に確立されることを夢見たいと思う。

おわりに――滋賀の地域再生を目指して

地域再生の取り組みから

本書で取り上げた地域再生の取り組みは、もちろん滋賀県内での活動の一部にすぎない。県内各地で、地域の資源や特性を活かし、知恵や技を使って再生の取り組みが展開されている。本書の「はじめに」でも記したように、地域再生は「地域発」の「創造的」な取り組みであり、「実践」することに意味がある。そのことをふまえつつ、本書で紹介した地域再生の取り組みから以下のような点を学ぶことができる。

❶**地域について学ぶ**――地域について学ぶことにより地域の資源を発見・発掘・再評価し、地域の課題を明らかにしていくことが可能となる。地域について学ぶことが地域再生の出発点である。

❷**地域の資源を継承する**――地域に存在するさまざまな資源を活用し、継承していくことが重要である。長い時間の経過のなかで磨かれてきた地域の暮らしの知恵や技も、こうした資源の一つである。

❸**組織や仕組みをつくる**――地域再生を進めるためには、その取り組みのエンジンともなるような中心的な組織や仕組みをつくることが重要となる。

❹**交流しつながる**――内向きに活動を行って組織を閉じてしまうのではなく、常に外に開き、他の組織とつながって交流することが重要である。そのことによって、組織の活性化と活動の充実が図れる。「風の人」がもたらす知識、知恵、技術は、地域再生の取り組みを大きく前進させる。しかし、こうした外の力を生かすためには、その力を生かすだけの力量を地域が備えなければならない。地域にしっかりとした「土の人」と

組織が存在しなければならない。「風の人」の力を活かしながら、地域自らが主体性をもって地域づくりを進めることが重要である。

❺地域再生を担う人材を育てる——最後に、地域再生を担う人材を育てることの重要性が指摘できる。地域主権が進み、地域が主体になって地域づくりを進めることが今後一層求められるようになる。そうしたなかで、地域づくりのリーダー、コーディネーターという役割を担う人材が必要とされる。

地域再生という場合、その「地域」とはどの程度の広がりのことを言うのであろうか。取り組みによって「地域」の広がりも一様ではないが、住民自治を担う「地域コミュニティ」という場合には、生活圏としてのまとまりがあり、活動を担う人材が揃い、組織を形成できるような地域の広がりが必要である。滋賀県内の市町では、小学校区や公民館区を基本に協議会が形成されてきている。顔の見える身近な地域の広がりという点からも、小学校区程度の広がりが妥当であろう。

滋賀県内には、二〇一一（平成二三）年度で、市町立の小学校が二三三校（本校二三〇校、分校三校）開設されている。小学校区単位に協議会が設置されるとすると、県内に二三三の協議会が設立されることになる。一つ一つの協議会が住民自治の中心的な組織として、地域再生に自律して取り組んでいくことが望まれる。

協議会のような多様な団体や住民などで構成される地縁型の組織に加えて、地域の課題に対応した、横断的な構成員からなる組織が生まれてきている。「はじめに」でも書いたように、地域の課題解決や地域活性化を目指して、これまでにない新たな「組み合わせ」による組織がいくつも立ち上がり、各地で創造的な取り組みが活発に展開していくことが期待される。

地域再生で目指す滋賀の地域像

それでは、こうした地域再生の取り組みによって滋賀が目指すべき地域再生像とはどのようなものであろうか。最後に、そのことについて触れておきたい。

地球環境の保全が世界的な課題となるなかで、またわが国では高齢化が今後急速に進むなかで、「持続する地域づくり」が求められていることはまちがいない。この「持続する地域づくり」は、「環境」、「社会・文化」、そして「経済」という三つの面から捉えることができる。

まずは環境だが、自然環境の悪化が確実に進むなかで、自然環境を保全し持続させていく必要があることは言うまでもない。地球が宇宙に浮かぶ有限の物体であることを強く認識させた「宇宙船地球号」という言葉が使われたのは一九六〇年代半ばである。その後、ほぼ半世紀、地球上では人間活動と産業活動が拡大を続け、環境の保全、とくに低炭素社会への転換は待ったなしの課題となっている。再生可能エネルギー普及の取り組みや環境への負荷が少ないライフスタイルへの見直しが必要とされている。

次に、社会・文化について言えば、地域の活動を支える社会システム（組織や人材、そのネットワーク）と、形成されてきた地域の知恵や技、景観などの文化を次代に継承させていく必要がある。地域文化の継承は、地域を支える知恵や技を引き継ぐことだけでなく、地域への愛着や誇りを継承していくことにつながる。県内で活動するさまざまな団体や組織によって多重に広がるネットワークが形成され、相互に交流・協働することによって県内にさまざまな地域発の取り組みが展開していく。こうしたネットワークは、日常はもとより災害時などの非常時にも機能することになろう。

そして、最後に経済だが、地域が持続していくためには健全な経済活動が持続していかなければならない。持続する経済活動は地域の資源や人材を活用した内発的なもので、地産地消を基本とした地域経済活動が基本となる。とくに、農山村地域では経済の振興とその持続が大きな課題となっており、豊かな自然の活用、森林の保全と農林業の活性化など、新たな組織による新たな取り組みの展開が期待される。

また、地域再生の取り組みは、一人ひとりの「豊かさ」を実現していく取り組みでなければならない。「モノの豊かさ」よりも「心の豊かさ」を重視する人が多くなったのは、三〇年以上前の一九七八（昭和五三）年のことである。その後もほぼ一貫して、「心の豊かさ」を重視する人の割合が増えている（内閣府「国民生活に関する世論調査」参照）。

生活水準が向上し、モノの豊かさが満たされるなかで、心の充実感や安心感を求める傾向が強くなってきている。こうした時代における地域再生とは、地域を経済的に豊かにすることだけでなく、むしろ「心豊かに」暮らせる地域を創造していくことと捉えられる。このことは、「心豊かに」暮らすとはどのようなことなのか、「豊かな暮らし」とは何か、「幸せな暮らし」とは何か、を問うことでもある。

地域の「環境」、「社会・文化」、「経済」の三つの側面がそれぞれ相互に密接に関係しながら持続していくことによって、初めて地域の持続が可能となる。滋賀における地域再生が目指すものは、それぞれの地域が環境の保全、社会・文化の継承、そして経済の振興に自律して取り組むことによる持続する地域づくりである。と同時に、それぞれの地域が交流し、連携・協働することによって、一つ一つの地域はもとより、その集合体である地域（広域）が活性化していくことである。

バイオエネルギー村構想に取り組むドイツのユーンデ村では、プロジェクトに取り組むことによってCO_2の削減が進むことに加えて、地域の経済が高まるとともに住民同士の結び付きが強まり、村民の誇り・自信・地域への愛着感が向上したという。このことにより地域が元気になり、住民の自立した地域づくりが深化していった（第2章参照）。

地域に立脚した再生の取り組みに参画することを通じて一人ひとりの住民が輝き、自律した持続する地域が形成されていく。こうした一つ一つの細胞ともいうべき地域が、元気で生き生きとし、それらが連携・交流することによって、その集合体である市町や滋賀がさらに豊かで生き生きとしていく。琵琶湖を中心にした「湖国小宇宙」と呼ばれる一つの世界を形成している滋賀で、そんな地域の姿が実現することを目指したい。それは、二一世紀における一つのモデルとなるような地域像であろう。

二〇一一（平成二三）年三月一一日、東日本大震災が発生した。大きな揺れとこれに伴う想像を超える大津波は、東北地方の太平洋沿岸部の市街地や集落を飲み込み、死者、行方不明者は二万人を超えている。被災した地域では、復旧から復興に向けて、どのような地域づくりを進めていくかが大きな課題となっている。また、福島第一原子力発電所の重大な事故は、わが国におけるエネルギー政策の方向にきわめて大きな問題を投げかけることになった。被災地における地域づくりやこれからのエネルギー政策に、本書に示したような地域からの再生という取り組みが少しでも参考になれば望外の喜びである。

滋賀は情報発信力が弱く、アピールが下手だと言われている。確かに、滋賀のことはまだまだ知られておらず、日本のなかでの存在感も低いといってよいだろう。本書は、そうした滋賀からの情報発信である。この書を通じて、滋賀の存在と地域再生への取り組みを少しでも知っていただけたら幸いである。

最後になりましたが、編者の怠慢もあって本書の発行が半年以上も遅れてしまいました。早くから原稿を送っていただいた執筆者の皆さまに深くお詫び申し上げます。また、本書の編集・発行にあたっては、株式会社新評論の武市一幸氏にお世話になりました。この場を借りて心よりお礼申し上げます。

二〇一一年　秋

森川　稔

参考文献一覧

はじめに

・守友裕一「中山間地域におけるむらづくり運動の歴史と展望」、『農林水産文献解題No.27――中山間地域問題』（財）農林統計協会、一九九二年所収。
・本間義人『地域再生の条件』岩波書店、二〇〇七年。
・インターネットホームページ「水野博之の『イノベーション7か条』第3回シュンペーターのイノベーション」二〇〇六年一〇月一八日
・高谷好一『湖国小宇宙――日本は滋賀から始まった』サンライズ出版、二〇〇八年。
・「地域から変わる日本　地元学とは何か」農山漁村文化協会、二〇〇一年。
・『近江米』生活協同組合コープしが」パンフレット。
・「平成一九年度　県民経済計算」内閣府。
・「日本の都道府県別将来推計人口」（平成一九年五月推計）国立社会保障・人口問題研究所。
・「滋賀のしおり二〇一一」滋賀県。
・「二〇一〇年世界農林業センサス」農林水産省。

第1章

・E・F・シューマッハー／小島慶三・酒井懋訳『スモール・イズ・ビューティフル――人間中心の経済学』講談社学術文庫、一九八六年。
・今森光彦『映像詩・里山Ⅰ、Ⅱ、Ⅲ』NHKスペシャル。

・「月刊岩波」二〇〇八年六月号。
・塩野米松『木の教え』ちくま文庫、二〇一〇年。
コラム6
・赤坂憲雄『東北学――忘れられた東北』講談社学術文庫、二〇〇九年。
・黒川紀章『ノマドの時代』徳間書店、一九八九年。
・高谷好一『多文明世界の構図』中公新書、一九九七年。
第4章
・国木田独歩『武蔵野』新潮文庫、一九四九年。
第5章
・山崎一眞『びわ湖世界の地域デザイン』サンライズ出版、二〇一〇年。
第6章
・〈日経新聞〉二〇〇一年二月五日付。
第7章
・輪の国びわ湖推進協議会編『ぐるっとびわ湖　自転車の旅』京都新聞出版センター、二〇一一年。
第8章
・宮本常一『宮本常一著作集』（全五〇巻）未来社、二〇〇八年。
・郷田実『結いの心――綾の町づくりはなぜ成功したか』ビジネス社、一九九八年。

・平成十八年文部科学省委託事業　社会教育活性化21世紀プラン報告書「農と森」の地産地消で「ふるさと」づくり。
・東近江市立図書館のホームページ内ポータルサイト「東近江地元学ネット」。
・木津川計『定年後「もうひとつの人生への案内」』岩波書店、一九九九年。
・日本能率協会総合研究所『熟年・シニアの暮らしと生活意識データ集　二〇〇六年版』生活情報センター、二〇〇六年。
・バーバラ・クーニ／掛川康子訳『ルピナスさん』ほるぷ出版、一九八七年。

第9章

・「新しいコミュニティのあり方に関する研究会報告書」新しいコミュニティのあり方に関する研究会、二〇〇九年。

第10章

・森川稔「環境資源としてのため池の地域ぐるみによる保全・管理・運営の取り組み――兵庫県加古川市の寺田池協議会の活動事例から」(二〇〇六年度日本都市計画学会学術研究論文集) 日本都市計画学会、二〇〇六年。
・森川稔「美しいため池を守る組織づくりと人づくり――兵庫県加古川市の寺田池協議会の活動を通じて」(二〇〇七年度日本建築学会農村計画部門研究協議会・パネルディスカッション資料集) 日本建築学会農村計画委員会、二〇〇七年。
・森川稔「『まち研』と『まち研通信』」、『我らネットワーク元気人』サンライズ出版、二〇〇〇年。
・森川稔「中心市街地活性化における市民活動団体の取り組みと課題に関する考察――『大津の町家を考える会』の活動事例から」(二〇〇二年度日本都市計画学会学術研究発表会) 日本都市計画学会、二〇〇二年。
・森川稔「大津における市民まちづくりの取り組み」、『大津の町家・まちなか――市民によるまちづくり活動　現状・課題と可能性』二〇〇九年三月。二〇〇九年度第三回都市環境デザインセミナー記録 (都市環境デザイン会議関西ブロック）http://www.gakugei-pub.jp/judi/semina/s0903/index.htm に所収。
・「風の音・土の音からの8つの提言――市民と行政の協働による住み良い大津を目指して」大津市市民参加推進研究会、二〇〇三年三月。
・温井亨「まちの建築家、山形の事例から」、『日本のサスティナブルエリアデザインとコミュニティアーキテクト提起報告書』社団法人日本建築学会サスティナブルエリアデザインとコミュニティアーキテクト特別研究委員会、二〇〇九年。
・大津の町家を考える会『大津百町物語』サンライズ出版、一九九九年。

第11章
・林野庁『森林・林業白書』（平成二三年度版）全国林業改良普及協会、二〇一一年。

第12章
・社会生産性本部『レジャー白書』（平成一六年版）日本生産性本部余暇総研、二〇〇四年。
・国土交通省『観光白書』（平成二〇年度版）コミュニカ、二〇〇八年。
・地域活性化センター「地域ブランド・マネジメントの現状と課題」二〇〇六年。
・P・コトラーほか／前田正子ほか訳『地域のマーケティング』東洋経済新報社、一九九六年。
・神野直彦『地域再生の経済学』中公新書、二〇〇二年。

第13章
・布野修司『裸の建築家――タウンアーキテクト論序説』建築資料研究社、二〇〇〇年。

奥野　修（おくの・おさむ）　1961年大阪市生まれ。京都府立大学大学院修了。学術博士。1990年（財）滋賀総合研究所に入所。滋賀県内のまちづくり研究・計画づくりに携わる。2006年滋賀県立大学地域づくり教育研究センターの主任調査研究員として「近江環人地域再生学座」を担当。2010年７月、住みよいまち＆絆研究所を近江環人仲間と設立。龍谷大学非常勤講師、NPO 法人ひとまち政策研究所理事、NPO 法人コミュニティ・アーキテクトネットワーク（環人ネット）理事。

山口美知子（やまぐち・みちこ）　1972年長浜市生まれ。東京農工大学大学院修了。2007年滋賀地方自治研究センター理事として「びわ湖プロジェクト」を立ち上げ、2008年びわ湖の森の健康診断キキダス実行委員会をスタート。同年、湖東地域材循環システム協議会（「kikito」）の立ち上げに関わる。滋賀県庁職員（2010年から東近江市派遣・企画部緑の分権改革課主幹）。共著書として『ウッドマイルズ――地元の木を使うこれだけの理由』（ウッドマイルズ研究会、2007年）ほか。kikito　http://www.kikito.jp/

松井賢一（まつい・けんいち）　1963年生まれ。滋賀県立短期大学農業部卒業後、竹生農協営農指導員を経て滋賀県湖北農業農村振興事務所農産普及課副主幹。フードコーディネーター、野菜ソムリエ。2006年全国に先駆けてジビエ講習会を開始。2007年京滋フランス料理店への鹿肉販売開始（300kg／年間）。2010年日本初ココイチ鹿カレー発売支援（1500kg／年間）。2010年農水省獣害研修講師。

中井　保（なかい・たもつ）　1950年大阪府生まれ。関西学院大学卒業後、京阪電鉄に入社。1990年の大阪花博の企画・運営やひらかたパークのリニューアルなどを担当。「ひらパー」の愛称はこのときに生み出されたもの。そのほか、比叡山のガーデンミュージアムなど、多くのアミューズメント事業を手がける。2004年に琵琶湖汽船社長に就任。現在、滋賀経済同友会副代表幹事、びわこビジターズビューロー副会長。

梶　雅弘（かじ・まさひろ）　1961年福井県生まれ。立命館大学地理学科卒業。キタイ設計株式会社代表取締役社長。技術士（建設部門、農業部門、環境部門、総合技術監理部門）、一級ビオトープ計画管理士、NPO 法人コミュニティ・アーキテクト（環人ネット）副理事長、農業農村工学会農村計画研究部会幹事。共著として『事例に学ぶトレードオフを勝ち抜くための総合技術監理のテクニック――リスクマネジメントのすすめ』（地人書館、2006年）ほか。コミュニティ・アーキテクト（近江環人５期生）。

西堀克則（にしぼり・かつのり）　中小企業診断士。現在、独立行政法人中小企業基盤整備機構近畿支部のチーフアドバイザーとして、農商工連携事業計画のブラッシュアップ、フォローアップを行う。また、滋賀県長浜市を拠点に後継者の軍師として、中小企業・農業法人の後継者支援に尽力。後継者の軍師会会員。

上田栄一（うえだ・えいいち）　1951年生まれ。1973年滋賀県立短期大学農業部卒業後、湖南地区農業改良普及所に採用され、農業改良普及業務に従事。2009年早期退職し、集落営農に専念。集落営農の視察応対に明け暮れる（約800件）ほか、講演活動も行う。現在、農事組合法人サンファーム法養寺理事。著書として『みんなで楽しく集落営農』（サンライズ出版、1994年）。

布野修司（ふの・しゅうじ）　1949年島根県生まれ。東京大学大学院博士課程修了後、東京大学助手、東洋大学助教授、京都大学助教授を経て、2005年より滋賀県立大学環境科学部教授。環境科学部長。日本建築学会建築計画委員会委員長、『建築雑誌』編集委員長。副会長。1991年日本建築学会賞論文賞、2006年日本都市計画学会論文賞受賞。著書に『戦後建築の終焉』（れんが書房新社、1995年）、『裸の建築家――タウンアーキテクト論序説』（建築資料研究社、2000年）、『曼荼羅都市』（京都大学学術出版会、2006年）、『建築少年たちの夢』（彰国社、2011年）ほか多数。

川端五兵衛（かわばた・ごへえ）　1937年生まれ。京都薬科大学卒業。1975年近江八幡青年会議所理事長に就任。京都薬科大学理事長、滋賀県社会教育委員、滋賀県医薬品卸協会会長などを経て、1998年近江八幡市長（2期8年）。株式会社ダイゴ取締役会長。著書に『まちづくりはノーサイド』（ぎょうせい、1991年）、『新しい病院づくりへのこころみ』（共著、毎日新聞社、2006年）。1999年藍綬褒章、2011年日本建築学会文化賞受賞。

石井和浩（いしい・かずひろ）　1961年滋賀県生まれ。大同工業大学工学部卒業。（株）水原建築設計事務所を経て、1992年石井建築設計事務所開設。1998年、NPO 法人ヴォーリズ建築保存再生運動一粒の会理事。2001年、近江八幡市環境審議会委員。2004年、近江八幡市景観条例策定懇話会委員。2006年から京都橘大学非常勤講師、滋賀県県立大学非常勤講師（地域再生学特論）。社団法人日本建築家協会登録建築家。

山崎一眞（やまさき・かずま）　1944年広島県生まれ。早稲田大学大学院修了。野村総合研究所を経て、2002年滋賀大学教授、2006年学び直し塾塾長、2010年より滋賀大学特任教授・学び直し塾塾長・地域デザイナー。専門分野は地域政策・地域デザイン論。著書として『社会実験——市民協働のまちづくり手法』（共著、東洋経済新報社、1999年）、『地域政策の道標』（共著、ぎょうせい、2002年）、『びわ湖世界の地域デザイン』（サンライズ出版、2010年）など。

吉井茂人（よしい・しげひと）　1949年滋賀県長浜市生まれ。1973年9月長浜商工会議所入所以来、商店街の仕事に係わる。1979年の大型店2社の郊外出店申請後、特に中心市街地商店街活性化に取り組む。1998年以降はまちづくり三法、2006年以降は改正まちづくり三法に取り組み、2008年中心市街地活性化協議会設立、運営。2009年8月長浜まちづくり（株）設立後、同社のコーディネーター。今日まで首尾一貫、中心市街地の再生と都市活性化に係わる。

奥貫　隆（おくぬき・たかし）　1944年東京都生まれ。東京大学農学部（緑地計画）卒業。1968～1996年、日本住宅公団（現、都市再生機構）に在職し、都市再開発、ニュータウンプロジェクトのランドスケープを担当。1996年9月滋賀県立大学環境科学部教授に着任。専門は景観計画。2008～2009年、環境科学部長。「近江楽座」（2004年度～）、「近江環人地域再生学座」（2006年度～）の企画・運営に係わる。現在、滋賀県立大学地域づくり教育研究センター特任教授。

近藤隆二郎（こんどう・りゅうじろう）　1965年東京都生まれ。大阪大学大学院工学研究科（環境工学専攻）単位取得退学後、和歌山大学システム工学部助教授を経て滋賀県立大学環境科学部准教授・NPO 法人五環生活代表理事。工学博士。専門は環境社会計画。巡礼や古代遺跡、インド沐浴文化やエコビレッジの研究を進めた上で身体計画を実践中。共著として『ぐるっとびわ湖自転車の旅』（京都新聞出版センター、2011年）、『顔出し看板大全カオダス』（サンライズ出版、2007年）、『コモンズをささえるしくみ』（新曜社、2006年）など。

巽　照子（たつみ・てるこ）　1949年和歌山県生まれ。堺市立図書館勤務を経て、2000年10月（旧）永源寺町立図書館長。2005年合併により東近江市立永源寺・五個荘図書館長、2007年東近江市立八日市・永源寺・能登川図書館、能登川博物館長。2008年東近江市内七館館長。2010年3月退職。現在、東近江市内七館（八日市・永源寺・五個荘・能登川・湖東・愛東・蒲生）の嘱託館長。日本図書館協会評議委員など。

中嶋利明（なかじま・としあき）　1959年長浜市田根地区（旧浅井町）生まれ。合併直後の2006～2010年度まで地域づくり活動を推進する部署に所属したことから、市民活動グループ「タネから花咲か塾」を主宰し、地元の「地域づくり協議会」設立に一市民として係わる。協議会設立後は事務局を務める。コミュニティ・アーキテクト（近江環人7期生）。長浜市役所職員。

田中光一（たなか・こういち）　1972年滋賀県大津市生まれ。龍谷大学社会学部卒業。社会福祉法人東近江市社会福祉協議会地域福祉担当主任主事。滋賀県立大学非常勤講師。NPO 法人コミュニティ・アーキテクトネットワーク（環人ネット）副理事長。社会福祉士。社会福祉士実習指導者。介護支援専門員。コミュニティ・アーキテクト（近江環人1期生）。

執筆者紹介（執筆順）

海東英和（かいとう・ひでかず） 1960年滋賀県高島市生まれ。龍谷大学経済学部卒業。青年団活動、新旭町議会議員、新旭町長、高島市長を務める。内閣府公益認定等委員会委員。共著に『ローカル・スタンダード　小さな仕組みが社会を変える』（ぎょうせい、2004年）。

黒田末壽（くろだ・すえひさ） 1947年岡山県生まれ。京都大学理学部卒業、理学博士。滋賀県立大学人間文化学部教授。1974年からアフリカの熱帯諸国で類人猿社会の研究と国立公園・自然保護区設立に尽力。近年は滋賀県で焼畑の復活による地域振興、里山づくりなどの活動をしている。著書に『ピグミーチンパンジー――未知の類人猿』、『人類進化再考――社会生成の考古学』、『自然学の未来』、『アフリカを歩く』（共著）など。

市川由美子（いちかわ・ゆみこ） 1965年兵庫県生まれ。大阪工業大学工学部卒業。菅家設計室勤務（大阪）を経て、1993年から「Manasc Isaac Architects.Ltd.」で約１年研修（カナダ）。2004年から「安曇川流域・森と家づくりの会」のメンバーとして森から始まる家づくりに取り組む。2005年から坂田工務店で地域材による地域に根差した住宅設計業務を行う。2009年「結びめ」メンバー。コミュニティ・アーキテクト（近江環人５期生）現在、（株）坂田工務店設計部勤務。

山田　実（やまだ・みのる） 1951年滋賀県生まれ。上智大学法学部を卒業後、滋賀県職員。40歳で退職後、「らでぃっしゅぼーや」の総務人事部長、「新党さきがけ」党本部事務局長を経て、1999年「（有）ザ・グローバルシンク」を設立。2001年に「菜の花プロジェクトネットワーク」の設立に参加。同プロジェクトネットワークの事務局長。2006年の「滋賀県議会議員」選挙に立候補初当選。現在３期目。民主党滋賀県連政策調査会長。

山根浩二（やまね・こうじ） 1959年北海道生まれ。北海道大学大学院工学研究科博士後期課程修了（工学博士）。京都大学助手を経て、1995年滋賀県立大学助教授、2001年ＭＩＴ客員研究員、2002年より滋賀県立大学工学部教授。京都BIWAKO地球温暖化対策協議会会長など。著書として、『バイオディーゼル――天ぷら鍋から燃料タンクへ（改訂新装版）』（東京図書出版会、2007年）ほか多数。

田代文男（たしろ・ふみお） 1949年滋賀県甲賀市生まれ。ガラス会社勤務を経て定年。1998～2007年、田淵義雄氏（アウトドア作家）やポールキャスナー氏（ファイヤーサイド社長）らと長野県蓼科で薪ストーブ大学を開校。日本の薪ストーブイベントの先駆けを築く。2008年から活動拠点を滋賀県に移し、こなんの森・薪割くらぶ設立に参画、同会事務局長。里山活動チーム・タシロ（Team･Tashiro）主宰。コミュニティ・アーキテクト（近江環人５期生）

鵜飼　修（うかい・おさむ） 1969年東京都生まれ。日本大学大学院理工学研究科建築学専攻修了。大成建設設計部にて意匠設計、環境デザイン、まちづくりに従事後、2006年から滋賀県立大学准教授。近江環人地域再生学座において地域診断法、コミュニティ・マネージメント等を担当。NPOやコミュニティ・ビジネスの実践派。共著書として『コミュニティ・ビジネスのすべて――理論と実践マネジメント』（ぎょうせい、2009年）など。

亀山芳香（かめやま・よしか） 1982年岐阜県生まれ。滋賀県立大学大学院人間文化学研究科博士後期課程修了。人間文化学博士。2010年から米原市職員。2006年から、湖北古民家再生ネットワークのメンバーとして古民家を保存・活用するための活動に取り組む。コミュニティ・アーキテクト（近江環人１期生）。共著に『彦根歴史散歩――過去から未来をつむぐ』（サンライズ出版、2006年）、『新修　彦根市史（第10巻・景観編）』（彦根市、2011年）。

近藤紀章（こんどう・のりあき） 1977年広島県生まれ。滋賀県立大学大学院環境科学研究科博士後期課程単位取得退学。2007年滋賀県立大学地域づくり教育研究センター研究員を経て、2011年からNPO法人五環生活スタッフ。その他、NPO法人スミス会議事務局、ひこねキャンドルナイト実行委員会、彦根町家活用委員会アドバイザー。

責任編著者紹介

森川　稔（もりかわ・みのる）

滋賀県立大学地域づくり教育研究センター特任准教授。1951年東京都生まれ。京都大学工学部建築学科卒業。京都大学大学院、財団法人滋賀総合研究所、大阪大学大学院を経て、都市計画コンサルタント勤務。2007 年から滋賀県立大学勤務。近江環人地域再生学座担当。専門は、都市計画、地方計画、地域再生、まちづくりで、各地のまちづくりや商店街活性化などに係わる。地元の大津では、大津市市民活動センターの開設・運営や大津の町家を考える会などに係わる。工学博士、技術士（都市計画および地方計画）、一級建築士。共著に『大津百町物語——暮らしの昔と今を歩く』（サンライズ出版、1999 年）、『田園で学ぶ地球環境』（技報堂出版、2009 年）など。

近江環人地域再生学座

2006（平成 18）年度文部科学省が募集した「地域再生人材創出拠点の形成」プログラムに滋賀県立大学が応募し、採択されたもので、湖国近江の風土、歴史、文化を継承し、環境と調和した循環型地域社会づくりのための人材を育成し、地域の要請に応えることを目的としている。2011（平成 23）年度からは滋賀県立大学大学院の独自の副専攻プログラムとして継続・実施している。

地域再生　滋賀の挑戦

エコな暮らし・コミュニティ再生・人材育成

2011年11月30日　　初版第１刷発行

編　集　近江環人地域再生学座

責任編著者　森　川　　稔

発行者　武　市　一　幸

発行所　株式会社　新　評　論

〒169-0051　東京都新宿区西早稲田 3-16-28
http://www.shinhyoron.co.jp

電話　03（3202）7391
FAX　03（3202）5832
振替　00160-1-113487

落丁・乱丁本はお取り替えします
定価はカバーに表示してあります

印刷　フォレスト
製本　桂川製本所
装訂　山田英春

ISBN978-4-7948-0888-2
Printed in Japan